UMA INTRODUÇÃO AOS DIREITOS

UMA INTRODUÇÃO AOS DIREITOS

William A. Edmundson

Tradução
EVANDRO FERREIRA E SILVA

Revisão da tradução
NEWTON ROBERVAL EICHEMBERG

Martins Fontes
São Paulo 2006

Esta obra foi publicada originalmente em inglês com o título
AN INTRODUCTION TO RIGHTS pelo The Press Syndicate
of the University of Cambridge – Cambridge University
Press, em 2004, Cambridge, Grã-Bretanha.
Copyright © William A. Edmundson 2004.
Copyright © 2006, Livraria Martins Fontes Editora Ltda.,
São Paulo, para a presente edição.

1ª edição 2006

Tradução
EVANDRO FERREIRA E SILVA

Revisão da tradução
Newton Roberval Eichemberg
Acompanhamento editorial
Luzia Aparecida dos Santos
Revisões gráficas
Marisa Rosa Teixeira
Ivani Aparecida Martins Cazarim
Dinarte Zorzanelli da Silva
Produção gráfica
Geraldo Alves
Paginação/Fotolitos
Studio 3 Desenvolvimento Editorial

Dados Internacionais de Catalogação na Publicação (CIP)
(Câmara Brasileira do Livro, SP, Brasil)

Edmundson, William A.
 Uma introdução aos direitos / William A. Edmundson ; tradução Evandro Ferreira e Silva ; revisão da tradução Newton Roberval Eichemberg. – São Paulo : Martins Fontes, 2006. – (Coleção justiça e direito)

 Título original: An introduction to rights.
 Bibliografia.
 ISBN 85-336-2310-0

 1. Direitos civis 2. Direitos humanos I. Título. II. Série.

06-5298   CDD-323

Índices para catálogo sistemático:
1. Direitos : Ciência política 323

Todos os direitos desta edição para o Brasil reservados à
Livraria Martins Fontes Editora Ltda.
Rua Conselheiro Ramalho, 330 01325-000 São Paulo SP Brasil
Tel. (11) 3241.3677 Fax (11) 3105.6993
e-mail: info@martinsfontes.com.br http://www.martinsfontes.com.br

SUMÁRIO

Prefácio 1

PRIMEIRA PARTE
A ERA DA PRIMEIRA EXPANSÃO

1. A pré-história dos direitos 7
2. Os direitos do homem: O Iluminismo 23
3. "Disparate pernicioso"? 59
4. O século XIX: Consolidação e estabilização 83
5. A vizinhança conceitual dos direitos: Wesley Newcomb Hohfeld 115

SEGUNDA PARTE
A ERA DA SEGUNDA EXPANSÃO

6. A Declaração Universal e a revolta contra o utilitarismo 137
7. A natureza dos direitos: Teoria da "escolha" e teoria do "interesse" 155
8. Direito de fazer o que é errado? Duas concepções de direitos morais... 175
9. A pressão do conseqüencialismo 187
10. O que é *interferência*? 211

11. O futuro dos direitos 227
12. Conclusão... 253

Notas bibliográficas 257
Referências bibliográficas.................................... 263
Índice remissivo 271

Para Gloria Kelly, amiga e guia

PREFÁCIO

Este livro é uma introdução ao tema dos direitos. Espero que seja de interesse dos leitores em geral, mas seu alvo são os estudantes de graduação e pós-graduação envolvidos em estudos de ética, filosofia moral, filosofia política, ciência do direito, filosofia do direito, jurisprudência, ciência política, teoria política ou teoria do governo. Em um nível de profundidade apropriado a um estudo introdutório, ele aborda a história, a estrutura formal, as implicações filosóficas, possibilidades políticas e tendências da idéia de direitos.

É impossível entender o que são os direitos sem compreender como seu desenvolvimento ocorreu ao longo do tempo. Entretanto, o objetivo final deste trabalho é pôr em foco as polêmicas atuais e indicar a provável direção que orientará o pensamento político e moral no que se refere às discussões ulteriores acerca do adequado papel dos direitos. A mais importante dessas polêmicas apresenta-se em dois planos. No primeiro deles estão situadas as políticas globais e a filosofia política em seu sentido mais amplo. No segundo, mais restrito, estão os filósofos do direito que investigam a lógica do conceito de direitos. Meu objetivo foi discutir com clareza os temas essenciais da filosofia política e as preocupações conceituais da filosofia jurídica.

Uma das questões que eu espero esclarecer com esse método refere-se à compreensão dos direitos como portadores de duas funções diferentes, porém relacionadas, podendo ser vistos como *proibições* ou, ao contrário, como *permissões*. A primeira função é predominante na discussão clássica: os direitos fornecem aos indivíduos uma espécie de "couraça moral" que os protege contra a intromissão da autoridade política. A segunda, por sua vez, enfatiza a importância dos direitos como um "espaço moral para respirar", onde o indivíduo pode realizar seus próprios projetos, sejam estes sensíveis ou não às exigências que, de outro modo, seriam impostas a ele pela moralidade. Aqui, o adversário do indivíduo não é tanto a autoridade política, mas a própria moralidade. No primeiro caso, os direitos *proíbem* os outros de praticar atos contra o indivíduo por qualquer razão concebível; no segundo, eles *permitem* que o indivíduo ignore as exigências que se aplicariam a ele de um ponto de vista moral desinteressado.

Há outras dimensões do tema dos direitos que eu coloco em discussão aqui. Uma delas diz respeito ao que se pode chamar de metaética dos direitos, isto é, os pressupostos filosóficos subjacentes à própria idéia de que os direitos existem. O livro sugere que essa dimensão, ao menos até certo ponto, é capaz de esclarecer as demais. Entretanto, a compreensão integrada dessas diferentes dimensões – ou mesmo o entendimento completo de uma só delas – está além do alcance desta "Introdução aos Direitos". Nas "Notas bibliográficas", faço comentários sobre minhas fontes e sugiro leituras de aprofundamento.

Quero agradecer a: Andy Altman, Brian Bix, Clark Emerson, Martin Golding, Matt Kramer, Peter Lindsay, Chuck Marvin, Neil Kinkopf, Keith Poole e dois resenhistas anônimos da Cambridge University Press, por tecerem comentários sobre o texto; aos participantes de meus seminários sobre direitos, que eu realizei em 1999 e 2000, por suas reflexões e pela paciência; a Jeremy Waldron, por seus conselhos estratégicos durante a fase inicial dos trabalhos; e a Terry Moore, da Cambridge University Press, cujo incentivo foi determinante para a conclusão deste livro. Também sou grato a meus assistentes de pesquisa, Keith Diener, Wendi

PREFÁCIO

Armstrong e Victoria Watkins, e a Christine Nwakamma, por ter me ajudado a preparar o texto definitivo. A culpa por quaisquer erros e omissões que continuem presentes neste livro é unicamente minha. Não fosse o generoso auxílio de tantas pessoas, haveria ainda mais.

Nota sobre o modelo de citação

Para facilitar a fluência da leitura, não fiz uso de notas de rodapé ou de qualquer outro tipo e modifiquei ligeiramente o sistema de citação de autores e datas na documentação de minhas fontes. Sempre que a identidade de um autor ou de uma obra citada for óbvia, eu simplesmente forneço o número da página entre parênteses; e, quando o contexto não deixa muito claro a quem ou a que obra estou me referindo, forneço o autor e a data, de acordo com o *The Chicago Manual of Style* (15.ª edição). Também incluí uma seção de "Notas bibliográficas" antes das "Referências bibliográficas".

PRIMEIRA PARTE
A era da primeira expansão

Capítulo 1
A pré-história dos direitos

Muitas pessoas dizem que os direitos são universais, que todos nós possuímos certos direitos fundamentais decorrentes do simples fato de sermos humanos. Há também muitos que dizem que os direitos são uma invenção do Ocidente moderno, algo "construído" em um determinado momento histórico, por uma determinada cultura – no caso, a burguesia ocidental moderna – que, em defesa dos próprios interesses, busca a disseminação de suas idéias, sua exportação e até a imposição delas sobre outras culturas, ignorando as tradições destas. Outros, ignorando a evidente incoerência de sua afirmação, parecem reconhecer os direitos como uma invenção da cultura ocidental moderna e, ao mesmo tempo, como algo pertencente a todos nós pelo simples fato de sermos humanos.

Uma das maneiras de tentar a reconciliação dessas opiniões conflitantes quanto à natureza do direito é rastrear a história do discurso dos direitos, para verificar se estes – ou algo equivalente – são reconhecidos em todas as culturas e em todas as épocas. Em caso afirmativo, o problema estará resolvido: os direitos, independentemente do que sejam, não são uma mera invenção do Ocidente moderno. Se, ao contrário, descobrirmos que os direitos não são universalmente reconhecidos pelas diferentes culturas, estaremos diante de um inquietante dilema: podemos dizer que as culturas morais particulares que não reconhecem, ou não reconheceram, os direitos são, por causa disso, moralmente defeituosas? Ou devemos dizer que o fato de que uma cultura rejeita ou ignora a idéia de direitos não nos autoriza a tecer conclusões sobre seu valor moral? (Por hora, não levarei em consideração uma terceira possibilidade, a saber, a visão do discurso dos direitos como uma forma deficiente e decadente do discurso moral.)

O dilema tem implicações práticas. Se estivermos convencidos de que os direitos não são reconhecidos em todas as culturas, impõe-se a pergunta: que postura devemos adotar com relação às culturas que não os reconhecem? Em se tratando de uma cultura histórica – como a da Grécia antiga, por exemplo –, a questão é se devemos admirá-la e até imitá-la ou se, ao contrário, devemos considerá-la moralmente primitiva e até condenável. Se, por outro lado, a cultura é contemporânea – como a da China ou do Irã, por exemplo –, a questão é se devemos ou não considerá-la como uma candidata a reformas, censura e sanções diplomáticas, econômicas e até militares, pois seria surpreendente se uma cultura que não reconhece a existência de direitos fosse, ainda assim, capaz de tratar seus membros com dignidade. Ou será possível que uma cultura trate seus integrantes com dignidade sem exibir, como decorrência deste próprio fato, um reconhecimento dos direitos deles?

Porém, o simples fato de uma cultura reconhecer a existência de direitos não é suficiente para diminuir nossas possíveis preocupações acerca do tratamento que ela dá a seus membros, pois é possível que os direitos reconhecidos por ela, bem como a distribuição destes, seja deficiente. Por exemplo, uma determinada cultura pode tolerar o não-cumprimento de práticas religiosas, mas ser intolerante para com a divergência aberta; em outra, pode ser que determinados direitos sejam concedidos a todas as castas, exceto a uma minoria de indivíduos que não pertencem a nenhuma delas. Não obstante, devemos admitir que, em uma cultura que reconhece que ao menos alguns de seus membros têm certos direitos, as possibilidades de realização de reformas morais são bem maiores que em outra para a qual é estranha a própria idéia de direitos.

Serão os direitos uma invenção moderna? Alasdair MacIntyre faz a seguinte observação sobre os direitos "naturais" ou *humanos*:

> Obviamente, seria um pouco estranho que existissem determinados direitos atribuíveis aos seres humanos simplesmente *enquanto* seres humanos, à luz do fato (...) de que, até o fim da Idade Média, não havia nenhuma expressão em qualquer idioma antigo ou medieval cuja tradução fosse equivalente à expressão "um direito". Até o ano de 1400, aproximadamente, o conceito carece de quaisquer meios de expressão nos idiomas hebraico, grego, latino e árabe, clássicos e medievais. No caso do inglês antigo e do japonês, a ausência se prolonga até meados do século XIX. (67)

A observação de MacIntyre pode explicar por que os historiadores das idéias, ao apontarem o pensador medieval que, escrevendo em latim, introduziu o conceito moderno de direitos, freqüentemente discordam entre si: alguns dizem que foi Guilherme de Ockham, outros apontam Duns Scot e outros atribuem a autoria a Jean Gerson. Os pensadores medievais exprimiam-se em uma língua clássica – o latim – para transmitir uma idéia que não encontrava expressão na linguagem. Portanto, era de se esperar que entrassem em desacordo, uma vez que nenhum deles anunciou abertamente: "Estou introduzindo um conceito sem precedentes nesta língua."

Outros escritores teceram comentários semelhantes sobre o conceito de direitos, entre os quais Benjamin Constant – que, escrevendo logo após a Revolução Francesa, afirmou que os direitos eram uma inovação dos tempos modernos. No século XX, o estudioso da Antiguidade Clássica Kenneth Dover escreveu:

> Os gregos [da Antiguidade Clássica] não se viam, em momento algum, como detentores de nenhum outro direito

além daqueles recebidos de sua cidade natal até então; e estes ainda podiam ser reduzidos, pois a soberania era da comunidade e nenhum direito era inalienável. A idéia de que os pais têm o *direito* de educar (...) seus filhos (...) ou de que os indivíduos têm o *direito* de se drogar (...) ou o *direito* de ocupar o tempo de médicos e enfermeiras por não usarem o cinto de segurança teria parecido a um grego algo demasiadamente ridículo para ser discutido. (157-58)

Precisamos, a esta altura, parar e ponderar cuidadosamente sobre o que fazer com esses argumentos. Supondo que essas constatações sobre os recursos lingüísticos e o senso comum na Grécia antiga estejam corretas, que conclusões podemos tirar com respeito à natureza e à existência dos direitos?

Dificilmente a *disponibilidade* de uma idéia aos falantes de uma língua estrangeira pode ser definida a partir da constatação da presença ou ausência, nessa língua, de uma palavra, frase ou locução capaz de traduzir uma expressão que usamos na nossa língua. Os gregos não tinham uma palavra para *quarks*, mas a idéia de *quark* poderia ser transmitida a eles como um tipo de componente de determinadas partículas subatômicas – afinal de contas, tomamos emprestados os termos gregos *atomos, electron* e *proton*, entre outros, para definir essas mesmas coisas. Portanto, não se pode considerar como um forte argumento a afirmação de que o conceito de direitos não pode estar presente em uma cultura a cujo idioma falte um termo equivalente preciso.

Porém, o argumento talvez seja mais sutil. MacIntyre admite que suas observações lingüísticas não demonstram a inexistência dos direitos humanos: "Pode-se concluir apenas que ninguém poderia saber que eles existiam." (67) O que isto significa? Pode significar algo muito importante, no caso de a existência dos direitos depender, de algum modo, do fato de eles serem conhecidos. Alguns entes, com certeza, só existem sob a condição de serem conhecidos. *Dores de cabeça*, por exemplo, não existem independentemente de nós as sentirmos como tais. Poderíamos imaginar uma tribo de pessoas isoladas do restante da raça humana, e cujos membros tivessem a felicidade de nunca terem tido dores de cabeça. Em sua língua, certamente, não haveria uma expressão para dor de cabeça. Concluiríamos então que o conceito de dor de cabeça simplesmente não se aplicaria a essa cultura? Talvez hesitássemos antes de chegar a essa conclusão, pois há duas formas possíveis de introduzir o conceito na cultura dessa tribo.

Uma delas seria por analogia. Caso a tribo soubesse o que são *dores* – talvez devido à ocorrência de dores de estômago entre seus membros – e também soubesse o que é cabeça, poderíamos explicar a dor de cabeça como uma dor de estômago na cabeça. Outra forma seria introduzir o conceito simplesmente batendo "em cima" da cabeça dessas pessoas, e apresentando-lhes, assim, o fenômeno propriamente dito. O conceito de direitos, do mesmo modo, poderia ser introduzido tanto por analogia quanto pela instituição dos direitos entre os membros de uma cultura não-familiarizada com estes. Os dois métodos, porém, requerem um exame mais aprofundado.

Se quiséssemos introduzir o conceito por analogia, antes precisaríamos ter uma noção clara do que são os direitos e a que eles são análogos. E aqui pode surgir uma dificuldade: se não conseguirmos encontrar outra coisa estritamente análoga a eles, não será possível fazer analogia alguma; mas se, por outro lado, os direitos forem estritamente análogos a alguma outra coisa, eles podem acabar se reduzindo a ela. Se, por exemplo, os direitos se assemelham a *obrigações legais individuais de não causar dano*, e essa idéia é familiar a uma determinada cultura, a qual, por outro lado, não está familiarizada com a idéia de direitos, surge a dificuldade: talvez fosse melhor pararmos de nos referir a direitos, a não ser como um sinônimo abreviado de *obrigações legais individuais de não causar dano*. Em vez de introduzir o conceito em outra cultura, talvez devêssemos eliminá-lo da nossa. Isso pode ser chamado de *problema da redução*.

A outra forma de introdução do conceito – por meio da instituição dos direitos no interior da outra cultura – cria uma dificuldade à parte, mas igualmente séria. Dar pancadas na cabeça de uma pessoa é um método questionável de lhe ensinar o que é dor de cabeça. Da mesma forma, pode ser considerado reprovável ensinar a uma cultura estrangeira o que são direitos humanos simplesmente forçando-a a respeitá-los. Este tipo de imposição parece particularmente censurável no caso dos direitos, por serem eles um exemplo de conceito moral. Pode parecer hipocrisia impor um conceito moral a outra cultura. Isso pode ser chamado de *problema do imperialismo*.

Agora que já nos familiarizamos com o dilema a ser enfrentado – o fato de os direitos não se encontrarem entre os recursos conceituais de todos os povos em todas as épocas –, voltemos à pergunta: os direitos são universais? Em outras palavras, pode-se dizer que todas as culturas concebam algum modo de apreender a idéia de direitos, ou algo bem próximo a ela? Podemos entender melhor esta questão se analisarmos dois pontos de controvérsia. O primeiro diz respeito à Europa medieval e o segundo, à Índia.

A Europa medieval e a possibilidade da pobreza

A primeira dessas controvérsias envolveu a ordem monástica dos franciscanos. São Francisco levou uma vida de pobreza e seu exemplo inspirou a ordem que traz o seu nome. Para os franciscanos, a mundanidade (apego a este mundo, simultaneamente acompanhado de um desprezo pelo mundo espiritual que está além da morte) era um vício e a pobreza, um sinal de liberdade com relação a esse vício. Mas é possível a pobreza perfeita? Obviamente, até mesmo São Francisco precisava comer. Ao fazê-lo, não estaria ele exercendo domínio sobre seu alimento? Essa constatação impunha um problema inquietante aos franciscanos, pois parecia que até São Francisco se vira obrigado a ser um proprietário – mesmo que apenas em escala reduzida – e que a pobreza "apostólica" (a prática austera que os franciscanos atribuíam aos apóstolos) não era, de modo algum, um estado de pureza alheio às preocupações mundanas. A solução para esse problema dos franciscanos foi apresentada por Duns Scot, um dos membros da ordem. Scot enfatizou a distinção entre *dominium*, ou domínio (aquilo a que podemos chamar simplesmente de direitos de propriedade), e uso ou mera posse de algo ("*imperium*"). Muito embora, para que possamos sobreviver, precisemos usar coisas, não precisamos possuí-las nem impedir outros de usá-las. A propriedade não é um dom natural, e o mundo pertence a toda a humanidade, em comum, ao menos até o surgimento da sociedade civil, que jogou quase todos nós nessa rede de relações artificiais que caracteriza a propriedade privada. Afinal, a pobreza apostólica é possível, e a visão franciscana foi, durante certo tempo, a visão oficial da Igreja Católica Apostólica Romana.

A visão franciscana era, em um aspecto importante, coerente com a teoria dos antigos juristas romanos, na opinião dos quais a propriedade não ocorria na natureza – era, ao contrário, algo que só passava a existir por meio das instituições humanas que a definem e impõem. Os romanos (com exceção de Cícero) não concebiam os direitos como preexistentes, restritivos ou possivelmente divergentes em relação às leis outorgadas ou "positivas" (e, evidentemente, não compartilhavam de nossas preocupações com respeito ao imperialismo). Os cristãos, por outro lado, levavam bastante a sério a idéia de que Deus administra um reino moral independente e superior a qualquer instituição ou convenção meramente temporal e a de que devemos guiar nossa vida a partir do projeto "natural" que Ele fez para o mundo.

A doutrina da pobreza apostólica, porém, não gozava de prestígio em meio a todos os membros da Igreja. Ela implicava, inconvenientemente, que todos nós deveríamos seguir o exemplo de São Francisco e viver em uma condição de humilde comunismo. Tomás de Aquino, membro de uma ordem rival, a dos dominicanos, já havia reconhecido que a questão era, no mínimo, ambígua: se, em certo sentido, as coisas materiais estão subordinadas apenas ao poder moral de Deus, elas também estão sujeitas, em outro sentido, pelo menos ao poder humano de fato, sempre que são usadas ou consumidas. Em 1329, a controvérsia finalmente foi resolvida quando o Papa João XXII emitiu uma bula papal declarando categoricamente que o domínio do ser humano sobre as coisas materiais, embora em escala reduzida, é idêntico ao domínio de Deus sobre o universo. Com isso, a posição oficial da Igreja, contrariando meio século de inspiração franciscana, passou a ser a seguinte: a propriedade é natural e inevitável e a pobreza apostólica é impossível, assim como o comunismo primordial. Deus nos criou a todos como proprietários privados, ainda que pequenos, *ab origine*, isto é, desde o princípio. Mesmo no Jardim do Éden, Adão já exercia seu poder moral e físico sobre as frutas que colhia, ao menos sobre aquelas que não lhe eram proibidas.

Embora a batalha estivesse terminada, várias questões conceituais se sedimentaram quando da réplica do franciscano Guilherme de Ockham a João XXII (e até mesmo antes – não cabe aqui entrar na questão controversa de atribuir autoria e data a esses refinamentos conceituais). Uma distinção crucial geralmente aceita na época era a que se fazia entre o *direito objetivo* e o *direito subjetivo*. O sentido objetivo de "direito" era expresso pela fórmula "É direito que p" – onde p corresponde a uma proposição que descreve um fato real ou possível, como em "É direito que as promessas sejam cumpridas", ou "É direito que haja um Estado palestino", ou ainda "É direito que Palmer herde as terras de Blackacre". A função exercida por qualquer expressão do tipo "É direito que p" poderia ser igualmente bem desempenhada pelas expressões "Deve-se realizar p", ou "É justo que p", ou talvez "É apropriado que p". A fórmula "É direito que *p"* expressa o que os lógicos chamariam de *operador sentencial*: operando em uma sentença que expressa a proposição *p*, ele produz outra sentença; e, neste caso em particular, a veracidade da sentença resultante ("É direito que *p"*) não depende da veracidade de *p*. Em outras palavras, dependendo de qual proposição *p* nós escolhermos, *p* pode ser falsa, enquanto "É direito que *p"* será verdadeira, e vice-versa. Por exemplo, é falso que as crianças nunca sofram abuso sexual, mas é verdadeiro (ainda que a frase soe mal) dizer que é direito que as crianças nunca sofram abuso sexual.

O direito *subjetivo* é diferente, pois expressa a relação entre uma *pessoa* e um estado de coisas. A forma tradicional é "X tem direito a uma coisa ou a fazer alguma coisa" – onde X corresponde a um indivíduo ou grupo de indivíduos. A diferença crucial está no fato de que o conceito de direito objetivo é uma avaliação moral global de um estado de coisas, enquanto o de direito subjetivo é uma *relação* moral entre uma pessoa (tipicamente) e uma coisa, uma ação ou um estado de coisas. Uma questão que precisa ser resolvida pela teoria dos direitos é a da possibilidade de descrição completa da realidade moral em conformidade com o direito objetivo, isto é, por meio da fórmula "É direito que o mundo seja como se segue...", seguida de uma descrição. O Decálogo pode ser visto como um exemplo de código moral expresso unicamente em função do direito objetivo – os Dez Mandamentos: "Não farás isto e farás aquilo, e assim por diante", ou (traduzindo): "É direito que isto seja feito e é direito que aquilo não seja feito, e assim por diante."

O direito subjetivo acrescenta um elemento que não faz falta ao direito objetivo: ele se refere a indivíduos e define os fatos morais essenciais que os envolvem. Suponhamos que eu pegue as sandálias de São Francisco sem a permissão dele. "Não roubarás" – terei violado o direito objetivo e transgredido o mandamento de Deus. Mas onde aparece São Francisco nessa história? Precisaremos acrescentar: "São Francisco tem direito às sandálias dele." Não é suficiente dizer: "É direito que São Francisco receba suas sandálias de volta", pois esta maneira de descrever a situação deixa São Francisco de lado, por assim dizer. De algum modo, há mais coisas envolvidas na situação do que o fato de que São Francisco precisa de sandálias e eu tenho um par extra que, erradamente, tomei dele. É preciso dizer que *São Francisco tem direito* às sandálias, pois, desse modo, o foco estará voltado diretamente para ele, o que não aconteceria se simplesmente disséssemos que o meu ato errado o deixou em estado de necessidade. Se nos esforçássemos, talvez até conseguíssemos evitar a linguagem do direito subjetivo, mas seria trabalhoso fazê-lo, e provavelmente também seria inútil. Não precisamos chegar a uma conclusão sobre a exata relação lógica entre direito objetivo e subjetivo para sermos capazes de perceber o fato de que este último põe em primeiro plano um *detentor* do direito, de uma maneira que o primeiro não consegue fazer.

Direito subjetivo e direito objetivo são termos infelizes, pois sugerem, enganosamente, que há algo de mais real em um direito objetivo e que o direito subjetivo depende do observador, o que não é verdade de modo algum. O "sujeito" do direito subjetivo é o detentor do direito, não o observador do direito; e o "objeto" do direito objetivo não é nenhum objeto em particular – natural, material ou qualquer outro –, mas sim uma avaliação ou prescrição moral encarada como objeto global.

Suponhamos que a linguagem dos direitos, tal como a conhecemos e entendemos, só tenha passado a vigorar depois do surgimento da distinção entre direito subjetivo e objetivo. Quais seriam as implicações disto? Se o surgimento do conceito de direito subjetivo em uma cultura for anterior ao do conceito de direitos, o que isso nos diz sobre, digamos, as culturas asiáticas tradicionais contemporâneas?

A Índia do século III e a tolerância

Segundo alegou Lee Kuan Yew, ex-Primeiro-Ministro de Singapura, a imposição do conceito de direitos humanos às nações asiáticas demonstra uma falta de sensibilidade para com os valores culturais do Oriente e representa, portanto, um tipo de imperialismo cultural. Singapura, aos olhos do Ocidente, é um país próspero, mas cujo regime de governo se caracteriza como autoritário e até repressivo; um lugar onde é proibido mascar chiclete e onde a pena para pequenos atos de vandalismo é a fustigação. Deve esse país se alinhar com o pensamento ocidental sobre os direitos humanos, ou deve o Ocidente aprender a respeitar as tradições orientais, geralmente mais autoritárias? O economista Amartya Sen, ganhador do Prêmio Nobel, discorda da visão de Lee, segundo a qual as tradições do Oriente seriam invariavelmente indiferentes ou hostis aos direitos humanos. Em outras palavras, a preocupação com o problema do imperialismo não procede, pois os direitos já encontrariam esteio nas tradições orientais.

Mas será que encontram mesmo? Sen apresenta provas de que a liberdade e a tolerância – senão com todos, pelo menos com alguns – foram valorizadas, no passado, por poderosos líderes indianos. Por exemplo, o imperador Ashoka, no século III a.C., decretou que "um homem não deverá reverenciar sua seita ou depreciar a de outro homem sem que haja razão para tal. A depreciação deve ocorrer somente por motivos específicos, pois as seitas de todos os homens merecem reverência (...)" (Sen, 1999). Com éditos como esse, o imperador pretendia guiar os cidadãos na vida cotidiana, bem como os sacerdotes em seus atos oficiais. Convertido ao budismo, Ashoka enviou missionários para além da Índia, projetando assim sua influência por toda a Ásia.

Porém, por mais que aprovemos a promoção da tolerância e da diversidade por parte de Ashoka, será esta razão suficiente para atribuir a ele um conceito de direitos? Mais ainda, sua postura reflete necessariamente uma percepção do direito subjetivo, ou seja, dos direitos *das pessoas* de cultuarem aquilo que lhes aprouver? Ou será que a declaração de Ashoka de que se deve estender a tolerância a todos e a cada um poderia, igualmente, ser entendida como uma questão de direito objetivo – anunciando, por assim dizer, mais um "Não deverás..."?

Se afirmarmos que o conceito de direito que nos interessa é o subjetivo, de que forma pode ele contribuir para a abordagem do problema do relativismo? Alguns diriam que a concepção tipicamente moderna de direitos vai muito além da idéia de direito subjetivo; outros, que os direitos são "trunfos" obtidos contra maiorias políticas ou contra considerações acerca do bem-estar da coletividade. Outros defenderiam ainda – juntamente com MacIntyre – que nada existe nessa noção subjetiva que seja, por si só, garantia de que os direitos eram levados suficientemente a sério para que possam ser equiparados à noção moderna que temos deles. Muitos também encontraram, no Código de Justiniano e na *Política* de Aristóteles, aspectos que apontam para além de uma noção superficial de direito subjetivo, o que fez com que argumentassem que os antigos gregos e romanos empregavam uma concepção vigorosa dos direitos, essencialmente contínua com a que utilizamos atualmente.

Resolver esse tipo de controvérsia está além do objetivo deste livro. Partiremos do pressuposto de que o conceito de direitos é subjetivo, mas agora examinaremos com mais cuidado outros elementos que o caracterizam. Para tanto, será necessário rastrear um pouco mais sua história intelectual. A importância conquistada pela linguagem dos direitos deve-se ao fato de ela ser, de algum modo, uma resposta à necessidade que as pessoas sentiram de se expressar de determinadas maneiras e não de outras. Essa necessidade pode ser mais bem entendida se tivermos ao menos um conhecimento básico das circunstâncias históricas e dos problemas práticos vividos por aqueles que fizeram uso da linguagem dos direitos de maneira mais articulada. Uma vez que o conceito de direitos é eminentemente *prático*, não podemos nos esquecer deste fato essencial: por sua própria natureza, os direitos influenciam o modo como nos conduzimos e como organizamos nossas ações.

Dois períodos de expansão da retórica dos direitos

Se tivéssemos de desenhar uma linha cronológica, da esquerda para a direita, representando a presença da retórica dos direitos ao longo da história, dois períodos se observariam, durante os quais o "diálogo sobre os direitos" era tão preponderante que essa própria preponderância tornou-se tema de comentários e críticas. Por conveniência, os chamarei de "períodos de expansão", sem querer, com isso, deixar implícito que qualquer tipo de reação deflacionária foi ou é justificada. Quero apenas chamar a atenção para o fato peculiar de que a retórica dos direitos, como fenômeno histórico, teve seus altos e baixos. Mais precisamente, se traçarmos um corte esquemático, veremos que o perfil de sua evolução apresenta dois picos, lembrando as corcovas de um camelo.

O primeiro pico ocorreu no último quartel do século XVIII, entre a data da Declaração de Independência dos Estados Unidos, em 1776, e o fim do Reino do Terror na França, em 1794. Na década de 1790, surgiram várias análises céticas importantes do conceito de direitos, mas, antes de examiná-las, daremos uma olhada rápida em alguns dos escritos filosóficos que precederam e estimularam esse primeiro período de expansão. O fato de esse período ter chegado a um fim não significa que o relógio tenha passado a andar para trás, ou que os direitos tenham deixado de ser importantes. Significa apenas que – como resultado de um acúmulo de dúvidas céticas e problemas práticos – a retórica dos direitos, antes investigativa e provocadora, adquiriu uma feição mais contida e solene.

Estamos vivendo, atualmente, o segundo pico, ou segundo período de expansão da retórica dos direitos, o qual começou logo após a Segunda Guerra Mundial, com a Declaração Universal dos Direitos Humanos, em 1948. Não sabemos se esse período terminará, e quando, ou mesmo se já terminou. Ao longo da última década do século XX, houve um crescimento significativo da preocupação com a possibilidade de que o "diálogo sobre os direitos" tivesse se tornado algo incontrolável, estivesse se enfraquecendo ou fosse algo obscuro, equivocado ou dispensável. Algumas das reações deflacionárias que surgiram ocasionadas pelo segundo período são, como veremos, recapitulações das reações ao primeiro.

Há duas diferenças importantes entre os dois períodos de expansão. Uma delas é que até agora, no segundo período, têm sido fracas as tendências que poderiam levar ao caos e ao derramamento de sangue, nos moldes daqueles que acompanharam a Revolução Francesa. Em geral, as conseqüências da expansão da retórica dos direitos desde 1948 foram positivas, e os excessos, se existiram, foram meramente retóricos. Porém, toda reivindicação (e há muitas delas) de que a realidade corresponda à retórica representa um desafio ao *status quo*. Além disso, a impressão de que a instauração de certos direitos está sendo negada pode gerar profundo descontentamento, alimentando paixões violentas. Isso ocorre particularmente porque, em questões de justiça distributiva e igualdade econômica, as posições têm sido discutidas cada vez mais no que se refere aos direitos, e não como (meras) aspirações. As pessoas, em geral, estão mais dispostas a lutar para manter o que é delas do que para obter o que ainda não o é – os psicólogos sociais chamam a isso de "efeito de dotação". Quando aspirações são expressas como direitos de posse, há maiores chances de que as expectativas sejam atendidas.

A segunda diferença entre os dois períodos de expansão está no cenário intelectual e cultural subjacente, no que se refere à questão dos direitos. O ceticismo e o niilismo morais são, atualmente, opções perfeitamente concebíveis para a elaboração de teorias sobre a moral. Isso, porém, não acontecia no fim do século XVIII, o qual, embora adequadamente chamado de "era da razão", não foi uma época de desencantamento. Durante o primeiro período de expansão, era quase universalmente aceita a idéia de que há no universo algum tipo de ordem moral, sendo que o debate girava em torno de como os direitos se encaixavam nessa ordem. Ao longo do segundo período, contudo, cresceu (e ainda cresce) cada vez mais a dúvida sobre a existência de qualquer ordem moral cósmica. Além disso, essa dúvida tende a ser alimentada pela dificuldade de se chegar a um acordo a respeito da existência ou inexistência dos direitos e a respeito de como devem ser definidos e distribuídos. Não há razão para supor que as pessoas não possam viver juntas de forma pacífica e harmoniosa na ausência de uma ordem moral objetiva. É possível, até mesmo, que se possa viver em harmonia sem que haja alguma crença compartilhada na existência de tal ordem. Porém, é mais difícil conceber como poderíamos viver de maneira *justa* independentemente de tal ordem ou de uma crença compartilhada nessa ordem. Se a linguagem dos direitos é um elemento essencial de qualquer discurso adequado sobre a justiça, então essa linguagem (assim como a noção mesma de justiça) tem de se situar, de algum modo, no âmbito de uma visão mais abrangente de como as pessoas se encaixam na ordem natural. O que há em nós que possa dar veracidade à nossa condição de detentores de direitos em relação aos outros, ainda que esses direitos sejam contrários a todas as convenções estabelecidas? O que há em nós que possa dar veracidade à nossa condição de detentores de direitos em relação aos outros, ainda que os outros se sintam satisfeitos em violar os nossos direitos? Essas e outras questões similares são ainda mais importantes agora que os direitos voltaram a ocupar um papel de destaque no cenário das discussões morais.

Muito embora não seja possível responder completamente a essas perguntas em um livro como este, podemos esclarecer melhor a definição de direitos e os pressupostos fundamentais do diálogo sobre eles. Também podemos nos situar melhor nas seguintes questões: O discurso dos direitos – se é que ele de fato pode ser considerado uma inovação histórica – é sinônimo de progresso moral? Em caso afirmativo, a realização de direitos nos compromete com progressos posteriores? Que progressos são esses, se é que existem?

Capítulo 2
Os direitos do homem
O Iluminismo

Foi durante o período da história intelectual a que chamamos Iluminismo que o conceito de direitos se tornou indiscutivelmente proeminente. Consideraremos, para nossos propósitos, que esse período se estendeu do início do século XVII até o final do século XVIII. Nessa época, a autoridade da Igreja começou a ser questionada, a força da tradição clássica grega (que havia ressurgido durante o Renascimento) começou a diminuir e se passou a pensar que a ordem do mundo natural poderia ser entendida por meios bem diferentes daqueles que os intelectuais da Renascença e os escolásticos estiveram, até então, acostumados a utilizar. O início desse período é marcado pela figura de Francis Bacon – que abandonara os métodos escolásticos em prol dos métodos experimentais de investigação da natureza – e o seu fim (se não o seu apogeu) é caracterizado por duas revoluções políticas, a norte-americana e a francesa, as quais definiram o primeiro período de expansão. O que começara como uma abordagem nova, antidogmática e investigativa do estudo da natureza foi aplicado às relações humanas, com conseqüências que até hoje estão se desdobrando.

Um conceito subjetivo de direitos (subjetivo por se concentrar, de maneira importante embora ainda genérica, no *detentor* do direito) já havia aparecido no final da Idade Média, em disputas entre clérigos da Igreja Católica. Seria um erro, contudo, considerar esse aparecimento uma marca inequívoca de progresso moral. Um dos capítulos mais curiosos e menos respeitáveis da história dos direitos diz respeito ao uso de seu conceito na defesa da escravidão humana. Os direitos subjetivos, no sentido empregado aqui, desempenharam um papel fundamental na resposta dominicana ao comunismo franciscano: quando usamos uma coisa, adquirimos o direito de excluir os outros do uso dessa coisa e, se assim o quisermos, poderemos transferir o nosso direito de uso exclusivo a outra pessoa, como dádiva ou em troca de algo. Mas a resposta dos dominicanos traz implícita a seguinte questão: se, ao fazer uso de uma coisa, o usuário adquire naturalmente a propriedade sobre ela, não adquire então uma pessoa propriedade sobre o próprio corpo? E, se uma pessoa é proprietária de si mesma, por que não poderia ela pôr-se em risco, ou doar a si mesma, ou dispor de si mesma em troca de alguma coisa, como bem entender? Em outras palavras, se as pessoas adquirem, naturalmente, propriedade sobre aquilo que utilizam, por que não poderiam elas se escravizar naturalmente, trocando ou pondo a prêmio a si mesmas e a sua liberdade?

Como observou Richard Tuck, com a descoberta do Novo Mundo, essa questão deixou de ser acadêmica para os clérigos espanhóis e portugueses. A resposta dos dominicanos aos franciscanos, pelo que parecia, era capaz de fornecer uma franca justificativa para a exploração dos africanos e dos ameríndios. Os escravos, presumidamente, haviam posto em risco ou trocado o domínio sobre si mesmos, da mesma maneira como qualquer pessoa pode trocar ou arriscar qualquer bem adquirido pelo uso. Alguns dominicanos espanhóis repudiaram essa visão, argumentando que, segundo a lei de Deus, um homem só pode trocar sua liberdade pela própria vida. Para outros, porém, como o italiano Silvestro Mazzolini e o espanhol Luís de Molina, era inteiramente natural que o homem fosse o mestre absoluto de sua própria liberdade, a ponto de poder doá-la, perdê-la ou vendê-la.

Em si mesmo, o surgimento de uma concepção subjetiva de direito não foi necessariamente um sinal de progresso moral. Foi em meio a esse cenário instigante, mas nebuloso, que surgiu o primeiro, e talvez mais importante, pensador político, jurídico e moral do Iluminismo, Huig de Groot, atualmente conhecido por seu nome latino, Hugo Grócio.

Hugo Grócio

Grócio é principalmente conhecido por seu tratado *De Iure Belli ac Pacis* (O direito da guerra e da paz), publicado em 1625, durante a Guerra dos Trinta Anos, a qual envolveu todas as potências européias e se caracterizou, além disso, como um importante conflito religioso entre católicos, luteranos e calvinistas. A economia holandesa era, como é ainda hoje, muito dependente do comércio marítimo. E Grócio, um advogado holandês, tinha interesses tanto profissionais como filosóficos na consolidação do direito internacional e do direito da guerra. Os Países Baixos, como nação comercial, tinham de fazer frente à supremacia marítima da Espanha e de Portugal. Não é de admirar, portanto, que um representante de uma potência mais fraca invocasse a justiça como forma de resolver suas disputas com as mais fortes. Embora já existisse uma respeitável tradição de estudo do direito nacional – o direito de cada nação em particular, principalmente o da república romana –, Grócio teve de superar uma tradição ainda mais antiga de ceticismo com relação à própria idéia de justiça internacional. Segundo os céticos, não há nenhum "direito" natural, exceto o imperativo de autopreservação. Mas tal ceticismo, argumentou Grócio, ignora o "desejo humano de viver em sociedade" (1646, 11), e de que essa sociedade seja organizada e pacífica.

Grócio acreditava que o ser humano é social por natureza e que até os animais e as crianças são capazes, até certo ponto, de se sacrificar em benefício dos outros. Mas apenas os seres humanos maduros têm o poder do discurso e do entendimento. A sociabilidade e o entendimento combinam-se no ser humano, tornando possível a justiça (em contraposição à mera simpatia), que é, portanto, a expressão de uma natureza humana que Grócio acreditava ser suficientemente bem determinada para que se pudesse falar de *leis* que a governam. Além disso, esta concepção de direito natural teria "algum grau de validade, ainda que afirmássemos aquilo que não pode ser afirmado senão com extrema malevolência, isto é, que Deus não existe (...)" (13). Com essa frase aparentemente inofensiva, Grócio estabeleceu a possibilidade de separação entre o estudo da teologia e o da moral, distanciando-se de séculos de tradição cristã em que a última se subordinara à primeira. Obviamente, na visão de Grócio, tal separação era essencial à criação de uma base para a solução pacífica de disputas entre países de diferentes religiões. (Grócio não era pessoalmente um cético em relação à teologia. O título de sua obra mais divulgada é *Of the Truth of the Christian Religion* [Da verdade da religião cristã].)

Grócio também foi um inovador em outro aspecto, a saber, em sua inédita determinação em analisar o tema da justiça como uma questão de *direitos*. Um direito, no sentido enfatizado por ele, "faz referência a uma pessoa". É, de fato, "uma qualidade moral de uma pessoa, que torna possível [a esta pessoa] ter ou fazer algo legalmente" – isto é, ter ou fazer algo de modo justo (35). Grócio, notadamente, apresenta uma concepção de direito subjetivo. "A esta esfera", escreveu, "pertence a abstenção em relação àquilo que é de propriedade do outro, a restituição ao outro de quaisquer bens de propriedade dele que estejam em nosso poder (...), a obrigação de cumprir promessas e a imposição de penas aos homens conforme o seu merecimento" – todas estas são, segundo sua análise, questões relacionadas ao respeito e ao exercício de direitos (12-13). Os governos podem ser entendidos como pactos entre os homens, instituídos com o objetivo de aperfeiçoar as metas da sociabilidade. Mesmo as guerras, segundo ele, são normalmente ocasionadas por violações de direitos e "não devem ser travadas senão com o objetivo de fortalecer os direitos" (18).

A preeminência atribuída por Grócio aos direitos subjetivos representou um novo marco na história intelectual.

Os direitos, em sua teoria, não se limitam à propriedade, mas também se estendem presumidamente a todo o universo das *ações* do indivíduo, onde ele antes gozara de uma liberdade natural. Mas de que maneira se pode saber que direitos são esses? O otimismo de Grócio quanto a esta questão é quase ingênuo:

> [Os] princípios do direito natural, sendo imutáveis, podem ser facilmente sistematizados; [ao contrário dos] elementos do direito positivo, [os quais], visto que são mutáveis e variam de acordo com o lugar, estão fora do alcance da análise sistemática (...). Uma de minhas preocupações é que as evidências concernentes ao direito natural aludam a certas concepções fundamentais inquestionáveis, de tal modo que ninguém possa negá-las sem praticar violência contra si mesmo. Porque os princípios deste direito (...) são evidentes por si, quase tanto quanto o são os objetos que percebemos por meio de nossos sentidos externos (...). Ademais, vali-me do testemunho de filósofos, historiadores, poetas e, enfim, de oradores (...), [pois] quando muitos, em muitas épocas e lugares diferentes, afirmam a veracidade da mesma coisa, esta deve aludir a uma causa universal (...). (21-23)

Em seguida, ele compara as verdades do direito natural às da aritmética, pois pensar na modificação ou na negação destas, até mesmo por Deus, seria um absurdo. Grócio, portanto, apresenta três vias de acesso ao conhecimento dos direitos: um tipo de percepção aguda e quase sensorial, uma aptidão puramente intelectual que se assemelha ao raciocínio lógico-matemático e, por último, a coincidência dos testemunhos em diferentes lugares e épocas.

Concebidos dessa forma, os direitos parecem capazes de impor limites à autoridade do governo – a qual, na figura de um monarca soberano que ignorasse a natureza humana ou guardasse uma idéia equivocada a respeito dela, poderia facilmente decretar leis moralmente incorretas. Mas Grócio rejeitou a idéia de que os direitos fiscalizam os poderes justos do soberano e fez uma afirmação que pode parecer tão surpreendente hoje quanto o foi no século XVII:

> A todo homem é permitido escravizar a si mesmo, transformando-se em propriedade privada de quem lhe aprouver, conforme está evidente tanto no direito hebraico como no romano. Por que então não teria um povo competência legal para se submeter a uma pessoa (...) de tal forma a transferir abertamente a ela o direito legal de governar, destituindo-se de qualquer vestígio desse direito? (103)

Embora Grócio relutasse em interpretar os sistemas legais reais como entidades fundadas em pactos de submissão *abjeta* a um soberano, ele admitia a possibilidade e a validade lógica e até mesmo a possível racionalidade dessa interpretação. A idéia de *alienabilidade* – o poder de transferir algo a outrem, em caráter irrevogável – está incorporada na concepção fornecida por Grócio do que seja um direito. Com efeito, Grócio tomou emprestada dos dominicanos a idéia da alienabilidade essencial dos direitos, transpondo-a do contexto que justificava a escravidão para o da justificação do próprio governo. A sociabilidade natural e o suposto bom senso dos detentores de direitos são os fatores que determinarão, em última análise, a forma como os direitos serão distribuídos no âmbito das diversas nações que as pessoas constroem para si mesmas. Mas será que não existe um ideal de Estado que sirva como parâmetro de medida para essa distribuição? Grócio rejeitava a idéia de que pudesse haver uma única forma de governo, superior às outras:

> Assim como, de fato, há muitos modos de vida, nenhum deles melhor que o outro, e sendo cada um livre para escolher, dentre tantos modos de vida, aquele que for de sua preferência, assim também um povo pode escolher a forma de governo que desejar; e o alcance da competência legal desse povo nessa questão não deve ser medido pela superioridade de uma ou outra forma de governo, a respeito das quais os homens defendem opiniões diversas, mas sim pela sua livre escolha. (104)

Aqui, Grócio rompe novamente com o passado, rejeitando de maneira sumária a possibilidade de solução do problema da especificação do modelo ideal de Estado, que havia sido fonte de preocupação para pensadores que o antecederam, desde Platão até Santo Agostinho. A insolubilidade desse problema deve-se ao simples fato de não existir um único e melhor modo de se conduzir a vida, aplicável a todos os povos, não havendo, portanto, um único e melhor tipo de Estado capaz de possibilitar uma vida melhor. Grócio é – para utilizar uma expressão moderna – um *pluralista* dos valores.

As implicações revolucionárias desse pluralismo – se for associado com a idéia de que os governos são, fundamentalmente, pactos entre pessoas diversas, dotadas de diferentes visões do que seja uma vida melhor – são mais numerosas do que Grócio pretendeu mostrar. A liberdade de escolha de que as pessoas naturalmente são dotadas deveria ser vista como um direito já exercido, e a forma de governo, como já escolhida, não sobrando ao povo, portanto, nenhum resíduo de direito de escolha. As intenções de Grócio eram pacíficas e conservadoras, mas o potencial revolucionário contido em sua concepção dos direitos representou, comprovadamente, tanto um desafio como uma tentação para os pensadores que o sucederam.

As três grandes inovações de Grócio foram, portanto, as seguintes: (1) tratar a justiça como uma questão de observância e exercício de direitos individuais; (2) separar da teologia o estudo dos direitos; (3) desvencilhar a filosofia política da busca pela forma ideal de governo graças ao reconhecimento da possibilidade de existência de formas diversas e igualmente legítimas, criadas por diferentes povos, no exercício de seus direitos em diferentes circunstâncias. Mas seria insuficiente abordar apenas esses três aspectos do pensamento de Grócio, esquecendo-nos de sua consideração para com a sociabilidade humana, que o levou a afirmar que a natureza não estabelece apenas as leis da justiça, mas também a "lei do amor". A observância desta lei, embora não seja "perfeitamente" obrigatória e impositiva, é louvável, e sua desobediência talvez seja digna de reprovação. Desse modo, Grócio fez uma distinção entre direitos *perfeitos* e *imperfeitos* – os perfeitos são impostos por meio de processo legal ou do reconhecimento de sua necessidade pelo próprio indivíduo, e os imperfeitos não são direitos absolutos sobre aquilo que é "meu", mas antes uma espécie de merecimento que faculta a um indivíduo receber assistência ou atenção.

Como podemos entender a distinção entre direitos perfeitos e imperfeitos? Para elucidar este problema, Grócio foi levado a considerar a seguinte questão: "É correto que um cidadão inocente seja sacrificado com o propósito de salvar o Estado de uma situação de calamidade?" Para Grócio, estava claro que o sacrifício podia ser imposto, mas então surgia um problema: se o cidadão inocente resolveu fazer parte de uma sociedade política justamente para garantir sua própria segurança, como pode ele ser *obrigado* a se sacrificar? E, se o cidadão não tem obrigação de se sacrificar, como se pode permitir que o Estado o sacrifique, não obstante os protestos desse cidadão? Para enunciar o problema exprimindo-o na linguagem dos direitos, se o Estado não tem o direito de exigir que o cidadão inocente se sacrifique, que direito ele pode ter de sacrificar esse cidadão contra sua vontade (o que se caracterizaria como um direito "perfeito")?

A resposta dada por Grócio é sutil. Com base no fato de que "um cidadão não é obrigado a render-se por força da lei propriamente dita, não se segue daí que também o amor lhe permita agir de outra maneira. Isto porque há muitos deveres que não pertencem ao domínio da justiça propriamente dita, mas antes ao do afeto. Esses deveres não apenas se cumprem com louvor (...) como tampouco se omitem sem reprovação". Tendo, porém, invocado o amor e o afeto como fundamentos de um dever, Grócio imediatamente acrescentou: "Tal dever parece, claramente, ser assim definido, a saber, que um indivíduo deve valorizar, acima de sua própria vida, as vidas de um grande número de pessoas inocentes" (579). O fundamento do dever parece agora residir não tanto no afeto efetivamente sentido pela pessoa chamada a se sacrificar, quanto no número de pessoas em cada lado da sepultura. Neste sentido, a "lei do amor" é impessoal e exerce sua soberania sobre todos, independentemente do valor que cada um, individualmente, atribua ao sacrifício em prol da coletividade.

Confrontamo-nos, então, com um dever de auto-sacrifício que não deriva da justiça *stricto sensu*, mas do amor. Mas, conforme assinalou Grócio, "resta saber ainda se ele pode ser forçado a fazer aquilo a que se encontra moralmente obrigado" (580). Se, conforme ele próprio admitiu, um homem rico não pode ser forçado a dar esmolas a um mendigo, como pode um inocente ser forçado a sacrificar a própria vida para salvar a multidão das outras pessoas? O máximo que a lei do amor pode permitir é um direito imperfeito ou não-obrigatório. Mesmo assim, Grócio, embora não considere legítimos outros direitos imperfeitos (como o de receber donativos, por exemplo), defende que um inocente possa ser obrigado a se sacrificar para salvar o Estado, e nisso está em conformidade com os governantes da antiguidade. Qual é a base desta distinção fundamental? Grócio observou:

> A relação das partes entre si é uma coisa, ao passo que a dos superiores em contraposição aos que lhes estão sujeitos é outra bem diferente. Pois um indivíduo não pode ser coagido por um seu igual, exceto com o fim de cumprir o que é devido pela observância de um direito propriamente dito. Porém, um superior pode forçar um inferior a fazer outras coisas a cuja realização a virtude chama, porque o próprio direito do superior, como tal, assim o permite. (580)

Da mesma forma que um "superior" pode obrigar os cidadãos a doar alimentos em época de fome, assim também pode um inocente ser sacrificado à força para salvar a maioria, ou pelo menos é essa a conclusão de Grócio. No entanto, ainda permanece um mistério a maneira pela qual aquilo que em outras mãos seria um direito imperfeito facultativo se transforma, nas mãos da autoridade "superior" do Estado, em um direito perfeito obrigatório. Esse mistério não é fonte de preocupação para quem se contentar com a idéia de que há certos direitos que são facultativos, e ponto final, o que não era o caso de Grócio. Mas voltaremos a esse problema mais tarde. Pelo menos em um aspecto, Grócio não estava disposto a aceitar a autoridade superior do Estado, pois, em vez de cumprir pena de prisão perpétua por ter escolhido o lado errado em uma polêmica religiosa (cujo tema, ironicamente, era a predestinação), ele fugiu clandestinamente para a liberdade, escondido em uma cesta de livros.

Thomas Hobbes

O poderio naval espanhol que estimularia as elucubrações de Grócio provocara tanto estardalhaço na Inglaterra em 1588 que a mãe de Thomas Hobbes, ao ouvir boatos de que a Armada espanhola se aproximava, entrou em trabalho de parto e o trouxe ao mundo prematuramente. Hobbes, que, conforme ele mesmo afirmou, "nasceu do medo", estudou em Oxford e depois passou a maior parte de sua vida empregado como secretário pessoal em Chatsworth e Hardwick, duas das mais pomposas residências da Inglaterra, não raro tendo de realizar viagens apressadas ao continente, para escapar à perseguição política.

Hobbes não compartilhava da crença de Grócio na sociabilidade natural do homem. Para ele, sem as restrições que o Estado impõe, a vida seria "solitária, miserável, sórdida, brutal e curta" (89)*, sendo necessário um poder soberano para evitar as horrendas circunstâncias de uma "condição de simples natureza" (140)**, que é uma situação de guerra "de todos os homens contra todos os homens" (88)***. A grande idéia de Hobbes foi a de aprimorar o pen-

---

* *Leviatã*, São Paulo, Martins Fontes, 2003, p. 109. (N. do T.)
** *Id.*, p. 213. (N. do T.)
*** *Id.*, p. 109. (N. do T.)

samento de Grócio de que os Estados e seu direito nacional, bem como a legitimidade destes, derivam, de algum modo, de um pacto entre os cidadãos. Embora esta seja uma idéia radical, os propósitos de Hobbes, como os de Grócio, eram conservadores. Escrevendo em um período de instabilidade política causada por disputas em torno da sucessão do trono inglês, ele viu na invocação do direito divino dos reis um convite ao eterno conflito. Portanto, a legitimidade do regime precisava de uma base menos permeável a controvérsias religiosas e dinásticas.

A idéia de direitos aparece na teoria de Hobbes da seguinte forma. No estado de natureza, cada homem tem direito a tudo o que julgar necessário à sua sobrevivência:

> O DIREITO DE NATUREZA (...) é a liberdade que cada homem possui de usar o seu próprio poder, da maneira que quiser, para a preservação da sua própria natureza, ou seja, da sua vida; e conseqüentemente de fazer tudo aquilo que o seu próprio julgamento e razão lhe indiquem como meios adequados a esse fim. (91)*

Se, por exemplo, eu e você julgarmos que nossa sobrevivência depende do fruto de uma macieira, ambos teremos direito a ele e, ao lutar por nossos respectivos direitos, entraremos em conflito. Os direitos de um indivíduo não são naturalmente concebidos de forma a serem compatíveis com os dos outros. Nas palavras do próprio Hobbes, "[d]ado que a condição do homem (...) é uma condição de guerra de todos contra todos (...), segue-se que em tal condição todo homem tem direito a todas as coisas, até mesmo aos corpos uns dos outros" (91)**. Se eu julgar que minha sobrevivência depende de eu escravizar você, e você, da mesma forma, julgar que sua sobrevivência depende de você me escravizar, então estaremos em um estado de guer-

---

* *Id.*, p. 112. (N. do T.)
** *Id.*, pp. 112-13. (N. do T.)

ra, o qual não poderá ser resolvido por nenhum tipo de apelo aos direitos naturais, tal como Hobbes os concebeu. Em um mundo de escassez como o nosso, os conflitos entre direitos são inevitáveis, a menos que as pessoas concordem em ceder seus direitos a um soberano que seja capaz de julgar os casos de conflito e distribuir os escassos recursos públicos. Os indivíduos, no estado de natureza, têm de fato o poder de ceder seus direitos e, ao verem a necessidade de fazê-lo como forma de garantir sua segurança, estes criam o Estado, um "LEVIATÃ" soberano, um "homem artificial" (9)*, a quem pertencem propriamente os direitos morais e os poderes a ele transferidos.

Mas será que, uma vez instituído o soberano, as pessoas perdem todos os seus direitos? A resposta de Hobbes foi que elas retêm apenas o direito natural de resistir à morte e à prisão, pois este é o único direito o qual seria absurdo supor que elas não retivessem. Se as pessoas criam os governos com a finalidade de escapar da precariedade de sua sobrevivência no estado de natureza, deve-se partir do princípio de que elas cederam todos, e apenas, os direitos necessários a que escapem de tal condição de insegurança. Porém, se o soberano decreta o meu enforcamento, eu não tenho o dever de me submeter. Uma vez que é a sobrevivência a razão mesma da cessão dos direitos, não posso ceder o direito de resistir ao carrasco.

Contudo, isto não significa que o soberano tenha o dever de não me enforcar. Significa apenas que ele não faz nenhum mal em me enforcar, nem eu em resistir. Porém, pressupõe-se necessariamente que eu tenha cedido *todos os outros* direitos que eu tinha contra o soberano – e, se este decretar que *você* deve ser enforcado, eu não posso me recusar a enforcar você. Hobbes não reconhece a legitimidade de nenhum outro direito natural "retido" contra o soberano. Além disso, quaisquer direitos "civis" que o soberano decida estender aos súditos (o direito a um julga-

---

* *Id.*, p. 11. (N. do T.)

mento justo, por exemplo) estão inteiramente condicionados ao privilégio, por ele detido, de invalidá-los. Na visão de Hobbes, o soberano é *incapaz* de injustiça e, embora deva prestar contas a Deus, não responde perante os súditos por seus atos.

A teoria de Hobbes provoca muitas pessoas porque parte de pressupostos que exercem uma atração inegável: uma visão impiedosa da natureza humana, o reconhecimento da universalidade dos direitos naturais e o propósito de entender a legitimidade do governo como fruto de um pacto entre os governados. Não obstante, ele tira dessas premissas conclusões que parecem legitimar o mais severo autoritarismo. Assim como os dominicanos haviam utilizado os direitos subjetivos como justificativa para a escravidão, a teoria hobbesiana – de maneira espantosamente análoga – faz uso da idéia de direitos para justificar um governo de potencial bastante tirânico. Não seria um exagero dizer que, desde Hobbes, a história da filosofia política se transformou em um conjunto de esforços de diferenciação entre os elementos atrativos e os repulsivos na teoria deste pensador.

Samuel Pufendorf

A Guerra dos Trinta Anos, que levara Grócio e Hobbes a pensar a política utilizando a linguagem dos direitos, chegou ao fim em 1648, com o Tratado de Vestefália, que instituiu na Europa um sistema de Estados Nacionais soberanos, no interior dos quais reinava a paz (relativa). Pufendorf foi o primeiro grande pensador a assumir o desafio de dar uma forma intelectual coerente à ordem internacional que nascia. Embora sua primeira obra tenha sido escrita enquanto estava preso devido a hostilidades entre a Suécia e a Dinamarca, seu trabalho mais influente foi redigido durante a época em que lecionou em uma série de universidades na Holanda, Alemanha e Suécia, onde posteriormente se tornou conselheiro do rei Carlos XI. Pufendorf, detendo-se cuidadosamente nas obras de Grócio e Hobbes, questionou e corrigiu uma série de detalhes, mas seu trabalho, em muitos aspectos, foi mais de consolidação e sistematização que de inovação.

Um dos pontos em que Pufendorf questionou Hobbes diz respeito à falta de rigor na atribuição de direitos aos homens no estado de natureza. Ele argumentou que "é preciso reconhecer que nem toda aptidão natural para a realização de uma tarefa caracteriza-se propriamente como um direito, mas apenas aquela que tenha algum efeito moral (...)". Os cavalos podem pastar no campo – escreveu ele –, mas seria tolo pensar que, ao fazê-lo, estivessem exercendo um direito de pastar. Uma "aptidão natural", tal como a capacidade de colher ou de pastar, somente se torna um "verdadeiro direito" quando tem um efeito moral sobre outras criaturas da mesma espécie. Nada que um cavalo possa fazer terá tal efeito sobre outros cavalos, portanto seria mera fantasia atribuir a eles um direito de pastar. Da mesma forma, não faz sentido atribuir a um ser humano o direito de colher castanhas, a menos que essa atividade afete a situação moral de outros seres humanos de maneira "que outros homens não possam impedi-lo, ou competir com ele, contra a vontade dele, no uso de tais objetos (...) [e], obviamente, é absurdo tentar designar como um direito a aptidão cujo exercício todos os outros homens têm o direito de impedir". Que tipo de efeito, então, é necessário para que o exercício de uma aptidão dê margem ao surgimento de um direito? A resposta de Pufendorf é que nenhum "direito propriamente dito" pode surgir sem que os outros estejam submetidos a uma obrigação para com o suposto detentor do direito (1672, 391).

Pufendorf foi, portanto, um dos primeiros a perceber um aspecto importante dos direitos – ao menos dos direitos "verdadeiros" ou "propriamente ditos" –, a que podemos chamar de *correlatividade entre direitos e deveres**. Nenhum

---

* Esta concepção é especificamente conhecida, na ciência jurídica, como *bilateralidade do direito*. (N. do T.)

direito pode ser atribuído a uma pessoa sem que se atribua a outras, ao mesmo tempo, certos deveres correlativos de não-interferência. No que concerne aos direitos de propriedade, imediatamente vem à tona a pergunta: de onde vem esse opressivo dever de não-interferência? Pufendorf responde que, devido à "igualdade natural dos homens", tal dever ou obrigação não pode surgir sem o consentimento dos outros, seja este "expresso ou presumido". Portanto, "a natureza não define que coisas em particular pertencem a um homem e quais pertencem a outro, antes que eles acordem entre si quanto à divisão e distribuição delas" (1672, 391). A divisão inicial deve ser considerada como consensual e convencional, em vez de natural, e a posterior apropriação de coisas ainda não divididas está sujeita a uma regra de prioridade de posse, que também é uma regra de convenção, e não uma lei natural.

Pufendorf também utilizou e elaborou a distinção de Grócio entre direitos *perfeitos* e *imperfeitos*. Para este autor, a diferença reside na obrigatoriedade dos direitos perfeitos e na não-obrigatoriedade dos imperfeitos. Pufendorf, por sua vez, afirma que há também diferenças características no grau de especificidade e nas funções dos dois tipos de direito. Direitos perfeitos são aqueles honrados pela realização ou pela omissão de tipos específicos de ação por parte de outros indivíduos. Por exemplo, meu direito (perfeito) à vida tem como correlativo o seu dever de não me matar, e meu direito (perfeito) de esperar que você cumpra sua promessa tem como correlativo o seu dever de cumpri-la; porém, meu direito (imperfeito) à gratidão ou à assistência em caso de calamidade não tem como correlativo um dever tão específico a ponto de se levantar a questão sobre se a realização deste "é igual àquilo, ou menor que aquilo, que [o] causou" (1672, 119). Essa diferença reflete outra mais profunda, subjacente, entre as leis "que conduzem à mera existência da sociedade" – e criam direitos perfeitos, precisos e obrigatórios – e as que conduzem apenas "a uma existência melhor" (1672, 118).

Enquanto para Grócio os homens são sociáveis por natureza, a visão de Pufendorf, como a de Hobbes, é menos otimista. Mas isso não o impediu de ver no desejo humano de segurança uma compensação para nossa predisposição inata para o vício, uma vez que, "para garantir sua segurança, é necessário que o homem seja sociável". Esta conclusão lançou as bases daquilo a que ele chamou de "lei natural fundamental: todo homem deve fazer tudo aquilo que estiver ao seu alcance para cultivar e preservar a sociabilidade (...) tudo aquilo que violar a sociabilidade deve ser visto como proibido" (1673, 36). Além das obrigações naturais que cada um deve a si mesmo, Deus estabeleceu três deveres fundamentais que cada homem tem em relação a todos os outros homens. O primeiro deles é o dever de não causar dano aos outros (dos três, este é o mais fácil de ser cumprido, pois requer apenas a "simples abstenção de agir"), o segundo é o dever que cada um tem de "estimar e tratar o outro como seu igual por natureza", e o terceiro é o de que "cada um seja útil aos outros, tanto quanto lhe seja possível" (1673, 56, 61, 64). Todos os demais deveres a que estamos submetidos são instituídos por meio de acordo. É em decorrência de uma série de acordos como estes que surgem os Estados "normais", onde "todos submeteram sua própria vontade à dos que detêm o poder, em questões que afetem a segurança do Estado, de modo que estão dispostos a fazer tudo aquilo que os governantes desejarem". Uma vez instituído, cabe ao governo determinar – por meio de decretos gerais e no curso do julgamento de disputas particulares – "o que cada um deve considerar como seu e o que deve considerar como do outro; o que deve ser considerado legal nesse Estado e o que não deve; o que é bom e o que é ruim; [e] o que subsiste da liberdade natural de cada homem (...)" (1673, 139). Pufendorf também defendeu um Estado mais forte e mais centralizado, em oposição a comunidades locais, menores e menos coesas. Este posicionamento – juntamente com sua ênfase nas obrigações naturais de respeitar a igual dignidade de cada um e de cultivar positivamente a sociabilidade – acabou por fundar as bases intelectuais do moderno *welfare state* europeu.

John Locke

O médico John Locke lançou-se à filosofia devido a seu interesse pelo estudo das bases da ciência, mas o envolvimento com a filosofia *política* deu-se por fatores alheios à sua vontade. Descontente com sua atividade de lecionar em Oxford e certo de que não tinha vocação para o sacerdócio, aceitou o cargo de médico particular na casa do lorde de Shaftesbury. Quando Shaftesbury foi nomeado chanceler, Locke se tornou secretário do Conselho de Colonização e Comércio. Como resultado do conflito entre protestantes e católicos pela sucessão do trono inglês, a fortuna de Shaftesbury se esgotou, e ele, assim como Locke, foi destituído de seu cargo. Locke foi obrigado a fugir da Inglaterra para a Holanda, retornando apenas depois da ascensão de Guilherme de Orange e Maria, a qual marcara o fim da "Revolução Gloriosa", que prometera estabelecer o poder da Coroa em bases imunes a disputas religiosas.

Um dos desejos de Locke era refutar dois argumentos bem diferentes a favor da monarquia absolutista, os quais se sustentavam invocando a idéia de direitos. O primeiro era o de Robert Filmer, segundo o qual a legitimidade do monarca inglês derivava de um direito investido por Deus em Adão e transmitido por hereditariedade ao então detentor da Coroa. O outro argumento fundado nos direitos, em prol do absolutismo, era o de Hobbes. Deixando de lado a refutação de Filmer por Locke, concentremo-nos na resposta deste a Hobbes, apresentada em *The Second Treatise of Government* [Segundo tratado sobre o governo] (1690)*. Embora o nome do autor do *Leviatã* não seja mencionado, está claro que ele era um dos adversários visados no tratado. Mas qual era, na visão de Locke, o equívoco de Hobbes com relação aos direitos?

Locke também empregou a idéia hobbesiana do estado de natureza, bem como a da legitimação do Estado por

---

* In: *Dois tratados sobre o governo*, São Paulo, Martins Fontes, 1998. (N. do T.)

meio da caracterização deste como um aperfeiçoamento em relação àquele. Além disso, ele também define o estado de natureza concebendo-o, parcialmente, como um estado em que os direitos são igualmente distribuídos a todos os homens. Locke, porém, se distancia fundamentalmente de Hobbes na especificação de quais são esses direitos "naturais" e de como são distribuídos.

No entender de Locke, o estado de natureza é dotado de uma complexidade moral muito maior do que Hobbes lhe atribuía. Para Hobbes, os homens, no estado de natureza, tinham o direito de fazer tudo o que julgassem necessário para a sua sobrevivência individual. O estado de natureza de Locke é diferente. Embora seja um estado de liberdade "recíproca", "não é um estado de licenciosidade". Cada um tem o direito natural de se preservar, mas não o direito de, tendo em vista essa mesma finalidade, causar dano aos outros (exceto em caso de autodefesa contra um agressor violento). Além disso, cada um tem um direito natural à propriedade privada, o qual deve ser respeitado pelos outros. Embora Deus originalmente tenha dado a terra em comum a toda a humanidade, a "lei da natureza" permite a cada um, sem a necessidade do consentimento do outro, apropriar-se dessas terras, das colheitas, dos rebanhos e da caça conforme achar conveniente, por meio do simples expediente de "misturar trabalho" a tais coisas. Desde que deixe "o suficiente e de qualidade igualmente boa" para a apropriação em comum por terceiros e não permita que alguém desperdice aquilo de que se apropriou, o indivíduo detém um direito natural sobre sua propriedade. Cada um tem também um direito natural à reparação em caso de lesão e um "direito executivo natural" de punir qualquer um que viole a "lei da natureza" (4-7, 17-19)*. Locke, em outros escritos, também reconheceu um direito natural à liberdade de consciência.

Devido a esses aspectos morais, o estado de natureza, para Locke, não é necessariamente um estado de guerra –

---

* *Id.*, pp. 383-85 e 407-09. (N. do T.)

mas apresenta dificuldades, principalmente em decorrência da obscuridade do direito natural para aqueles que foram cegados pelo interesse e da ausência de um direito "positivo" consolidado e de juízes imparciais capazes de resolver disputas e executar vereditos, restando ao indivíduo apenas o "apelo ao céu". A segurança da "propriedade" – e Locke escolhe deliberadamente este termo com o objetivo de se referir concisamente aos direitos naturais a "vida, liberdade e bens" – é tão abalada por essas dificuldades que os indivíduos racionais são atraídos pela idéia de juntar-se em uma comunidade. Em vez de apelar ao céu, o membro de uma sociedade organizada pode recorrer a um poder terreno, um arbitrador, capaz de resolver controvérsias e impor reparações. "A sociedade política ou civil" (a terminologia é do próprio Locke) nasce quando certo número de indivíduos, cientes das vantagens de sua decisão, cedem seu direito natural executivo (retendo, porém, outros direitos) ao poder público em torno do qual se unem (14, 48-50)*.

Esse papel de esteio desempenhado pelos direitos naturais impõe limites de legitimidade à maneira pela qual o governo se origina, bem como aos fins que este – uma vez existente – pode almejar, e aos meios de que pode se valer para alcançá-los. O pano de fundo dos direitos naturais e os critérios de transferência destes controlam o exercício dos governos. Locke assim os explica: "Sendo todos os homens (...), por natureza, livres, iguais e independentes, ninguém pode ser privado dessa condição nem colocado sob o poder político de outrem sem o seu próprio consentimento" (54)**. Aqueles que se negam a dar consentimento permanecem no estado de natureza, mas aqueles que consentem investem de poder legislativo uma parcela majoritária dos que consentiram, ou um determinado número de representantes – ou possivelmente apenas um, que seria neste caso um monarca.

---

* *Id.*, p. 400; pp. 456-59. (N. do T.)
** *Id.*, p. 468. (N. do T.)

Esse consentimento não precisa ser expresso; pode ser – e mais comumente o é – tácito, ou seja, dado por todo homem que "tenha alguma posse ou usufrua de qualquer parte dos domínios de um governo", ou talvez apenas "viajando livremente por uma estrada (...). Com efeito, isso alcança até o simples fato de estar alguém nos territórios desse governo". E qual é a duração do consentimento? Aqueles que, por estarem nos territórios ou terem posses dentro de seus limites, consentem tacitamente podem adquirir a liberdade abrindo mão de seu "usufruto" e, "por doação, venda ou qualquer outro meio, deixar sua posse". Quem, no entanto, declara expressamente seu consentimento está obrigado perpetuamente e não pode retornar ao estado de natureza "a menos que, por uma calamidade qualquer, o governo (...) venha a ser dissolvido, ou então que algum decreto público impeça-o de continuar (...)" (68-69)*.

Para Locke, é aceitável que os indivíduos consintam com um governo monárquico, mas seria irracional (e nisso sua visão coincide com a de Grócio) alguém se submeter a um poder absoluto *arbitrário*, pois isso significaria expor sua "propriedade" (na elástica definição lockeana do termo) a uma insegurança maior que a existente no estado de natureza. Além disso, é *impossível* transferir a outrem um direito superior àquele que se possui. Portanto, uma vez que ninguém possui poder arbitrário absoluto sobre si mesmo, e muito menos sobre os outros, ninguém pode transferir esse poder ao governo. Logo, não há como legitimar um regime de governo absolutista e arbitrário (com a devida vênia a Hobbes) e, pela mesma razão, a escravidão voluntária é inconcebível (com a devida vênia a Mazzolini e de Molina). A única fonte de legitimação do governo é o consentimento dos governados, mas consentir com o absolutismo arbitrário seria irracional e, além disso, impossível – pois não se pode transferir, por consentimento, aquilo que não se possui de direito.

---

* *Id.*, pp. 491-93. (N. do T.)

De uma maneira que satisfazia as exigências da Inglaterra do século XVII, Locke mostrou como se poderia construir uma monarquia – mesmo uma que exerça uma prerrogativa tão ampla quanto a de "fazer o bem público independentemente de regras" (95)* – pela transmissão de direitos naturais, o que não seria possível no caso de um absolutismo arbitrário como, por exemplo, uma monarquia tirânica. Os direitos, entendidos da forma correta, não conduziam à anarquia nem à tirania, mas sim explicavam e justificavam o desfecho da Revolução Gloriosa, que colocara Guilherme de Orange e Maria no trono da Inglaterra.

Mas, uma vez instituído o governo, de que forma precisamente os direitos naturais afetam o relacionamento entre o Estado e o indivíduo? Se uma pessoa for prejudicada pelo governo, que saída poderá ela buscar, tendo em vista que este não lhe oferece nenhuma que pareça adequada? Para os que deram ao governo o seu consentimento expresso, o retorno ao estado de natureza não é uma opção viável. E o mesmo acontece, na prática, com aqueles cujo consentimento foi apenas tácito – uma vez que, segundo Locke, estes teriam de liquidar suas propriedades e abandonar o território se quisessem se livrar da condição de submissão. Mas o Estado tem de respeitar os direitos e, quando não o faz, age *ultra vires* (além dos poderes que se lhe atribuem), deixando assim de impor dever de obediência. Além disso, um governo persistentemente autoritário estará sempre sujeito ao direito natural, de que se investe a maioria dos cidadãos, de destituir ou alterar a autoridade legislativa. "Podem, então, ser contrariadas as ordens de um príncipe? Será possível resistir a ele tantas vezes quantas alguém se julgue agravado e imagine não ser direito o que se lhe faz?" Locke teve de fazer frente à objeção de que os direitos não geram "governo e ordem (...) [mas] anarquia e confusão" (115)**.

Sua resposta é complicada e dá ênfase ao fato de que resistência e revolução são questões apenas de última ins-

---

* *Id.*, p. 534. (N. do T.)
** *Id.*, pp. 564-65. (N. do T.)

tância. Não obstante, ele conclui que "quando uma longa série de abusos (...), tendendo na mesma direção, torna o propósito visível para o povo" (126)*, a saber, que o governo intenciona violar seus direitos naturais de forma sistemática e ofensiva, então o povo, de fato, readquire o direito natural de instituir um novo governo e de resistir ao então vigente, depondo-o, sob a acusação de ter instigado um estado de guerra. Locke então aponta este caminho que os súditos de um monarca poderiam tomar: dissolver legitimamente suas obrigações políticas e criar outras, as quais, se eles assim o escolherem, poderão ser republicanas em vez de monárquicas.

A Declaração de Independência dos Estados Unidos

A história transformou em realidade a possibilidade levantada nos escritos de Locke. Em 1776, os representantes das colônias britânicas da América do Norte declararam sua independência da soberania do rei George III. Os escritos de Locke exerceram profunda influência sobre Thomas Jefferson, o principal idealizador da Declaração de Independência. Os colonos mencionam os direitos de forma enfática ao justificarem sua ruptura com a Coroa, aparentemente uma traição:

> Sustentamos estas verdades como evidentes por si: que todos os homens nascem iguais, dotados pelo Criador de certos direitos inalienáveis, entre os quais estão a vida, a liberdade e a busca da felicidade; que, para assegurar esses direitos, os governos são instituídos entre os homens, derivando seus justos poderes do consentimento dos governados; que, sempre que qualquer forma de governo torna-se destruidora desses fins, é direito do povo alterá-la ou aboli-la, instituindo um novo governo, que tenha nestes princípios o seu fundamento e organize nesta forma os seus poderes, conforme o modo que lhes pareça mais efetivo para assegurar sua segurança e felicidade (...).

---

* *Id.*, p. 583. (N. do T.)

Segue-se, na mesma declaração, uma lista da "longa série de abusos" a que os colonos foram submetidos pelo governo de George III, exatamente o que Locke estabelecera como pré-requisito para que um povo readquira seu direito natural de criar um novo governo, depondo um tirano. Os direitos estavam em marcha.

Immanuel Kant

Ao contrário daqueles que o antecederam em sua contribuição ao desenvolvimento da idéia de direitos, Kant raras vezes se envolveu diretamente em qualquer tipo de agitação política, religiosa ou mesmo doméstica. O filósofo viveu a totalidade de sua vida em Königsberg (leste da Prússia), ou nas proximidades, ganhando a vida primeiramente como preceptor e depois como professor da universidade onde se formara. Desperdiçou várias oportunidades de ascender no meio acadêmico e de viajar, mas sempre leu muito e manteve intensa correspondência epistolar, além de se envolver em discussões acaloradas com amigos e visitantes. Seu campo de interesses era quase ilimitado, e a influência intelectual que exerceu sobre o Iluminismo fez dele uma de suas principais figuras. Kant e Aristóteles não raro são considerados nossos dois maiores filósofos.

Por estarem intimamente ligadas à totalidade de sua doutrina e metodologia filosóficas, as contribuições de Kant à teoria e prática dos direitos serão abordadas aqui apenas superficialmente. Foi de uma proposta por ele apresentada, em 1795, para a criação de uma organização internacional semelhante à ONU que se originou aquela que é talvez a sua maior influência prática na atualidade. A fundamentação que Kant propôs para os direitos e para toda a filosofia moral – exposta em seu livro *Grundlegung zur Metaphysik der Sitten* (Fundamentação da metafísica dos costumes), publicado em 1785 – é um dos elementos mais importantes e duradouros de sua teoria. Sob a influência de

Pufendorf, Kant reafirmou a vinculação entre o conteúdo dos direitos e o dos deveres, daí o foco imediato da *Grundlegung* ser a fundamentação do dever, cuja origem ele diz estar "apenas na razão", ou seja, ele é independente de nossos desejos e de nossas necessidades, paixões e apetites. Diferentemente de Grócio, para quem a apreensão da natureza e do conteúdo dos nossos direitos e de seus correlativos deveres podia ser alcançada por vários meios (razão, intuição e autoridade testemunhal), Kant acreditava que os direitos e os deveres não podem envolver *absolutamente nenhum* elemento experiencial ou emocional. Logo, abordagens como a do utilitarismo, caracterizadas por vincular os direitos e deveres à quantidade de prazer e dor experimentada pelos indivíduos, são profundamente equivocadas. A rigidez dessa posição tomada por Kant estava intimamente ligada à sua concepção de pessoa. Nossa natureza é dividida – nós temos dois aspectos, a saber, o de sermos *fenômenos* (manifestações que se apresentam diante dos sentidos, sejam estes os nossos ou os dos outros) e *númenos* ("coisas-em-si", que não podem ser conhecidas por meio dos sentidos nem da reflexão). Enquanto fenômenos, nossas ações são predeterminadas, não nos restando mais liberdade que a de qualquer objeto do mundo físico. Enquanto númenos, porém, não somos determinados pelas leis do mundo físico, mas apenas pelas que criamos para nós mesmos. A liberdade, para Kant, não está na ausência de leis, mas na obediência a leis *autoconferidas*.

Segundo Kant, nossos direitos e deveres são estabelecidos por leis que criamos para nós mesmos enquanto seres racionais, e não por leis físicas ou psicológicas aplicáveis a nós enquanto criaturas determinadas por forças físicas, apetites, disposições de ânimo e percepções sensoriais. Em outras palavras, a própria razão deve ser prática – caso contrário, a moralidade, que pressupõe a liberdade, seria uma ilusão. É o nosso conhecimento da lei moral que, de fato, demonstra que a liberdade é real para nós. Mas que leis são essas e como são conhecidas? A resposta de Kant é que elas são conhecidas não por seu conteúdo, mas por sua forma, que é a de um *imperativo categórico*: "Age de tal maneira que a máxima de tua vontade possa ser, ao mesmo tempo, uma lei universal." (Ak 4: 402) Esta formulação deixa claro que a lei moral não se fundamenta na busca de nenhum objetivo em particular (como a felicidade, o bem-estar ou o prazer). O imperativo categórico contrasta com qualquer imperativo meramente hipotético da forma: "Se queres X, então faz isto para que o obtenhas." Os imperativos hipotéticos têm caráter "heterônomo", pois pressupõem que o sujeito da ação tem sua vontade determinada por objetivos preestabelecidos. Mas a lei moral exige uma vontade incondicionada, ou autônoma, pois apenas tal vontade é capaz de tratar *os outros* como seres racionais igualmente capazes de autonomia. Daí a segunda – e equivalente – formulação kantiana do imperativo categórico: "Trata todos os seres humanos sempre como fins em si mesmos e nunca como meios." (Ak 4: 429) Esta formulação deixa claro que a lei moral funda-se no respeito à humanidade dos outros e à de nós mesmos, e não em uma mera ética egocêntrica da excelência ou da virtude. Os deveres ordenados pela lei moral guardam, por sua própria forma, uma relação de coordenação com os direitos dos outros. Sublinhando ainda mais este caráter da lei moral, Kant oferece uma terceira formulação do imperativo categórico, equivalente à primeira e à segunda: "Conduz a ti mesmo como se fosses membro de um reino dos fins" (Ak 4: 439) – sendo o reino dos fins, para Kant, a comunidade de todos os seres racionais que criam, para si, leis que respeitam todos os outros seres como fins em si mesmos.

    Procurei dar aqui apenas uma idéia geral das bases lançadas por Kant para os direitos. O esboço que tracei é apenas rudimentar, e a interpretação que ofereço é vaga e contestável. No capítulo 6, voltaremos a abordar a possibilidade de uma fundamentação kantiana para os direitos, no contexto do segundo período de expansão. Aplicadas a problemas primordiais da filosofia política e jurídica, as visões de Kant também se destacaram, mas não foram tão inovadoras. Diferentemente de Locke, Kant acreditava (assim como Hobbes) que o afastamento do estado de liberdade natural e o ingresso na sociedade civil não constituíam apenas uma opção vantajosa, mas sim uma obrigação racional. Quanto à possibilidade de surgimento dos direitos de propriedade no estado de natureza, a visão de Kant coincide com a de Locke: eles podem surgir. Mas, lado a lado com Pufendorf, Kant observa que, depois do ingresso na sociedade civil, a natureza e a dimensão de todas as propriedades ficam sujeitas à definição dada pelo Estado. O filósofo também negou veementemente a existência de qualquer direito de resistir ao soberano. Ainda assim, quando ficou sabendo da Proclamação da República na França, afirmou estar testemunhando "a glória do mundo" (Kuehn, 2001). No entanto, embora tenha seguido de perto o curso dos acontecimentos na França e continuado a escrever quase até sua morte, em 1804, nada publicou que respondesse ao ceticismo – em matéria de direitos – que se seguiu ao tumultuado processo da Revolução Francesa.

William Paley

A influência exercida por Locke sobre os acontecimentos nos Estados Unidos e a de Jean-Jacques Rousseau na Europa levaram o prelado inglês William Paley a tratar da filosofia moral e da filosofia política em um só trabalho, intitulado *The Principles of Moral and Political Philosophy* [Princípios de filosofia moral e política] (1786). Paley (como Kant) estava atrás de coisa muito maior que os segredos do direito mercantil ou do Código de Justiniano, ou mesmo a legitimação do governo. Seu intento era nada menos que "um sistema ético – [para] a orientação das consciências individuais na conduta geral da vida humana" (xi). O trabalho de Paley nasceu das notas redigidas durante os anos em que foi preceptor de vários alunos, e sua competência como pedagogo é atestada pelo fato de que o seu *Principles* foi adotado como livro didático em Cambridge, orientando assim o pensamento de várias gerações de personalidades importantes da vida política, teológica e acadêmica da Inglaterra.

No entender de Paley, a moralidade é uma questão de obediência às regras divinas, mas nem todas estas regras aparecem nas Escrituras; o número e a diversidade de questões a serem tratadas são simplesmente grandes demais para caber em qualquer código de leis manuseável. Além disso, a função das Escrituras é apenas enfatizar as verdades morais conhecidas por todos de outra forma, a saber, por meio dos "princípios da justiça natural" (8). Mas como esses princípios são conhecidos? Uma das possibilidades descartadas por Paley é a de que os seres humanos sejam dotados de um *senso moral* especial que lhes permite chegar, intuitivamente, a conclusões corretas em circunstâncias não previstas – ou previstas de forma ambígua – nas Escrituras. Seguindo a trilha dos argumentos de Locke e David Hume, que enfatizam a diversidade e o choque entre as regras morais em diferentes épocas e lugares, Paley concluiu que o apelo à intuição ou à capacidade perceptiva de um senso moral não representa uma forma segura de alcançar a verdade moral. Se a questão fosse, por exemplo, a eqüidade da escravização dos africanos, o que haveria para discutir se as únicas fontes de prova fossem as Escrituras (que são ambíguas a esse respeito) e as intuições (que são divergentes entre si)? Para Aristóteles, era intuitivamente óbvio que alguns homens nasciam para ser escravos – devemos nós, que nos opomos à escravidão, julgarmo-nos portadores de uma intuição moral mais aguçada que a de Aristóteles? Designar por "consciência" o senso moral não resolve o problema, se cada um se julgar a autoridade suprema na interpretação daquilo que sua consciência lhe diz.

O caminho para determinar a vontade de Deus, na visão de Paley, pode ser descoberto através da reflexão sobre a natureza de Deus. A bondade de Deus é ilimitada. Portanto:

> O método para se chegar à vontade de Deus, concernente a qualquer ação, à luz da natureza, consiste na indagação acerca da "tendência da ação para promover ou para reduzir a felicidade geral". Esta regra procede da pressuposição de que Deus Todo-Poderoso intenciona e deseja a felicidade de suas criaturas. Conseqüentemente, as ações que promovam esta intenção e este desejo devem ser agradáveis para ele (...). (67)

A vontade de Deus está em conformidade com a "lei do amor", de Grócio – a benevolência de Deus é garantia de Seu amor, e este amor determina que Ele deseje a felicidade de Suas criaturas. Porém, Paley observa que não se deve confundir felicidade com satisfação dos prazeres e supressão da dor. Em vez disso, a felicidade consiste na criação de laços de compromisso com os outros, no exercício de nossa capacidade de atingir os fins almejados, no desenvolvimento de hábitos saudáveis e na preservação da saúde. A felicidade pessoal pode estar nas coisas mais simples. Pode-se ver o homem feliz como

> (...) tranqüilo e satisfeito, tomando nas mãos um livro ou um cachimbo assim que se encontra só consigo mesmo; pronto a aceitar qualquer passatempo que se lhe ofereça ou a voltar sua atenção ao primeiro ofício que se lhe apresente; e, na ausência de ambos, contente em permanecer sentado e deixar a cadeia de pensamentos propagar-se indolentemente pelo cérebro, talvez sem muita utilidade ou proveito, mas sem ambicionar nada melhor (...). (39)

O que, então, a moralidade exige de nós? "Tudo o que for conveniente é direito. É a utilidade de cada regra moral em si que caracteriza sua obrigação." (72) Para Paley, conveniência e utilidade são sinônimos de "aquilo que produz a máxima felicidade". Porém, não é por um poder inerente à utilidade que se cria a obrigação, mas por intermédio da vontade de Deus: "Direito e obrigação são recíprocos; ou seja, sempre que uma pessoa tiver um direito, haverá uma obrigação correspondente sobre os outros (...). Ora, porque a *obrigação* moral depende (...) da vontade de Deus, o *direito*, que é correlativo àquela, deve depender necessariamente dessa mesma vontade." (84) Paley aqui – como antes dele o fizeram Pufendorf e Locke – adota uma *teoria das sanções sobre os deveres*, ou seja, uma teoria que afirma que os deveres e obrigações não podem existir, a menos que haja algum tipo de autoridade pronta para executá-los por meio da imposição de algum tipo de sanção. Por implicar deveres, os direitos também implicam sanções.

Deus nos contempla com direitos? A resposta é sim, ainda que estes não sejam mencionados diretamente nas Escrituras. Mas, se fazer o que é direito for simplesmente fazer o que é conveniente, então isso parece significar que não há direitos suficientemente sólidos para fazer frente às exigências da utilidade. Na verdade, parece que Deus está disposto a impor sanções a qualquer um que escolha respeitar o direito do outro quando seria de maior utilidade ignorar este direito:

> Há muitas ocasiões em que a mão do assassino seria de bastante utilidade. O dono atual de uma grande propriedade faz uso de seu prestígio e de sua fortuna para estorvar, corromper ou oprimir todos aqueles que estejam à sua volta. Sua propriedade, em caso de morte, seria transferida por direito de sucessão a um indivíduo de caráter oposto. É útil, pois, dar cabo de tal sujeito tão cedo quanto possível, uma vez que, deste modo, a vizinhança estará trocando um tirano perigoso por um sábio e generoso benfeitor. Poderia ser útil roubar de um sovina para dar aos pobres (...). O que se pode dizer, então? Devemos admitir essas ações como direitas, as quais justificariam o assassínio [e a] pilhagem (...) ou devemos desistir de nosso princípio de que o critério do direito é a utilidade? (72-73)

Paley enfrenta aqui um dilema já apontado pelo bispo Butler, no seu influente sermão *Dissertation on the Nature of Virtue* [Dissertação sobre a natureza da virtude] (1736), que alertava para os perigos da busca direta daquilo que Grócio chamava de "lei do amor" (e que denominaremos *princípio da beneficência*), a qual ordena que sempre orientemos nossos atos de modo que sejam maximizadas suas conseqüências benéficas. Paley escapa do dilema exatamente da maneira sugerida por Butler: estabelecendo que as conseqüências pertinentes à determinação da utilidade de uma ação não são as particulares, mas as gerais – ou seja, as de se violar a *regra geral* contra o assassínio ou contra a pilhagem. As conseqüências particulares de uma ação não têm importância se as gerais – ou seja, as de se admitir tal ação como regra geral – são contrárias à utilidade. Assim sendo, Paley adota o que veio a ser conhecido como *utilitarismo das regras*, doutrina à qual retornaremos mais tarde.

Os direitos são, meramente, salvaguardas conferidas por meio de regras de utilidade geral que Deus nos conclama a respeitar. Paley prossegue, distinguindo entre direitos naturais e "adventícios", direitos alienáveis e inalienáveis, e, finalmente (seguindo Grócio), direitos perfeitos e imperfeitos. Direitos naturais são aqueles que as pessoas detêm independentemente da existência de instituições civis. Entre os direitos adventícios inclui-se o do monarca, de governar. Os direitos adventícios dependem dos naturais, embora não sejam menos obrigatórios que eles – Deus ordena que sigamos regras gerais maximizadoras da felicidade, independentemente de sua derivação. Não obstante, a forma da derivação é importante para determinar se um direito é alienável – todos os direitos são alienáveis, exceto os que derivam de contratos que estabelecem o desempenho de uma obrigação. Assim sendo, um senhor não pode transferir o seu direito de ver cumprida uma obrigação por parte de um servo, nem pode um rei transferir seu reino. Os direitos civis, contudo, não se incluem nessa categoria: "O direito à liberdade civil é alienável, muito embora, devido ao excesso de zelo que os homens lhe dedicam, e à linguagem de algumas admoestações políticas, não raro se proclame que é um direito inalienável." (90)

O que dizer, então, da escravização dos africanos nas colônias inglesas? Os dominicanos defenderam a instituição da escravidão, invocando a alienabilidade dos direitos subjetivos. Paley não encontrou nem mesmo um simulacro de consentimento capaz de fundamentar as justificativas para a escravidão mais comumente dadas na época. As Escrituras guardavam silêncio quanto à eqüidade da escravidão, o regime colonial era impiedoso e brutal, e a condição dos escravos, cruel e miserável, "porém, alega-se a necessidade, em nome da qual se pretende justificar todo tipo de atrocidade (...)" (235). Paley refutava o argumento da necessidade, mas não invocava ou derivava nenhum direito à liberdade por parte dos africanos. Em vez disso, ansiava pela extinção da "odiosa instituição" por meio da "emancipação gradativa" dos escravos. Como tantos outros inimigos da escravidão, ele optou por fundamentar sua oposição nos *deveres* dos senhores de escravos e das sociedades escravagistas, e não nos *direitos* dos escravos.

Para Paley, assim como para Grócio e Pufendorf, são imperfeitos os direitos dos necessitados à caridade dos ricos.

> Pode ser difícil, à primeira vista, compreender como uma pessoa pode ter direito a uma coisa e, não obstante, não ter o direito de fazer uso dos meios necessários para obtê-la. Essa dificuldade – a exemplo da maior parte das outras questões de moral – reduz-se à necessidade de regras gerais. (...) A resposta é que, devido ao caráter de indeterminação, seja do objeto, seja das circunstâncias que envolvem o direito em questão, a permissão de uso da força levaria, como conseqüência, à mesma permissão em outros casos, caracterizados pela ausência de direito. (91-92)

Assim, por exemplo, embora os pobres tenham o direito de ser ajudados por quem teve mais sorte na vida, não podem roubar ou extorquir os bens de que precisam, caso a ajuda lhes seja negada:

> [Um] homem pobre tem o direito de ser ajudado pelos ricos; mas a forma, ocasião e quantidade dessa ajuda, quem deverá dá-la ou quanto deverá ser doado, estas são coisas não definidas (...) [e] deixar que os pobres as definam por conta própria implicaria expor a propriedade a tantas reivindicações, que esta (...) deixaria, com efeito, de ser propriedade. (93)

Da mesma forma, o dever de beneficência para com os outros – imposto pela lei do amor – é um dever imperfeito, mas nem por isso menos digno de ser levado a sério. Paley inclusive acreditava que o descumprimento de certos deveres imperfeitos seria um "crime maior" do que violar um dever positivo. Não ajudar um mendigo necessitado, por exemplo, seria muito pior que roubar seus trapos.

Segundo Paley, por trás dessa diversidade, pode-se ver uma animadora estrutura. Os deveres "positivos" – aqueles que exigem ação afirmativa – "são não raro de âmbito indeterminado", consistindo, por esta razão, em deveres imperfeitos. Portanto, direitos que impõem deveres positivos a outrem são imperfeitos – ou seja, não é permitido ao detentor do direito o uso direto da força para garantir o cumprimento deles. Direitos "negativos", ou seja, proibições, são "geralmente precisos", caracterizando-se portanto como deveres perfeitos que, correlacionados com um direito, é permitido ao detentor do direito impor. Assim, por exemplo, os pais têm um direito imperfeito de ser respeitados por seus filhos, mas um direito perfeito de não ser mortos por eles. Paley resume de forma clara: "A religião e a virtude encontram seu exercício principalmente entre as obrigações imperfeitas, sendo que as leis da sociedade civil tomam conta do restante muito bem." (95)

A Declaração Francesa dos Direitos do Homem e do Cidadão

Enquanto Paley incluía os direitos nos livros didáticos, do outro lado do Canal da Mancha a cadeia de eventos humanos concatenava rapidamente na França, onde os gastos da Coroa em apoio aos norte-americanos haviam contribuído para que se avolumasse uma enorme dívida interna. A Revolução Americana despertara simpatia e apoio generalizados dos franceses, e por razões muito mais profundas que o simples fato de a independência norte-americana enfraquecer a Inglaterra, adversária de longa data da França. Sob a dinastia dos Bourbon, nascera na França uma cultura que aliava o racionalismo implacável e iconoclasta dos *philosophes* – Diderot, Helvetius, D'Alembert, Voltaire e, durante algum tempo, Jean-Jacques Rousseau – a uma estrutura social em que as camadas sociais mais baixas, praticamente destituídas de voz em assuntos políticos, sustentavam uma corte opulenta, uma nobreza arrogante e um clero próspero. A extravagância, a inépcia e a falta de sensibilidade da corte de Luís XVI levaram a uma crise financeira, e depois governamental, que culminou em uma série de acontecimentos inéditos, em 1789. Na esperança de encontrar um modo de resolver a crise, o rei convocou a Assembléia dos Estados Gerais em Versalhes. A Assembléia era composta de três partes, que representavam a nobreza, o clero e um "terceiro estado", que correspondia ao restante dos cidadãos de posses. As intrigas se multiplicaram. Como resultado, o Terceiro Estado rompeu com os Estados Gerais e, pretendendo constituir-se como Assembléia Nacional, convidou os membros dos outros Estados para se juntarem a ele; e jurou fidelidade à nação como um todo. A escassez de comida e os esforços da parte do rei para intimidar a Assembléia Nacional por meio de um desfile de armas combinaram-se para provocar tumultos nas ruas de Paris, culminando com a tomada da Bastilha, a decapitação de seu diretor e do prefeito de Paris (posteriormente, suas cabeças desfilaram espetadas em lanças) e o transporte forçado do rei, de Versalhes para Paris, para prestar contas a uma multidão excitada de parisienses, difícil de ser descrita a não ser como uma "turba".

Uma revolução estava em andamento e, em meio a ela, a Assembléia Nacional francesa promulgou uma Declaração dos Direitos do Homem e do Cidadão, descritos pela primeira vez como "direitos humanos" e caracterizados como "naturais, imprescritíveis e inalienáveis". O principal autor da Declaração foi o Marquês de Lafayette, herói da Revolução Americana, em colaboração com ninguém menos que Thomas Jefferson. O documento era composto de dezessete cláusulas numeradas, sendo as principais as três primeiras:

I. Os homens nascem e permanecem livres e iguais em direitos. As distinções civis só podem fundamentar-se na utilidade pública.

II. A finalidade de toda associação política é a conservação dos direitos naturais e imprescritíveis do homem. Esses direitos são a liberdade, a propriedade, a segurança e a resistência à opressão.

III. O princípio de toda Soberania reside, essencialmente, na nação. Nenhum INDIVÍDUO ou GRUPO DE INDIVÍDUOS pode exercer autoridade que dela não emane expressamente.

As outras quatorze cláusulas afirmam, entre outras coisas, que a liberdade política consiste em "poder fazer tudo o que não prejudique o próximo" e, portanto, "a lei só tem o direito de proibir as ações nocivas à sociedade"; que as prisões só podem ser executadas de acordo com a lei; que só se podem impor as penas estritamente necessárias, e relativas a delitos previamente definidos pela lei; e que todo homem é considerado inocente até ser declarado culpado. Há também garantias de liberdade de opinião religiosa (mas não de expressão, se esta perturbar a ordem pública), de liberdade de expressão e de imprensa (sujeitas a processo legal por "abuso"), e do direito a indenização em caso de desapropriação por necessidade pública.

Entretanto, as bravuras iniciais logo fracassaram. Os revolucionários se dividiram em facções, dentre as quais a que surgiu como dominante – a dos jacobinos – teve de governar a França enfrentando ameaças internas de intriga e secessão, além do perigo de invasão por parte dos exércitos monárquicos. A situação se agravou com a contínua escassez de alimentos, dando margem à justa – mas muda – pergunta: "Será que a grande maioria do povo francês não estaria em melhores condições sob o governo de Luís XVI?" Em agosto de 1792, a guilhotina – concebida por um representante da Assembléia Nacional como um método humano, digno e igualitário de execução da pena capital – já tirava ininterruptamente a vida de cidadãos, privados dos rudimentos do devido processo legal desde a prisão até a execução. "A mão invisível", ou "a lâmina da lei" ainda ceifaria as vidas de Luís e de sua rainha Maria Antonieta, além das de dezenas de milhares de vítimas, antes que o Reino do Terror terminasse. Entre as vítimas, estavam o químico Lavoisier e os próprios radicais jacobinos Danton, Desmoulins, Robespierre e Saint-Just. Até Guillotin foi morto pela máquina que ele mesmo inventara. O Marquês de Lafayette não pôde "olhar através da janela da república", mas só porque estava em cativeiro na Áustria, e o brilhante Marquês de Condorcet tirou a própria vida antes que a justiça republicana o fizesse. O que aconteceu com os Direitos do Homem e do Cidadão? De acordo com Collot d'Herbois, misto de figura teatral e revolucionário jacobino, "os direitos do homem não foram feitos para os contra-revolucionários, mas apenas para os *sans-culottes*" – literalmente, os "descamisados", aqueles cuja vida de trabalho árduo e honesto não lhes permitia comprar as finas calças que ganhavam dos *riches égoïstes,* que ainda eram suspeitos de participar de uma conspiração para aumentar o preço do pão.

Capítulo 3
"Disparate pernicioso"?

Por volta do final do século XVIII, a retórica dos direitos já se comprovara capaz de inspirar e motivar os indivíduos com uma intensidade suficientemente grande para abalar a ordem política e moral estabelecida, mas ainda não tinha conseguido se estabelecer como uma forma de discurso coerente e bem fundamentada. Nas ex-colônias britânicas da América do Norte, a Declaração de Direitos* complementava uma carta constitucional de governo que, embora experimental, acabou por mostrar-se uma das mais bem-sucedidas da história da humanidade. Na França, porém, a Declaração dos Direitos do Homem e do Cidadão revelou-se incapaz de impedir que a revolução se degenerasse em um Reino do Terror. Se consideramos as revoluções norte-americana e francesa como experimentos cujo objetivo foi fazer do conceito de direitos a categoria essencial para a compreensão de nossos arranjos políticos, os resultados foram, definitivamente, ambivalentes.

Até mesmo muitos ingleses que simpatizavam com a causa dos colonos norte-americanos – como Edmund Burke, Jeremy Bentham e John Austin – condenaram a ênfase na retórica sobre os direitos. No que diz respeito à generalização das reformas políticas e morais na Inglaterra, a idéia de direitos não contava com o apoio de Burke, nem de utili-

---
* Também comumente citada como *Bill of Rights*. (N. do T.)

taristas como Bentham e Austin, que preferiram recorrer à idéia de utilidade como conceito-chave para a reconstrução da sociedade.

Edmund Burke

Do ponto de vista da Inglaterra, os eventos de 1789 na França foram alarmantes para uns e inspiradores para outros. Alguns dos inspirados formaram uma Sociedade da Revolução, que tinha como objetivo aplicar à Inglaterra os princípios da Revolução Francesa. Os que, em vez de inspirados, estavam alarmados encontraram um porta-voz em Edmund Burke, um membro do parlamento que havia defendido a causa dos colonos norte-americanos e apoiado sua independência. Em suas *Reflexions on the Revolution in France** (1790), Burke condenou veementemente a Declaração Francesa dos Direitos do Homem. As *Reflexões* causaram furor na Inglaterra e na França, provocando respostas quase imediatas dos inflamados simpatizantes ingleses dos revolucionários franceses. Se os direitos eram bons para os norte-americanos, por que Burke pensava que não o eram para os franceses ou, inclusive, para os ingleses?

A resposta é que a simpatia de Burke pelos norte-americanos – e pelos povos colonizados da Irlanda e da Índia – não derivava de um respeito por seus direitos enquanto "abstrações metafísicas", mas do respeito pela integridade e pelo valor de suas respectivas tradições. Ademais, Burke não negava a existência dos direitos: "Longe estou de negar em teoria a existência dos *verdadeiros* direitos do homem, da mesma forma que meu coração está distante de recusá-los na prática (...). Se a sociedade civil foi criada para o benefício do homem, todas as vantagens para as quais ela foi criada tornam-se os seus direitos." (56) Burke então faz uma lista de direitos "verdadeiros", a qual (dado o teor de seu ataque

---

* *Reflexões sobre a revolução em França*, Brasília, UnB, 1997. (N. do T.)

à Declaração Francesa) parece surpreendentemente generosa. A lista inclui o direito de ser governado pelo estado de direito; o direito do indivíduo aos "frutos" de seu trabalho, bem como aos meios de tornar esse trabalho frutífero; o direito a herança; o direito "à nutrição e ao progresso" dos filhos; o direito de se fazer tudo aquilo que não prejudique os outros; e o direito a uma "justa porção", embora não necessariamente a um "dividendo igual" do "capital conjunto", sendo a própria sociedade civil "uma instituição beneficente" e "a própria lei apenas a beneficência regulamentada" (56). Na verdade, a lista de Burke parece ampliar a que foi proposta pela Assembléia Nacional, em vez de reduzi-la. Onde está, então, a divergência?

Burke diverge quanto à fundamentação e à orientação dos direitos. Para a Sociedade da Revolução, bem como para os autores da Declaração Francesa, os direitos são naturais e representam um "ponto de apoio de Arquimedes", externo aos governos constituídos e a partir do qual estes podem ser alterados e até derrubados pelos detentores de direitos. Esta é, simplesmente, a concepção lockeana da natureza dos direitos. O que Burke nega é que os direitos tenham esse caráter:

> [N]o que concerne à participação no poder, à autoridade e direção que cada indivíduo deve ter nos assuntos do Estado, nego-lhe a faculdade de estar entre os direitos originais diretos do homem na sociedade – pois me ocupo do homem social e de nenhum outro. Trata-se de algo a ser regulamentado por convenção. (56-57)

Aqui, sem citar Hume (1789), Burke valeu-se da crítica daquele filósofo à idéia de contrato social e de sua análise alternativa da "virtude artificial" da justiça como *convenção*. Para Hume, a interpretação lockeana do contrato social como um fato histórico era ridícula. Uma vez existentes as instituições, é possível interpretá-las em função de regras. A origem delas, no entanto, bem como a sua estabilidade, está no entrosamento de hábitos e expectativas, e não em algum tipo de fórmula ou declaração. Burke aplica a idéia da seguinte forma:

> Se a sociedade civil é o produto da convenção, essa convenção precisa ser sua lei; precisa ter a capacidade de limitar e de modificar todas as constituições por ela formadas. Todas as espécies de poder legislativo, judiciário e executivo são suas criaturas. Não têm existência em outro estado de coisas; e como pode o homem, sujeito às convenções da sociedade civil, reivindicar direitos que não supõem a existência dessa sociedade? Direitos que são absolutamente incompatíveis com a própria sociedade civil? (57)

O argumento de Burke é o de que a especificação de qualquer tipo de direito pressupõe, para ser plausível, a existência de convenções sociais que lhe dêem sustentação. Não se pode conceber, de forma coerente, que os direitos funcionem como um ponto de apoio externo, disponível aos críticos revolucionários como um fulcro com base no qual eles possam derrubar essas mesmas convenções. Burke então, sem assinalar uma transição, afirma que a narrativa lockeana, mesmo tomada ao pé da letra, não serve como descrição de uma sociedade *estável*.

> Uma das primeiras razões de ser da sociedade civil, e que se tornou uma de suas regras principais, é a de que *nenhum homem pode ser juiz de sua própria causa*. Por isso, cada um dos membros da sociedade renunciou ao primeiro direito fundamental do indivíduo isolado (...). Abdicou do direito de governar a si próprio. Abandonou, inclusive, em grande medida, o direito à autodefesa, a primeira lei da natureza. O homem não pode gozar ao mesmo tempo dos direitos da sociedade civil e dos que teria se vivesse isolado. (57)

Burke então reafirma a mesma razão alegada por Hobbes para a cessão dos direitos naturais: "Tendo direito a tudo, de tudo carecem [isto é, tudo lhes falta]", então o governo – "um poder independente dos indivíduos" – estabelece-se como meio necessário para lhes fornecer aquilo de que precisam. Mas por que Burke supõe que *todos* os direitos naturais devam ser cedidos à sociedade? Até mesmo Hobbes acreditava que o direito de autopreservação não podia ser cedido racionalmente. Burke continua:

> A partir do momento em que se tira algo do pleno direito do homem de governar a si próprio (...), toda organização governamental se torna uma questão de conveniência (...) uma tarefa das mais delicadas e complexas (...). Os direitos dos homens nos diferentes governos são suas vantagens, as quais são com freqüência equilibradas entre as diversas formas de bem, algumas vezes entre o bem e o mal, e outras vezes entre o mal e o mal. A razão política é um princípio de computação: ela soma, subtrai, multiplica e divide as verdadeiras quantidades morais – e o faz moralmente, e não metafísica ou matematicamente. (...) Os homens não têm direito ao irracional (...)". (58)

Como quer que se concebam os direitos naturais "plenos", no momento em que se abre mão desses direitos em troca de benefícios, toda e qualquer questão a respeito da substância e da dimensão dos direitos – sejam eles cedidos ou retidos – é arrastada para uma discussão geral sobre benefícios e razoabilidade. Esta é a verdadeira discussão. Além disso, os direitos não são parâmetros, condições limítrofes ou restrições "suplementares" externas a ela, mas sim o *produto* dela. Por exemplo, mesmo se concordarmos, com Hobbes e Locke, com o fato de que o direito de autopreservação é retido, e não cedido, a reflexão nos força a admitir que qualquer equivalente legal e socialmente reconhecível desse direito retido não estará livre de considerações sociais e contextuais. Os direitos são algo "impossível de ser definido, mas que se pode, contudo, discernir". O discernimento deles não se alcança por meio de um raciocínio *a priori*, mas se aprende com a experiência – e, verdade seja dita, não pouca experiência:

> [A]inda mais experiência do que aquela que um indivíduo pode adquirir durante a vida, por maior que seja sua sagacidade ou capacidade de observação; [portanto] é com infinita precaução que se deve aventurar a derrubar um edifício que vem, há séculos, respondendo toleravelmente bem aos propósitos da sociedade, ou a construí-lo novamente sem ter à vista modelos e padrões cuja utilidade tenha sido comprovada. (58-59)

Burke estava desfechando dois ataques diferentes à concepção lockeana dos direitos. O primeiro enfatiza o caráter *indeterminado* dos direitos, se estes forem concebidos de forma abstrata, e não como direitos "positivos" definidos por convenção e fundados na lei ou, pelo menos, na tradição local ou nacional. O segundo é um ataque moral à idéia de que quaisquer direitos existentes poderiam se *opor* aos padrões de razoabilidade e de utilidade. Resumidamente, o que Burke faz é combinar (talvez confundir) uma crítica convencionalista com uma crítica utilitarista dos direitos. (Interpretar Burke é um esforço que se complica ainda mais pelo fato de que, em outras passagens, ele parece montar um ataque sentimentalista, e até irracionalista, contra os tempos modernos e contra tudo o que se associe a eles, incluindo-se os direitos.) Há, no entanto, certo grau de afinidade entre as duas críticas. O interesse de Burke pelo passado como fonte de "modelos e padrões cuja utilidade tenha sido comprovada" o coloca entre os adeptos do utilitarismo *das regras*, como Paley. Estes acreditam na utilidade – ou na "máxima felicidade do maior número de pessoas" – como critério moral definitivo, porém não aplicam esse critério aos atos (tomados individualmente), mas a categorias de atos. O utilitarismo das regras aprova, então, as regras características das categorias de atos que promovem a maior utilidade. Para Burke, a tradição e a convenção incluem dois aspectos importantes. Elas resumem a sabedoria acumulada ao longo dos séculos acerca daquilo que promove ou não o bem-estar de todos; e são capazes de inspirar *afeição* por tudo o que tende a promover esse bem-estar – e sem afeição as pessoas dificilmente são impelidas a agir de forma coerente.

Esta, porém, não é a única abordagem possível da crítica de Burke. Pode-se enfatizar também o aspecto convencionalista de seu pensamento, que o leva a negar que os direitos possam existir isoladamente, ou seja, fora de um determinado ambiente social. Uma característica particular desse tipo de convencionalismo é sua tendência a negar qualquer possibilidade de se inserirem, em um sistema moral de aplicação geral, direitos convencionais localmente definidos. Visto por este prisma, Burke poderia ser considerado um relativista moral em matéria de direitos ou, mais ainda, um precursor do que se tem chamado de crítica comunitarista dos direitos, sobre a qual teceremos alguns comentários posteriormente.

William Godwin

Quase imediatamente depois de sua publicação, as apaixonadas *Reflexões* de Burke provocaram réplicas igualmente fervorosas. Em *The Rights of Man* [Os direitos do homem] (1791) – a mais lida das obras em defesa da Revolução Francesa –, Thomas Paine arrasou com a alegação de Burke de que todos os direitos naturais que os súditos ingleses viessem a invocar contra a Coroa haviam sido cedidos nos acordos que levaram Guilherme de Orange e Maria ao trono. Paine insistia no argumento de que os direitos são *individuais*, e, portanto, as gerações anteriores não podem ceder os direitos naturais de sua prole, cujos membros os detêm enquanto indivíduos e não enquanto herdeiros. Por outro lado, Paine tinha pouco a dizer em resposta à crítica burkeana dos direitos, o mesmo acontecendo com Mary Wollstonecraft em sua *Vindication of the Rights of Men* [Vindicação dos direitos dos homens] (1790). A mais profunda – embora hoje pouco lida – defesa do espírito revolucionário foi feita por William Godwin em seu livro *Enquiry Concerning Political Justice* [Investigação acerca da justiça política] (1793), sobre o qual o ensaísta inglês William Hazlitt escreveu: "Nenhuma outra obra de nossa época lançou tamanho sopro de ânimo sobre o espírito filosófico do país" (1825, 202).

Godwin, como Burke, estava em sintonia com a abordagem ostensivamente utilitarista do pensamento moral, que se tornava dominante na Inglaterra. Mas, em praticamente todos os outros aspectos, é difícil conceber uma oposição mais intensa entre dois pensadores de uma mesma época. Como utilitarista que é, Godwin sustenta que a justiça, assim como a moralidade em geral, reduz-se ao cálculo das conseqüências relativas – no que se refere ao prazer e à dor

– previstas para diversas alternativas de ação. Mas Godwin emprega o princípio utilitarista segundo uma concepção que não tem nenhuma condescendência para com a sabedoria convencional e o sentimento comum. Se, por exemplo, uma pessoa tivesse de escolher entre salvar de um incêndio seu próprio pai ou então um filantropo desconhecido (o exemplo de Godwin é o Arcebispo Fénelon, que influenciou Rousseau, ao lado de quem jaz no Panteão), a alternativa moralmente correta seria a segunda – "Que tipo de mágica guarda o pronome 'meu', que sirva de justificativa para que subvertamos as decisões baseadas na verdade imparcial?" Seguindo a mesma lógica, os necessitados têm direito a assistência por parte dos abastados, e a propriedade em geral é mantida apenas "como fidúcia" para o benefício maior da humanidade. Nem mesmo a vida pertence a nós: "Na verdade, não temos nada que, a rigor, seja nosso" (170, 194).

Da mesma forma, as promessas não têm, em si mesmas, nenhuma força de obrigatoriedade: o dever de se cumprir uma promessa acaba assim que entra em conflito com uma oportunidade de se fazer um bem maior. Embora Godwin tenha posteriormente tentado atenuar algumas das conclusões mais chocantes deduzidas de seu livro, a perturbadora tendência para a aplicação dos princípios utilitaristas aos atos (que acabou sendo chamada de "utilitarismo dos atos") era indiscutível. Em nossa vida, quase sempre somos capazes de agir e quase nunca se nos apresentam alternativas de escolha moralmente indiferentes. A cada instante, portanto, deparamo-nos com algum ato que temos o dever de praticar – aquele que maximizará o saldo de prazer da humanidade. Tem-se questionado se Godwin foi, em termos gerais, um utilitarista dos atos. No entanto, como quer que se a descreva, sua doutrina é inegavelmente audaciosa, assim como também o é a doutrina do utilitarismo dos atos, seja esta a de Godwin ou não.

E quanto aos direitos na visão de Godwin? Ele tinha grande simpatia pela Revolução Francesa. Havia se arriscado pessoalmente ao facilitar a publicação do *Rights of Man* de Paine e acabaria por se casar com Mary Wollstonecraft, autora de *A Vindication of the Rights of Women* (1792), bem como de *A Vindication of the Rights of Men*, sua resposta a Burke. Não obstante, Godwin critica os direitos impiedosamente:

> Os direitos do homem, como tantas outras questões políticas e morais, são alvo de disputas calorosas e fanáticas, o que se dá mais por uma exposição confusa e descuidada do tema de investigação do que por qualquer dificuldade considerável própria a esse tema.
> Os verdadeiros ou supostos direitos do homem são de duas espécies: ativos e passivos; o direito de, em certos casos, fazermos o que nos aprouver; e o direito que temos à condescendência ou à assistência de outros homens.
> O primeiro destes, o filósofo justo provavelmente o refutará por completo.
> Não há uma esfera de ação do ser humano em que uma maneira de proceder não seja, em todos os aspectos, mais razoável que todas as outras. Esta maneira, todos os princípios da justiça obrigam o ser humano a persegui-la (...). (191-92)
> [A]ssim como se demonstrou anteriormente que não pode se constituir em dever de alguém praticar um ato em detrimento da felicidade geral, da mesma forma é igualmente evidente que ninguém pode ter o direito de assim proceder. Não pode haver proposição mais absurda do que aquela que afirma o direito de praticar a ação errada. (196)

Um direito "ativo", na visão de Godwin, é uma nulidade. Qualquer ação é sempre um dever, algo contrário ao dever, ou algo indiferente a ele. Cumprir o meu dever não é "fazer o que me aprouver", motivo pelo qual não há aqui nenhum direito ativo. O direito de agir contrariamente ao dever caracterizar-se-ia como um direito de praticar o erro, o que, na visão de Godwin, é um absurdo. Para ele, são raríssimas as situações em que possa existir um direito de se escolher entre dois atos indiferentes, ou entre meios indiferentes para se chegar a um fim. Além disso, tais situações geralmente ocorrem devido à ignorância do autor da ação:

> [S]e algo ainda restar dos direitos ativos do homem (...) não será, em primeiro lugar, (...) um direito absoluto, produto

da ignorância e da imbecilidade; e, em segundo lugar, terá relação apenas com questões de tamanha irrelevância – se é que existem tais questões – que, de acordo com o melhor exercício do juízo humano, não se pode discernir nelas a mais remota relação com a felicidade da humanidade. (193-94)

Então, o que Godwin tem a dizer sobre os direitos "passivos" (ou direitos à condescendência e à assistência, segundo sua definição)? Ele observa o seguinte:

> Diz-se que o homem tem o direito passivo à vida e à liberdade individual. Esta proposição, se for aceita, deve sê-lo com muitas ressalvas. Ele não tem direito à vida, caso o dever o chame a entregá-la. Outros homens seriam obrigados (seria impróprio, a rigor, (...) dizer que têm direito) a tirar-lhe a vida ou a liberdade, caso isso se mostrasse necessário e indispensável para impedir um mal maior. (197-98)

O disparo de Godwin não atinge apenas um alvo, mas vários. O princípio de utilidade anula tanto os direitos ativos quanto os passivos, ou assim parece. Mas Godwin prossegue:

> Entender-se-ão melhor os direitos passivos do homem a partir da seguinte elucidação (...). Cada homem tem certa esfera de discrição, e ele tem o direito de esperar que essa esfera não seja invadida por seus vizinhos. Este direito emana da natureza mesma do homem. (...) é necessário que cada homem tenha independência, assentando-se sobre seu próprio discernimento. Para tanto, cada um deve ter sua esfera de discrição. Nenhum homem deve invadir minha província, nem eu a dele. Ele pode me aconselhar, de forma moderada e sem pertinácia, mas não pode pretender dar-me ordens. Ele pode me censurar livremente e sem reservas (...) [e] pode julgar com a audácia de um republicano, mas não pode ordenar de forma peremptória e imperativa. Jamais deverá recorrer à força, senão em caso de extraordinária e premente emergência. Eu devo exercitar meus talentos para o benefício de outros, mas tal exercício deve ser fruto de minha própria convicção (...). (198-99)

Então, para Godwin, existe ao menos um direito: o direito passivo que o indivíduo tem de não ser forçado a agir contrariamente a seu próprio juízo. Em certo sentido, é um "direito de praticar o erro", embora não um direito "ativo" de praticar o erro – é um direito "passivo" contra a interferência na "esfera de discrição", em cujo âmbito é permitido ao sujeito da ação que escolha livremente. Godwin é tão irrestrito e completo em seu enaltecimento do valor do juízo individual que é impossível classificá-lo de forma segura como um utilitarista – sendo que a independência intelectual lhe parece, por vezes, não apenas um meio de atingir o prazer, mas algo dotado de valor em si e por si. No entanto, mesmo esse direito perde a validade em casos de emergência e, além disso, não se trata de exercer um juízo livre de recomendações e censura. É um direito que, na verdade, está sujeito ao *dever* que todos têm de incentivar o outro a fazer o que é melhor:

> Da mesma forma que um dever nos obriga a uma determinada conduta em relação a nossas faculdades e possessões, assim também nosso próximo tem um dever em relação a suas admoestações e a seus conselhos. Nesse aspecto, ele será culpado de omissão caso se abstenha de empregar todos os meios ao seu alcance para a retificação de nossos erros, e de recorrer, para tal propósito e conforme a oportunidade, à efetuação das mais abertas reprimendas a nossas inclinações e nossa conduta. É absurdo supor que determinados assuntos estejam circunscritos à minha província e que, portanto, ele não possa prestar-me assistência – requisitada ou não – na escolha da decisão correta. (194)

Assim sendo, a "esfera de discrição" não é algo que diga respeito apenas ao sujeito da ação, e nem se pode dizer que aquilo que ocorre nela não seja da conta de mais ninguém. É uma esfera em que os outros podem – e devem – incentivar o sujeito da ação a fazer o que é melhor, sem que possam, em geral, forçá-lo a agir. Além disso, nas pequenas comunidades idealizadas por Godwin, os erros morais seriam detectados mediante "o exercício da inspeção de todos sobre todos" e da aplicação de pressões sociais inflexíveis, "a censura de todo observador" (717, 794).

Godwin também reconhece um segundo tipo de direito passivo, "o direito que cada homem possui à assistência de seu próximo". Para ele, sempre que o princípio de utilidade impuser a outrem o dever de me assistir, pode-se dizer que eu tenha direito a essa assistência. O direito é simplesmente o "outro lado" do dever.

> Eu tenho o direito à assistência de meu próximo; ele tem o direito de não a ter extorquida por meio da força. É dever dele prover-me daquilo de que necessito; é meu dever não invadir sua província de entendimento no que concerne, em primeiro lugar, à necessidade da assistência que ele me deve e, em segundo lugar, ao seu grau. (735-36)

O direito passivo de receber assistência, reconhecido por Godwin, está situado na zona crepuscular entre os dois tipos de direito a que Grócio denominou perfeitos e imperfeitos. Recapitulando: para Grócio, é perfeito todo direito que possa ser garantido coercitivamente, e imperfeito todo aquele que não possa. Na visão de Godwin, o direito passivo de receber assistência não é tal que o detentor do direito possa forçar outrem a respeitá-lo, e neste sentido ele é imperfeito. Mas o detentor do direito, juntamente com outros membros da sociedade, pode fazer com que uma pressão social devastadora recaia sobre quem se negar a prestar assistência aos que dela necessitem. Neste sentido, o direito parece quase "perfeito" ou amparado por um poder coercitivo, na acepção de Grócio.

Uma das nuances mais reveladoras da doutrina de Godwin é sua teoria da propriedade. Em seu sentido mais estrito, a propriedade é dividida proporcionalmente segundo o princípio de utilidade, e os bens são simplesmente distribuídos entre aqueles que obterão de sua posse o prazer maior. Mas há também a propriedade em um sentido menos estrito, que se define aproximadamente segundo as diretrizes lockeanas, por meio da mistura de trabalho. Neste sentido, uma vez que uma pessoa toma posse de alguma coisa, ela se torna a "administradora" dessa coisa, e seu direito de juízo individual entra em cena quando outros reivindicam essa coisa por ela administrada.

Mas de que serve então o direito de propriedade em sentido estrito, que os necessitados retêm, se ele não pode ser imposto (é "imperfeito")? A dificuldade de Godwin em lidar com essa questão foi contornada por William Paley mediante o simples expediente de apontar para a prontidão de Deus em impor uma sanção póstuma aos avarentos. O ateísmo de Godwin impedia que ele recorresse a essa "saída". Por isso, sua primeira medida foi a de observar que as ações de imposição de direitos estão sujeitas ao princípio de utilidade, assim como o estão todas as outras ações. Portanto, fica proibida a imposição de um direito caso isso tenha como conseqüência a criação de um déficit líquido de prazer. Esta observação parece indigna dos princípios de Godwin, pois parece exigir que os mais necessitados se curvem eternamente à avareza e à obstinação do proprietário lockeano. Sua resposta é a seguinte. Em primeiro lugar, devemos lembrar que a utilidade de se respeitar o direito de juízo individual pode, ela mesma, em casos extraordinários, ser sobrepujada pelo princípio de utilidade. Se um incêndio ameaça destruir a cidade, cada um tem permissão para destruir a casa do outro, se isso impedir uma destruição ainda maior. Em segundo lugar, devemos lembrar que os indivíduos íntegros têm o poder de vexar o administrador avarento ou obstinado, impelindo-o à partilha de sua posse: "[C]ada indivíduo então viveria sob os olhos da coletividade; e a reprovação dos vizinhos – espécie de coerção não derivada dos caprichos do homem, mas do sistema do universo – inevitavelmente o obrigaria [o malfeitor] (...) a regenerar-se ou então emigrar" (644). Godwin não considerou a inconveniente possibilidade de que o malfeitor não aceite se regenerar nem emigrar.

Godwin adotou uma visão restrita tanto da autoridade governamental quanto das doutrinas morais convencionais, sendo lido hoje sobretudo como defensor do anarquismo filosófico. A influência de suas teorias decresceu rapidamente depois que a Revolução Francesa degenerou-se – conforme previra Burke – em um Reino do Terror. Muito embora Godwin fosse declaradamente a favor de "muitas reformas, mas nenhuma revolução" (252), sua imagem passou a ser excessivamente identificada com o extremismo, o utopismo, a licenciosidade e o anarquismo, tornando impossível citá-lo como uma autoridade ou um colaborador sério no posterior desenvolvimento da teoria dos direitos. Não obstante, como veremos, elementos de sua análise – à semelhança de uma corrente subterrânea – tendem a vir à tona de tempos em tempos.

Jeremy Bentham

A exemplo de Burke, Jeremy Bentham era um simpatizante da independência dos colonos norte-americanos; mas, ao contrário dele, Bentham era também defensor incansável (e talvez por vezes cansativo) das reformas. Ele é considerado como o principal responsável pelo fortalecimento do utilitarismo na sociedade, e sua influência hoje é maior do que nunca. Todos os autores que abordam questões relativas à *análise de custo/benefício* têm para com Bentham uma dívida intelectual. Ele não era um respeitador das instituições nem um utopista à maneira de Godwin, mas compartilhava com este e com Burke uma desconfiança em relação à incipiente retórica dos direitos naturais – "disparate pernicioso" era como ele caracterizava a idéia (501). Não que Bentham fosse avesso à idéia de direitos em geral. De fato, em contextos legais, a linguagem dos direitos – como veremos – é perfeitamente sensata. Mas, fora do contexto "positivo" do direito, essa linguagem se convertia em mera ficção. Devido à sua resistência em atribuir qualquer sentido à idéia de direitos naturais, ou de quaisquer direitos morais fora de um contexto legal, ele obviamente nada tinha a dizer sobre os direitos morais utilitaristas (em contraposição aos direitos legais* recomendados pelo princípio de utilidade). Portanto, a figura de Bentham é importante na história dos direitos por duas razões: em primeiro lugar, por sua crítica negativa da idéia mesma de direitos naturais; em segundo lugar, por sua abordagem positiva dos direitos "positivos", ou seja, dos direitos legalmente reconhecidos.

Ambas as críticas – a negativa e a positiva – operam por meio da aplicação de uma metodologia geral por ele empregada para determinar o significado dos termos que utilizava. Bentham personificou a crescente sensibilidade dos filósofos (pelo menos de alguns deles) para com a importância de se evitar a confusão e a obscuridade, prestando cuidadosa atenção ao significado das palavras. Mas as palavras e seu significado raras vezes ocorrem isoladamente. Então, o importante é saber se uma palavra, nos contextos em que costuma ser encontrada, pode ser parafraseada de maneira a "resgatar" sua carga experiencial. Bentham segue a tradição filosófica empiricista, segundo a qual o conhecimento só é conhecimento na medida em que se relaciona com a experiência – real ou potencial – das pessoas. A palavra "direitos", assim como "milagres", "bruxas", "causas", ou quaisquer outras palavras, tem de se submeter a esse teste, sendo considerada significativa apenas se sobreviver a ele. Do contrário, são puro *nonsense***, ou seja, ruídos despro-

---

* A expressão *"legal rights"* – que, em prol da clareza em certas passagens do texto, foi traduzida aqui e em suas demais ocorrências como *direitos legais* – é utilizada pelo autor, tanto no singular como no plural, como sinônimo de direitos positivos, isto é, direitos previstos na lei. (N. do T.)

** A palavra *nonsense* – traduzida alhures por "disparate" e hifenizada no original (*non-sense*) – tem aqui uma importância semântica maior, o que justifica o uso do anglicismo. Ademais, observe-se sua relação íntima com a construção do sentido do capítulo a partir da expressão utilizada por Bentham para qualificar a retórica dos direitos naturais: *mischievous nonsense* ("disparate pernicioso"). (N. do T.)

vidos de referência ou veracidade. Mas não é preciso que se reconheça a adequação do teste empírico do significado para que se tenha curiosidade de conhecer seu resultado no caso dos direitos.

Bentham e sua crítica negativa dos direitos naturais

A Declaração Francesa, a mesma que inspirara os escritos de Burke, foi também o combustível que acionou o engenho analítico de Bentham. A Declaração passava por um processo de evolução, o que Bentham comenta de forma sarcástica:

> Comparando-se a lista dos direitos, a quem quer que pertençam, ao homem ou ao cidadão, ou ao homem em sociedade, descobriremos que, entre os anos de 1791 e 1795, mesmo sendo inalienáveis, eles sofreram uma mudança. Com efeito, para um corpo de direitos inalienáveis, deve-se admitir que eles têm se mostrado um tanto instáveis. [Em] 1791, havia não mais que dois deles – liberdade e igualdade. Por volta da ocasião em que o segundo artigo da declaração [de 1791] foi redigido, mais três foram introduzidos (...), a saber, propriedade, segurança e resistência à opressão, totalizando quatro (...) e não cinco; pois, no mesmo intervalo de tempo, a igualdade sofreu um acidente – seja como for, não se pôde mais encontrá-la. No intervalo entre 1791 e 1795, ela foi reencontrada (...) [mas], se procurarmos pela resistência contra a opressão, veremos que ela foi expulsa a pontapés. (525)

Mas Bentham enxergou algo ainda pior que a inconsistência; havia, na Declaração, uma tendência anárquica, combinada à impertinência gaulesa: "Escutai! cidadãos [britânicos] de além-Mancha! Podeis dizer-nos que direitos tendes que pertencem a vós? Não, isto vós não podeis. Somos nós que entendemos de direitos: não apenas dos nossos, mas dos vossos inclusive (...)" (497). Depois de uma enxurrada de acusações (abstração, incitação de paixões egoístas, confusão, falsidade, falta de sentido), Bentham desmantela a própria idéia de direitos naturais:

> Qual é, pois, a verdade das coisas? Que não há direitos naturais – direitos anteriores ao estabelecimento do governo –, não há direitos naturais em contraposição ou distinção aos legais, sendo a expressão uma mera figura de linguagem; e que, quando se emprega essa expressão, no momento em que se tenta dar-lhe sentido literal, o resultado é o erro – o tipo de erro que leva à perniciosidade, ao extremo da perniciosidade. (500)

Sem mencionar Grócio, Bentham afirmava que de nenhuma das três maneiras de conhecer os direitos naturais propostas por aquele autor – a experiência, a intuição intelectual ou a coincidência testemunhal de observadores diversos – se poderia extrair qualquer conhecimento que fosse.

Bentham estava disposto a aceitar uma representação hobbesiana mais abrangente do estado pré-político do homem como uma situação de liberdade "perfeita" contra o governo inexistente, mas de nenhuma liberdade contra "os ditames dos indivíduos mais fortes"; e, portanto, um estado de ausência de segurança e de propriedade, onde impera uma angústia exacerbada e que está "conseqüentemente, em matéria de felicidade, abaixo do nível da brutalidade animal". Em tal estado, os direitos seriam uma inovação altamente desejável. "Mas as razões para se querer que existissem tais direitos não são direitos – uma razão para se querer a instituição de um determinado direito não é este direito. Falta não é provisão. Fome não é comida. (...) *Direitos naturais* são um mero disparate; direitos naturais e imprescritíveis, um disparate retórico, ou seja, um disparate deslavado" (501). Não obstante, para Bentham, há algo que possa ser dito sem que se introduza na discussão a desonrosa linguagem dos direitos naturais:

> Sobre este mesmo assunto, o que se deve dizer em uma linguagem que faça sentido? Que, na medida em que for *cer-*

to ou *apropriado* – ou seja, vantajoso para a sociedade em questão – que este ou aquele direito (um direito a isto ou àquilo) seja instituído ou mantido, nessa mesma medida é *errado* ab-rogá-lo; isto é, não há nenhum *direito* que não deva ser mantido, desde que sua preservação seja, de modo geral, vantajosa para a sociedade, assim como não há nenhum direito que não deva ser abolido caso sua abolição seja vantajosa para a sociedade. (501)

Aqui, Bentham admite apenas o sentido "objetivo" de direito, identificado pelos juristas medievais. Porém, mesmo neste sentido, o conceito ainda está sujeito a uma construção utilitarista. O que é direito é apenas o que é vantajoso para a sociedade, de onde se segue que nada é imprescritível – quando acaba a vantagem, acaba também o direito. "Direito" e "vantajoso para a sociedade" são termos coextensivos. É só nesta base que Bentham admite qualquer discussão sobre "direito" fora do âmbito legal. E há ainda outra ressalva, caso a discussão gire em torno da vantagem de se "manter ou abolir" um direito legal: "Para que se saiba se será mais vantajoso à sociedade que este ou aquele direito seja mantido ou abolido (...), o referido direito precisa ser especificamente descrito, não misturado a outros em uma mixórdia indistinta, sob termos gerais vazios como propriedade, liberdade e assim por diante" (501). Esta parece uma observação prudente sobre os termos com que poderia ser proveitoso tecer propostas a respeito de quais direitos legais seria vantajoso "manter ou abolir", pois seria perniciosa e falsa a simples sugestão de que haja direitos legais de tão longo alcance.

Dois outros pontos ainda são ressaltados por Bentham. Em primeiro lugar, direitos imprescritíveis, se existissem, seriam um eterno entrave para as sociedades, a despeito de sua utilidade (uma vantagem, alguns poderiam pensar, mas não para ele). Em segundo lugar, não há nenhum relato disponível a respeito de como nasceram esses direitos naturais. Os membros da Assembléia Nacional francesa "fingiram encontrá-los já criados. Criados por quem? Não certamente por um Deus, pois eles não reconhecem a existência de nenhum, mas pela deusa deles, a Natureza." Logo depois, Bentham caracteriza a idéia de origem do contrato social como ficção insustentável: "O governo não vem dos contratos. Os contratos é que vêm do governo" (501, 502). Uma vez que os direitos naturais não podem ter vindo de lugar algum, eles não podem existir. (Bentham não se colocou a difícil questão: "De onde vem o princípio de utilidade?")

No que se refere particularmente ao suposto direito à liberdade, Bentham o contesta, afirmando que: "todos os direitos se criam à custa da liberdade (...) [não há] direito sem uma obrigação correspondente", isto é, sem uma correspondente restrição da liberdade de todas as outras pessoas (503). De nada vale a liberdade, a menos que ela seja de algum modo protegida contra interferências, o que implica, necessariamente, a redução da liberdade dos outros. A teoria dos direitos naturais cai, portanto, nas garras de um dilema: ignorar essa constatação a respeito da liberdade, proibindo o governo de restringi-la de qualquer forma que seja, e aceitar a anarquia, ou reconhecer a constatação e restringir o direito à liberdade de forma a derivar todas as restrições legais necessárias para protegê-lo contra violações. Caso o teórico dos direitos naturais escolha o segundo chifre do dilema, Bentham o desafia então a especificar a restrição de que necessita o suposto direito natural. O mesmo tipo de restrição deve se aplicar ao direito de propriedade ("o que é direito de todos não é direito de ninguém"). Se não se especificarem suas limitações, um direito imprescritível de todos à propriedade, em vez de protegê-la, coloca-a em risco. A implicação insinuada por este argumento é a de que essas limitações *só* podem ser descritas em termos que pressupõem a existência de uma estrutura política. Bentham simplesmente ignorou Locke e sua abordagem jusnaturalista da propriedade.

Bentham ainda apresenta outro argumento contra os direitos gerais à liberdade e à propriedade (aos quais, segundo ele demonstrou, fundem-se os direitos à segurança e à resistência contra a opressão). Seu argumento segue estas linhas: suponhamos que *é direito que* eu tenha liberdade e propriedade – Bentham parece disposto a permitir essa suposição, tomando-a como expressão sumária de um exame de utilidade, sujeito à revisão e limitação diante das circunstâncias. Façamos então uma transição, partindo do sentido objetivo de direito e chegando à linguagem dos "direitos antilegais do homem", isto é, da afirmação: "É direito que eu possua todas essas dádivas" (de liberdade e propriedade) para esta outra: "Eu tenho direito a todas elas", no sentido antilegal ou jusnaturalista (522-23). Seguir-se-ia então, se essa transição fosse válida, que eu tenho o direito de fazer tudo o que julgar necessário para proteger minha liberdade e minha propriedade contra interferências. Mas este resultado é absurdo, pois deixaria a mim e a todas as outras pessoas – as quais, segundo se supõe, gozam de iguais direitos – em um estado de anarquia e guerra. Direitos antilegais não passam de "direitos de anarquia". Portanto, deve-se rejeitar a transição do direito objetivo ao direito subjetivo, ou antilegal.

Mais uma vez, Bentham talvez tenha escolhido um alvo muito fácil. Admitamos que os direitos à liberdade e à propriedade impliquem que o detentor do direito também goze dos subseqüentes direitos de proteger essa liberdade e essa propriedade contra interferências. Bentham se mostra completamente incapaz de fazer frente à explicação verdadeiramente sutil de Locke acerca da maneira como um indivíduo pode abrir mão desses direitos de autodefesa. Ao escolher atacar a frágil e hiperbólica Declaração de direitos baseada na imprescritibilidade, ele passa ao largo da formidável estrutura argumentativa erigida por Locke. Isto não quer dizer que a análise de Locke seja desprovida de defeitos (até fatais), mas serve para ilustrar um dos aspectos mais infelizes do que chamei de primeiro período de expansão da retórica dos direitos: as declarações mais entusiásticas e inflamadas dos "direitos do homem" tenderam a ofuscar os melhores argumentos com que se os defendeu.

Quanto à proposição de que todos devem ter "direitos iguais", Bentham observa que ela não pode ser entendida de forma literal e geral sem que isso implique conseqüências radicais: "Se todos os homens gozarem de igualdade de direitos, nenhum direito existirá, pois, se todos tivermos o mesmo direito a uma coisa, então não haverá mais direito algum para ninguém" (533). A instituição da propriedade é incompatível com a igualdade geral de direitos.

Podem os necessitados gozar de um direito à assistência, conforme foi proposto pela Assembléia Nacional francesa? Contra quem se volta tal direito? – Bentham pergunta. Contra todos os abastados? Então, isto "subverteria toda idéia de propriedade, pois, desde que eu não seja capaz de prover minha subsistência (...) eu tenho direito ao que você possui (...) – o que você possui é meu; você estará me roubando se me impedir". Nem mesmo Godwin estava preparado para aceitar essa idéia. Ou será que o direito dos necessitados não é um dever dos abastados especificamente, mas da comunidade como um todo? Tudo bem, desde que a comunidade tenha provisões estocadas. Mas e se ela não tiver? Supondo-se que haja um dever de beneficência, quais são as implicações de considerarmos que a ele equivale um direito? "Isto significaria investir das mais falsas e perigosas idéias a classe dos indigentes, não apenas destruindo toda gratidão da parte dos pobres com relação àqueles que os ajudam, mas também colocando armas em suas mãos, para que as usassem contra todos os proprietários" (533-34). Esta discussão e outras semelhantes mostram que Bentham estava bastante capacitado para tirar as conseqüências da afirmação dos vários direitos naturais, ainda que sua postura oficial fosse a de considerar que tais afirmações são disparatadas.

Bentham e sua abordagem positiva dos direitos legais

Os escritos de Bentham sobre os direitos legais – em contraposição aos direitos naturais "antelegais e antilegais" da Declaração Francesa – foram conduzidos de forma menos exaltada, e grande parte deles só foi publicada muito tempo depois de sua morte. Em conformidade com sua metodologia geral, ele tratou os direitos legais como entidades fictícias que, para terem significado, devem ser relacionadas a "entidades reais", sendo as principais: *pessoa, comando* e *proibição*. Quando as pessoas agem de determinada forma, diz-se delas que estão comandando ou proibindo, o que nos coloca na esfera das entidades reais.

Estar sujeito a uma obrigação legal é simplesmente estar sujeito ao comando ou à proibição por parte de uma pessoa, ou classe de pessoas, que esteja agindo oficialmente. *Direitos* legais existem apenas em virtude de existirem deveres legais. Quem tem um direito legal? A pessoa ou classe de pessoas que se beneficiam da existência de um dever legal. Quando falamos de direitos, isto é o que queremos dizer: deveres que trazem benefícios. Bentham assim expõe o argumento:

> Um ato é uma entidade real, assim como o é uma lei [sendo uma lei o comando ou a proibição por parte de uma pessoa em situação apropriada]. Um dever, uma obrigação, é uma entidade fictícia concebida como resultado da união das duas primeiras. Uma lei que comanda ou proíbe um ato cria, desse modo, um dever ou uma obrigação. Um direito é outra entidade fictícia, uma espécie de entidade fictícia secundária, resultante de um dever. Se se propuser a criação de qualquer dever, alguém será seu detentor apropriado, ou então ninguém. Se ninguém o for, não se deverá criar nenhum dever nem existirá nenhum direito que a ele corresponda. Se alguém o for, este alguém será ou a parte obrigada ou alguma outra. Se for ele mesmo, então o dever, se assim se puder chamá-lo, ele o deverá a si mesmo, não havendo neste caso nenhum *direito* correspondente. Se for qualquer outra parte, então este será um dever para com alguma outra parte; e então esta outra parte terá, para todos os efeitos, um direito; o direito de ver cumprido este dever; e talvez também um *poder*; o poder de forçar o cumprimento de tal dever. (1970, 293-94)

Bentham aqui dá um passo importante, ao isolar o elemento "subjetivo" da expressão "ter um direito", especificando que *este consiste no benefício conferido* – ou ao menos que se pretende conferir – ao detentor do direito. Ter um direito legal é, essencialmente, ser o beneficiário do dever legal de outra pessoa. Mas isto é tudo o que há para dizer a respeito da essência dos direitos legais. Tais direitos podem ser ou não "estéreis" – isto é, podem estar associados ou não com um poder de imposição por parte do detentor do direito –, mas são sempre objeto de um poder coercitivo por parte da autoridade oficial, pois direitos legais implicam deveres legais e estes são *sempre* respaldados por algum tipo de punição oficial. Em poucas palavras, a teoria benthamiana dos direitos legais pode ser considerada como uma teoria do benefício ou – como doravante a chamaremos – uma *teoria do interesse* (no que concerne aos direitos), a qual se liga a uma *teoria das sanções* (no que concerne aos deveres). Qualquer dever legal que me beneficie confere-me um direito. Mas pode ser que este direito seja estéril – neste caso, quem pode garantir seu cumprimento não sou eu, mas um representante da autoridade oficial, o qual pode optar por não impô-lo.

Bentham também se aprofundou na análise dos poderes legais relacionados aos direitos e deveres legais, criando uma série de classificações e distinções interessantes entre esses vários elementos. O mais notável em Bentham é o fato de que seu trabalho combina uma inovadora *teoria do interesse*, relativa aos direitos legais, a uma *teoria do disparate*, relativa aos direitos naturais ou "antilegais", como ele os chama. Por que – pode-se perguntar – ele não considerou, no caso dos direitos *naturais*, a possibilidade de uma teoria do interesse? O obstáculo parece residir em sua teoria da sanção relativa ao dever, a qual ele compartilha com Paley sem, no entanto, partilhar de sua crença em uma divindade que aplica sanções. Os direitos legais nascem de deveres legais que geram benefício. Um dever legal, por sua vez, é uma ficção legal amarrada a entidades reais: pessoas, comandos, proibições, punições. E o benefício é uma entidade real que compreende nossos "mestres soberanos: o prazer e a dor".

Por que, analogamente, não podem os direitos morais naturais nascer de deveres morais naturais e beneficiadores? O único elemento faltante parece ser o coercitivo – ao contrário do governo, com seu aparato de funcionários públicos, a natureza não fornece, além da dor e do prazer, nenhum outro poder coercitivo que garanta o cumprimento das obrigações morais (supondo-se, como fez Bentham, que Deus esteja fora de cena). Neste caso, por que Bentham não invocou a sociedade (se não nossos próprios "mestres soberanos": o prazer e a dor) como possuidora do importante poder de imposição? Talvez ele quisesse repelir qualquer sombra de apelo a uma noção rousseauniana e afrancesada de *volonté commun*, ou vontade geral. Mas o mais provável é que ele tenha pensado na utilidade, e não nos direitos, como a melhor noção em torno da qual deve girar a discussão acerca da melhor forma de se constituir o governo.

É preciso mencionar ainda outro aspecto do pensamento de Bentham. Para ele, o bem a ser considerado no cálculo moral não é outro senão a quantidade líquida de prazeres e dores, estes "mestres soberanos" sob cujo domínio a natureza nos colocou. Enquanto Paley falava da "máxima felicidade" utilizando termos que não se restringiam a evocar a prazeres sentidos e dores evitadas, Bentham acreditava que esta própria restrição era a única maneira de evitar a mistificação e de tornar científica a moralidade. Se a abordagem de questões morais é um problema de cálculo da soma total de prazeres e dores, então é preciso levar em consideração as experiências de qualquer criatura capaz de sentir dor e prazer, seja ela humana ou não. Quanto à importância moral dos animais, "a questão não é: 'Eles *raciocinam*?', nem: 'Eles *falam*?', mas: 'Eles *sofrem*?'" Bentham prevê que "*pode* chegar o dia em que o restante da criação animal conquistará os direitos que sempre lhes foram roubados pelas mãos da tirania" (1996, 282-83, n. 1). Voltaremos, mais tarde, à questão de saber se os direitos podem ser atribuídos aos animais ou apenas aos seres humanos.

Capítulo 4
O século XIX
Consolidação e estabilização

O Reino do Terror na França revolucionária marcou o fim do primeiro período de expansão do discurso dos direitos. O Terror fez cair em descrédito as reivindicações pouco rigorosas de direitos como instrumento retórico apropriado a serviço da reforma. A Declaração dos Direitos do Homem e do Cidadão continuou e ainda continua sendo objeto de veneração para a maior parte do povo francês, mas nenhum pensador francês, desde Rousseau, exerceu grande influência sobre a maneira como entendemos os direitos. Fora da França, a reação contra a retórica dos direitos logo após o Terror foi bem mais intensa na Inglaterra que nos Estados Unidos, o que não surpreende, uma vez que as afinidades entre a França e os Estados Unidos não diminuíram e os norte-americanos – ao contrário dos ingleses – tinham poucas razões para temer as possíveis conseqüências adversas do curso dos acontecimentos na França. Sendo assim, a corrida dos direitos tomou caminhos diferentes nos dois lados do Atlântico. Mas estes caminhos não foram totalmente divergentes, e isso se deu em grande parte porque, em ambos os lugares, a questão da escravidão passou a dominar os debates morais.

A fórmula utilitarista: os direitos como regras

No início do século XIX, o utilitarismo já se tornava a mais influente teoria moral na Inglaterra, mas nem por isso deixava de enfrentar dificuldades. Um dos desafios que os utilitaristas tinham de enfrentar era o de explicar como a busca pela utilidade maior poderia, de algum modo, estabelecer limites para si mesma. O utilitarismo das regras foi criado para responder a este desafio, mas, como veremos, ele precisava ser mais elaborado. Os utilitaristas do século XIX preferiram, quando possível, *reconstruir* as regras morais do senso comum, em vez de contradizê-las. A reconstrução utilitarista era um processo que consistia em mostrar como uma dada regra do senso comum podia ser justificada a partir do princípio de "máxima felicidade".

Pode ser que não estivesse claro para os utilitaristas o quanto essa preferência pela harmonia com o senso comum exigia deles a elaboração de uma teoria dos direitos. Os próprios direitos – no sentido "antilegal" de *direitos do homem* – eram vistos como idéias recentes, perturbadoras e radicais. Além disso, uma resposta precisava ser anteposta às objeções filosóficas feitas à idéia de direitos naturais. Mas os utilitaristas ingleses eram, em geral, pessoas de mentalidade progressista, para as quais deve ter sido promissora a possibilidade de casar os direitos e a utilidade em um esforço comum para derrubar a tirania do passado, na medida em que os *direitos* haviam servido para abrir caminho para o ataque aos privilégios e costumes.

John Austin

Utilizando-se da idéia das regras, John Austin elaborou uma defesa meticulosa do utilitarismo. Bentham era vizinho e amigo de Austin, e influenciou profundamente as idéias dele. Embora Austin compartilhasse da repulsa de Bentham e Burke pela retórica dos direitos naturais, ele não os descartava como disparate, como o fizera Bentham. Além disso, a análise dos direitos *legais* feita por Austin teve como ponto de partida a de Bentham, e isso se deu de uma forma que, embora sutil, veio a ter implicações importantes. Austin apresentou suas concepções em uma série de conferências publicadas com o nome de *The Province of Jurisprudence Determined** (1832), obra que, entre várias outras coisas, consiste em uma tentativa de definir a ciência do direito como um campo de estudos bem-delimitado, conforme sugere o título. A célebre definição que Austin deu da lei como *comando do soberano* tornou-se a máxima do que ficou conhecido como *positivismo jurídico*, embora sua dívida para com Bentham seja óbvia no que diz respeito a esta idéia básica. Austin expressou repetidas vezes sua relutância em dar uma definição exaustiva dos direitos. Não obstante, ele tinha muito a dizer sobre o assunto. Em resposta a uma objeção à sua definição de direito como imperativo do soberano, ele escreveu:

> Há leis, poder-se-ia dizer, que *apenas* criam *direitos*; e, visto que todo comando impõe um *dever*, leis desta natureza não são imperativas. Mas (...) não há leis que *apenas* criam *direitos*. Há leis, é verdade, que *apenas* criam *deveres* – deveres que não se correlacionam a direitos e portanto podem ser qualificados de *absolutos*. Mas toda lei, conferindo de fato um direito, impõe, expressa ou tacitamente, um dever *relativo*, ou seja, um dever que se correlaciona ao direito. Se ela especificar um remédio a ser dado em caso de violação do direito, estará impondo expressamente um dever relativo. Se o remédio não for especificado, ela estará se referindo tacitamente a uma lei preexistente, revestindo com um remédio criado por esta lei o direito que intenciona criar. Toda lei, conferindo de fato um direito, é portanto imperativa (...). (34)

Não encontramos, nesta passagem, nenhuma palavra sobre benefício. Bentham estabelecera energicamente que não se deve conceber a hipótese de uma lei que não beneficie alguém. Partindo desta idéia, porém cautelosamente,

---

* *Delimitação do campo da jurisprudência,* entendido este último termo no sentido de "ciência do direito". (N. do T.)

Austin evitou até mesmo supor que a lei traga benefícios, como se presume que o faça. De acordo com sua análise, não é preciso nem mesmo que se tenha intencionado beneficiar o detentor de um direito. Mas a condição de detentor de um direito legal implica *alguma coisa* – a saber, a existência de um remédio, o qual pode enunciar-se expressamente na lei que cria o dever correspondente, ou apenas referir tacitamente o detentor do direito a um remédio presente em uma lei preexistente. Para Austin, no entanto, não há direito legal sem remédio legal, e este remédio é tal que, supostamente, o detentor do direito pode escolher invocá-lo ou abandoná-lo. Essa análise, portanto, é a predecessora daquilo que se convencionou chamar de *teoria da escolha*.

Tanto a *teoria do interesse* como a *teoria da escolha* – as quais encontram seus primórdios, respectivamente, em Bentham e Austin – são vias de escape à redução dos direitos legais a obrigações legais. Todos os direitos legais implicam deveres legais, mas não vice-versa. Assim sendo, há algo sobre os direitos que foge ao alcance do diálogo sobre os deveres. Além disso, aquilo a que anteriormente chamamos de *problema do reducionismo* pode ser deixado de lado, pelo menos enquanto estivermos na esfera dos direitos legais. Um direito legal é um dever legal acrescido de alguma coisa, e esta coisa acrescida tem a ver com a pessoa ou classe caracterizada como *detentora do direito*. É por isso que dizer que alguém "tem um direito", no sentido subjetivo primeiramente identificado pelos teóricos medievais, é diferente de apenas dizer que é "direito" (no sentido objetivo) que um dever seja cumprido. A partir deste ponto, o pensamento de Austin, que até então coincide com o de Bentham, toma um caminho diferente. Para Bentham e a teoria do interesse, a "coisa acrescida" é o benefício que o dever transfere à pessoa ou classe que identificamos como *detentora do direito*. Mas, para Austin e a teoria da escolha, a "coisa acrescida" diz respeito ao problema de se determinar quem terá acesso a um remédio e a quem caberá escolher entre exigi-lo ou não.

Como ficam então os direitos naturais? Austin não apreciava a expressão "direito natural"*, porque ela sugeria, equivocadamente, uma analogia com as leis da natureza – tais como as da física. Assim sendo, dever-se-ia, segundo ele, evitar o termo "natural". Se o apelo aos direitos "naturais" é apenas um apelo à moralidade, então os direitos naturais não passam de direitos morais. Mas "moralidade" é também um termo ambíguo. No entender de Austin, ele pode se referir tanto ao código moral convencional, ou positivo, da comunidade, como ao código moral ideal proclamado por Deus. Se o apelo for à consciência moral – *ainda em desenvolvimento* – da comunidade, ele deve ser entendido como referente a um "direito divino". Há dois tipos de *direito divino*: o revelado e o não-revelado. Os direitos divinos revelados encontram-se no âmbito da lei divina revelada, isto é, em mandamentos ou escritos bíblicos de inspiração divina.

Não parece haver nada nas Escrituras que sirva para identificar que direitos *revelados* os súditos podem ter perante seu soberano, a menos que a recomendação de Cristo – "Pois bem, dai a César o que é de César" (Lc 20, 20) – deva ser levada em consideração. Mas o direito divino, ou a lei divina, não se resume aos mandamentos revelados de Deus. Assim como gerações e gerações de pensadores ingleses, Austin estava persuadido pela demonstração de Paley de que, além dos mandamentos específicos e revelados encontrados na Bíblia, existe uma lei divina *não-revelada*, "a lei divina tal como conhecida pelo princípio de utilidade" (238). A perfeita bondade de Deus é garantia de que Ele deseja a máxima felicidade a Suas criaturas, conclamando-as a buscá-la. Portanto, a busca pela felicidade máxima do maior número de pessoas é um princípio proclamado pela lei divina.

Ao contrário de Bentham e de vários outros seguidores deste, Austin acreditava – como Locke e Paley – que a im-

---

* *Natural law*, no original. A palavra *law*, em inglês, pode significar tanto *lei* como *direito*. (N. do T.)

peratividade dos deveres morais assenta-se, em última análise, nas sanções impostas por Deus. Muito pouco é revelado por Ele a respeito das especificidades da justiça política, mas sua vontade não-revelada pode ser descoberta pela aplicação do princípio de utilidade. Assim sendo, quando falamos daquilo que é justo ou injusto que o governo faça, ou dos direitos que o governo tem ou não tem sobre seus súditos, deve-se entender que estamos discutindo o que é "em linhas gerais, útil ou pernicioso" que o governo faça ou se abstenha de fazer. Assim, por exemplo,

> (...) pressupondo-se que o governo soberano da Grã-Bretanha o era também relativamente às colônias, ele não tinha nenhum direito legal de cobrar impostos de seus súditos colonos, embora o direito positivo não o impedisse de negociar com os colonos a seu bel-prazer ou discernimento (...). Porém, ele não tinha um direito divino de cobrar impostos dos súditos norte-americanos, a menos que o projeto de taxação estivesse de acordo com a utilidade geral (...). (238, 239)

E quanto aos direitos dos colonos contra a Grã-Bretanha? Austin, é de supor, trataria a afirmação dos direitos dos colonos contra a Grã-Bretanha da mesma forma que tratou os direitos desta relativamente àqueles: dizer que os direitos dos colonos foram violados pelo imposto só pode significar que este entrava em choque com um mandamento revelado *ou então* que não era útil em termos gerais. Nenhum direito divino revelado aparece nas Escrituras. Na verdade, a conclamação a que se dê a César o que é de César aparentemente contradiz qualquer suposição de que Deus tenha emitido ao soberano alguma ordem específica que, por sua vez, pudesse servir de base a um direito divino dos colonos de não sofrerem a cobrança de impostos. Não obstante, a questão acerca da utilidade geral de se cobrarem impostos dos colonos procede. Não há nisso disparate algum, a despeito de Bentham. A inflamada retórica "antilegal" dos direitos naturais pode ser entendida como um apelo ao princípio de utilidade como um padrão por meio do qual se pode medir o direito positivo.

Então, isto quer dizer que o princípio de utilidade deve ser aplicado por cada colono, individualmente, à questão da utilidade geral de ele pagar a *sua própria* declaração de impostos? Austin resistiu a esse tipo de abordagem godwiniana, fundada em um utilitarismo dos atos:

> [N]ão devemos considerar a ação como se fosse *única* e *isolada*, mas devemos voltar a visão para a classe de ações a que ela pertence (...). A questão a se resolver é esta: se os atos da *classe* fossem praticados *generalizadamente*, ou *generalizadamente* evitados ou omitidos, qual seria o resultado provável para a felicidade ou o bem geral? Tomado em si mesmo, um ato pernicioso pode parecer útil ou inofensivo. Tomado em si mesmo, um ato útil pode parecer pernicioso (...). Mas suponha a prática generalizada [de atos desse tipo] (...) e marque o resultado (...).
>
> Se eu sonego um imposto cobrado por um governo justo, os efeitos específicos desta abstenção perniciosa são indiscutivelmente úteis, uma vez que o dinheiro indevidamente retido por mim me é conveniente, e, em comparação com o volume da receita pública, a quantia é muito pequena para que faça falta. Mas o pagamento regular de impostos é necessário à existência do governo, sendo que eu e o restante da comunidade só desfrutamos da segurança que o governo provê porque é raro que se soneguem impostos. (42-43)

Austin reconheceu que há casos "nos quais as considerações específicas se equiparam às gerais ou a elas se sobrepõem" em grau tão elevado que "o mal de se obedecer à regra pode superar o de romper com ela". Neste caso devemos "descartar a regra, recorrer diretamente ao princípio a partir do qual nossas regras foram concebidas e fazer o melhor uso possível de nosso conhecimento e de nossa habilidade para calcular as conseqüências específicas" (53-54). Mesmo que, em casos mais difíceis, seja preciso apelar para a utilidade de atos particulares (Austin cita como exemplo a regra que exige obediência a um soberano que se torna tirano), este recurso direto à utilidade é superior ao misticismo que, segundo ele, contamina todo apelo *direto* aos direitos, desencadeando uma inútil "guerra de palavras" entre partes rivais, cada uma invocando um direito contrário ao de seu oponente.

A maior contribuição de Austin à teoria dos direitos foi propor que a existência e disponibilidade de um remédio para o detentor do direito é parte essencial do significado de se afirmar que um direito *legal* existe. Isto caracteriza sua teoria como uma teoria da "escolha", no que se refere àquilo que define os direitos legais. Além disso, ele deu vida nova ao projeto utilitarista de entendimento dos direitos *naturais* ou morais como *regras* de utilidade geral – ou, mais precisamente, como proteções estabelecidas por meio de regras. Os direitos, neste sentido "antilegal", não são disparates, como acusou Bentham; nem são contrários a considerações sobre eficiência, como temia Burke. Como regras de utilidade geral, os direitos, na visão de Austin, estão sempre sujeitos a ser "descartados" quando a utilidade de seguir a regra for menor que a de ignorá-la. A questão que ele levantou, sem contudo chegar a confrontá-la, é a de se os direitos podem ter o poder de resistir ao cálculo de utilidade em casos concretos. Por mais que Austin, o utilitarista das regras, quisesse criar um lugar seguro para os direitos, seu utilitarismo mantém vivo o problema do reducionismo. Se os direitos são meros sinais indicadores que apontam para a utilidade geral, parece que o utilitarista, para ser coerente, deve "descartá-los" sempre que "considerações específicas" de utilidade favoreçam isto.

John Stuart Mill

John Stuart Mill é uma figura decisiva tanto no que diz respeito ao caminho tomado pelo desenvolvimento da teoria dos direitos como para o esclarecimento e a popularização do utilitarismo. Seu ensaio *On Liberty*, de 1859, e a série de artigos publicados em revistas e reunidos sob o nome de

*Utilitarianism**, em 1861, alcançaram um grau de influência – tanto dentro como fora dos meios acadêmicos – talvez jamais igualado. Embora os pormenores do pensamento de Mill estejam para além do objetivo deste livro, é interessante analisar alguns de seus pontos principais. Por intermédio da influência de seu pai, James Mill, e de outro mentor, o próprio John Austin, Mill – que era um reformador social – foi um grande discípulo de Bentham.

Bentham proporcionou ao reformismo um método científico, razão pela qual o jovem Mill era-lhe eternamente grato. Mas a profusão de propostas práticas de Bentham dependia do mecanismo do governo da maioria. Dada a estrutura feudal da maior parte das instituições britânicas, a garantia de que os governantes deviam ser responsáveis perante a maioria representava um grande avanço. Mas o que se deveria temer – e fora negligenciado por Bentham – era a ameaça de tirania da maioria sobre o indivíduo, particularmente sobre os talentosos indivíduos a cujos esforços se devem tantas das conquistas da humanidade. A condição de esclarecimento desses governantes não representaria nenhum consolo, acreditava Mill, porque não há limites para o progressivo aperfeiçoamento da cultura humana. Mas tal aperfeiçoamento pode ser sufocado pelo "despotismo da opinião pública" (1838, 114), por mais esclarecida que pareça esta opinião, em comparação com as que prevaleceram antes.

Mill então compartilhava com o bispo Butler o receio de que o princípio da beneficência – isto é, a lei do amor, secularizada – fosse invocado como justificativa para a perseguição, a qual poderia ser praticada de forma direta ou por via das instituições majoritárias – as quais, além disso, eram apropriadamente sensíveis ao princípio da beneficência nos moldes utilitaristas. O Reino do Terror era uma eterna advertência de que um virtuoso regime republicano poderia

---

* *A liberdade/Utilitarismo*, São Paulo, Martins Fontes, 2000. (N. do T.)

ser uma tirania. Por outro lado, Mill estava ainda mais ciente do convencionalismo sufocante da sociedade inglesa (segundo conta em sua autobiografia, ele sofreu um colapso nervoso quando, perto dos vinte anos de idade, percebeu que aquilo que proporcionava a máxima felicidade ao maior número de pessoas não a proporcionava a ele). Como responder a isto? Mill propôs "um princípio bastante simples":

> [A] autoproteção é a única finalidade pela qual se garante à humanidade, individual ou coletivamente, interferir na liberdade de ação de qualquer um. O único propósito de se exercer legitimamente o poder sobre qualquer membro de uma comunidade civilizada, contra sua vontade, é evitar causar dano aos demais. Seu próprio bem, físico ou moral, não é garantia suficiente. (...) A única parte da conduta de cada um, pela qual este é responsável perante a sociedade, é a que diz respeito a outros. Na parte que diz respeito apenas a si mesmo, sua independência é, de direito, absoluta. (1859, 13)

Não precisamos nos demorar na explicitação que Mill faz daquilo que veio a ser conhecido como "princípio do dano". Os pontos importantes para o nosso propósito são dois. O primeiro é que aquilo que Mill propõe pode ser – e veio a ser – identificado como um *direito à liberdade* – um direito moral. O segundo é que Mill alega que este direito é coerente com o princípio de utilidade – "a solução última de todas as questões éticas" (1859, 14) – e até derivável dele.

O direito à liberdade engloba o direito de consciência e o de liberdade de expressão, mas é muito mais abrangente – tão abrangente, pelo que parece, quanto os direitos pelos quais lutavam os panfletários do final do século XVIII. Embora Mill não tenha reconhecido nenhum tipo de influência de Godwin, é enorme a semelhança entre o direito à liberdade, de Mill, e o direito passivo contra a interferência na "esfera de discrição" de cada um, de Godwin. Mas o direito à liberdade é mais amplo, visto que exige

> (...) liberdade de gostos e atividades, de formular um plano de nossa vida que esteja de acordo com nosso caráter; de fa-

zer o que nos aprouver, sujeitando-nos às conseqüências que puderem advir, sem nenhum impedimento de nossos semelhantes, enquanto o que fizermos não os prejudicar, mesmo se julgarem nossa conduta tola, perversa ou errada. (1859, 16)

Com base na explicação de Mill, fica claro que este direito é moral e não meramente político, o que também se deduz do fato de que estabelece limites à conduta da sociedade e dos indivíduos dela integrantes, assim como à do Estado. Além disso, este não é um direito cedido pelos indivíduos quando ingressam na sociedade civil, efetuando a transição a partir do estado de natureza, de que falam Hobbes e Locke.

Em segundo lugar, supõe-se que o direito à liberdade encontre sustentação nos princípios utilitaristas. Mas como isto ocorre? Godwin sugeriu que um direito como este "emana da natureza mesma do homem" (113), mas a coerência exige de um utilitarista que amarre qualquer solução desse tipo a fatos empíricos que determinem o que proporciona aos seres humanos o máximo prazer. O caminho óbvio para a solução desse problema seria a alegação empírica de que os indivíduos são sempre melhores juízes de seus próprios interesses do que do interesse dos outros. Mas uma alegação deste tipo parece, no mínimo, tão duvidosa quanto a de que é sempre melhor que as promessas sejam cumpridas e que não se contem mentiras. Todavia, como vimos, há outra maneira de se aplicar o princípio de utilidade. Em vez de aplicar o princípio diretamente ao conjunto de possíveis *ações* enfrentadas por ele no momento da decisão, o sujeito da ação deve aplicá-lo ao conjunto das *regras* que parecem governar a ação, agindo então de acordo com a melhor delas. Esta abordagem – insinuada por Paley e delineada por Austin – já foi aqui mencionada e é chamada de utilitarismo das regras (ou, às vezes, utilitarismo *indireto*).

Ao contrário do utilitarismo dos atos – ou direto – proposto por Godwin, o utilitarismo das regras torna possível que se responda a uma série de objeções que se fizeram à abordagem utilitarista da ética. Uma objeção comum era a de que qualquer ação, assim como qualquer evento, têm conseqüências infinitas, e portanto incalculáveis: o utilitarista jamais seria capaz de recolher todos os dados necessários à escolha da melhor opção e, como resultado disso, jamais realizaria a ação! Outra objeção é que o utilitarismo leva a conclusões lógicas implausíveis por serem muito estranhas às concepções morais corriqueiras. Pode ser que Godwin apoiasse essas objeções, mas mesmo ele, notoriamente, escolheu se casar com a grávida Mary Wollstonecraft, em vez de coabitar com ela em bases estritamente condicionais, segundo os princípios do utilitarismo dos atos.

Ao contrário de Godwin, os utilitaristas das regras são capazes de responder a ambos os tipos de objeção. Se, em vez de ter de escolher a melhor ação em cada caso, o sujeito agente limitar suas deliberações à escolha das melhores regras, então a quantidade de tempo gasta com deliberações se reduz drasticamente. Por exemplo, em vez de deliberarmos sobre a quantidade ideal de falsidade que cada um de nossos pronunciamentos deve conter, podemos julgar que as conseqüências mais favoráveis, em termos gerais, serão obtidas se seguirmos a regra: "Não minta." Procedendo desta forma, o sujeito da ação estará aplicando uma regra de exclusão, uma vez que excluirá todas as opções que envolvam mentiras. É certo que ainda restará a ele decidir entre as opções remanescentes, mas, como quer que se conceba a moralidade, é essa decisão que precisará ser tomada de qualquer modo.

Mas como o sujeito da ação saberá que as conseqüências mais favoráveis são as que resultam da obediência à regra "não minta"? Será que ele não precisa pelo menos mentir experimentalmente? E será que ele não descobrirá, se efetuar muitas experiências, alguns casos em que a máxima felicidade se obtém mentindo, em vez de contando a verdade (em particular se o agente, como indica Austin, está livre para descartar a regra em "circunstâncias especiais")? O utilitarista das regras, aqui, pode invocar a dimensão social da investigação científica. A ciência é cumulativa: as pesquisas mais recentes se constroem sobre os resultados das antecedentes. Muito embora os resultados estejam sempre abertos à revisão e sujeitos a correções, o conhecimento científico de um indivíduo não depende de que ele refaça cada experimento já feito na história da ciência, verificando cada um dos resultados. O indivíduo tem direito de contar com a sabedoria cumulativa de uma comunidade científica, a qual difere da pretensa sabedoria de uma comunidade supersticiosa, visto que as doutrinas daquela se sustentam, em última análise, em experiências que *podem* ser reproduzidas a qualquer momento, em proveito de qualquer pesquisador.

O utilitarista das regras pode então prosseguir, dizendo que é precisamente neste sentido que a moralidade é como a ciência. A sabedoria moral absorvida ao longo das eras é como a experiência acumulada de uma comunidade científica. Por meio dos ensinamentos que recebemos desde a maternidade, descobrimos os efeitos benéficos de vários tipos de conduta. Esses ensinamentos não são sacrossantos, pois estão sempre sujeitos ao exame da experiência; e a experiência acumulada da humanidade pode exigir que alguns deles sejam revistos ou rejeitados – como, por exemplo, nos casos do sacrifício humano e da escravidão.

Em *Utilitarismo*, Mill, além de esforçar-se por explicar os direitos morais como regras morais assentadas na utilidade, vai ainda mais longe e, no mesmo espírito de Grócio, explica a justiça em geral como uma questão de respeito aos direitos morais:

> A idéia de justiça supõe duas coisas: uma regra de conduta e um sentimento que sancione a regra. (...) Isso implica, ainda, a noção de uma determinada pessoa a quem a infração causa sofrimento, e cujos direitos (para usar a expressão conveniente ao caso) são violados por ela. (...) Ao longo de toda a minha exposição, tratei da idéia de um *direito* pertencente à pessoa ofendida e violada pela ofensa não como um elemento à parte no conjunto complexo formado pela idéia e pelo sentimento, mas como um dos aspectos de que se revestem os outros dois elementos. Esses elementos são, por

um lado, o malefício ocasionado a uma ou várias pessoas determinadas e, por outro, a exigência de uma punição. (...) essas duas coisas compreendem tudo o que queremos dizer quando falamos de violação de um direito. (...)
Ter um direito é então, segundo penso, ter alguma coisa cuja posse a sociedade deve defender. E, se algum contraditor insiste em me perguntar por que deve a sociedade fazê-lo, não posso dar-lhe nenhum outro motivo senão a utilidade geral. Se essa expressão não transmitir suficientemente o sentimento da força da obrigação, nem explicar a energia particular desse sentimento, é porque na composição deste entra não só um elemento racional, mas também um elemento animal (...). (1861, 65-66)

O "elemento animal" é o impulso de retaliação ligado ao instinto básico de sobrevivência, o qual, embora racionalmente seja considerado apenas como uma utilidade, "congrega à sua volta sentimentos extremamente fortes. De tal modo são intensos, se comparados com os que correspondem aos casos mais comuns de utilidade, que a diferença de grau (como freqüentemente ocorre em psicologia) se converte numa verdadeira diferença de espécie" (1861, 67). Aqui, Mill se vê em uma situação delicada, que envolve duas formas bastante diferentes de lidar com o sentimento popular quanto aos direitos. Uma das saídas seria adotar a linha dura e descartar esse sentimento como atavismo irracional – conforme observa Bentham, prazeres são prazeres, diferindo apenas em duração, intensidade, pureza, proximidade no tempo e probabilidade de ocorrência. Mas Mill, rejeitando essa linha, prefere interpretar a força desse sentimento associado à autopreservação como indicação da presença de um tipo de utilidade completamente diferente.

Este não é o único ponto em que Mill se desvia da linha estritamente utilitária. Ele distingue, alhures, entre tipos de utilidade de ordem superior e de ordem inferior – por exemplo, a utilidade derivada da poesia é de ordem superior à do "pega-varetas" (brincadeira infantil) –, inovação que lhe rendeu um número considerável de críticas, tanto dos partidários do utilitarismo como de seus adversários. Esta adoção da diferenciação qualitativa entre os vários tipos de prazer e utilidade pôde tornar a filosofia utilitarista mais atraente para aqueles que se indignavam com seu aparente filistinismo, mas o custo dessa concessão é bastante alto.

Conforme observou o eminente filósofo moral vitoriano Henry Sidgwick, a admissão de distinções qualitativas entre os tipos de prazer enfraqueceria o utilitarismo, reintroduzindo controvérsias intuitivas sobre qual prazer seria superior ou inferior, e, ao fazê-lo, acabaria com a capacidade do utilitarismo para arbitrar entre exigências morais conflitantes – em vez de reduzi-las a termos comuns, comensuráveis, o utilitarista seria obrigado a admitir a possibilidade de recorrer a algo diferente da utilidade para a solução de questões morais. E, se uma determinada questão moral não pode ser resolvida pela utilidade e *sim* pela intuição, por que o mesmo não poderia acontecer com todas elas?

Mill, então, ao observar que a diferença de grau de utilidade entre as utilidades comuns e a da autopreservação é na verdade uma diferença de espécie, está prestes a fazer um ajuste bastante grande em seu utilitarismo. Além disso, há outra questão a ser respondida: essa diferença específica confere aos direitos prioridade absoluta sobre as exigências da utilidade? Mill não vai tão longe.

> (...) a palavra justiça designa certas exigências morais que, consideradas em seu conjunto, ocupam na escala da utilidade social um lugar bastante elevado, e são, por conseguinte, mais rigorosamente obrigatórias do que quaisquer outras, embora possam verificar-se casos particulares em que algum outro dever social seja suficientemente importante para nos obrigar a negligenciar qualquer uma das máximas gerais da justiça. (1861, 78)

Portanto, assim como Austin e Godwin, Mill admite que a visão utilitarista atribua um caráter de *anulabilidade* aos direitos, o que justifica (e até exige), em determinadas circunstâncias, que se roube comida ou remédios, ou que se seqüestre um médico para salvar a vida de alguém (estes exemplos são dele próprio). Assim, na visão de Mill, alguns direitos repousam sobre um tipo de utilidade que difere em espécie dos tipos de utilidade normais. Não obstante, esse tipo de direito pode ser sobrepujado por uma utilidade maior da mesma espécie (mas não por uma utilidade do tipo normal).

A visão de Mill é a de que "certos interesses (...) devem ser considerados, seja por expresso dispositivo legal, seja por acordo tácito, como direitos" (1859, 91). Um desses interesses é a autopreservação, mas talvez haja outros. Em *A liberdade*, Mill apresenta, em defesa do direito à liberdade, um argumento fundado na afirmação (contestável) de que, em assuntos de seu próprio interesse, é melhor permitir que os indivíduos aprendam com seus próprios erros: "A humanidade ganha mais tolerando que cada um viva conforme o que lhe parece bom do que compelindo cada um a viver conforme pareça bom ao restante" (1859, 17). A análise empreendida no livro *Utilitarismo* fornece o material necessário à fundamentação do direito à liberdade em outras bases, a saber, no interesse *do indivíduo* pelo autodesenvolvimento espontâneo, uma vez que este seja reconhecido, a exemplo da autopreservação, como um tipo de conduta portadora de uma utilidade de ordem superior. Mill então se apropria da teoria benthamiana dos direitos legais, baseada no interesse, transformando-a com o intuito de caracterizar um direito "antilegal" e *moral* à liberdade, o qual se funda em um interesse individual, de ordem superior, pela auto-realização espontânea.

Aqui surge uma questão da maior importância para o posterior desenvolvimento das teorias dos direitos. Mill parece preocupado em criar um espaço em que os indivíduos, em sua busca espontânea daquilo que pareça mais prazeroso ou útil buscar, estejam livres da interferência da sociedade – ele chega ao ponto de afirmar que "é desejável (...) que as pessoas sejam excêntricas" (1859, 81). Em outras passagens, contudo, Mill parece não só bastante severo com aqueles que se mostram pouco esforçados em promover o bem-estar geral, mas também disposto a nos obrigar "a praticar certos atos individuais de beneficência, tais como salvar a vida de um semelhante ou interceder para proteger o indefeso contra maus-tratos (...)" (1859, 15). Pode-se perguntar se existe, na visão de Mill, algum tipo de direito "ativo" (para utilizar o termo de Godwin), um direito de "fazer o que nos aprouver", a despeito da utilidade geral. Se se interpretar corretamente seu pensamento, a resposta será positiva: existe o direito "ativo" à liberdade, cuja sustentação o utilitarismo das regras (ao contrário do dos atos) torna possível.

Com o utilitarismo das regras, surge a possibilidade de que nos encontremos freqüentemente diante de situações em que não há regras morais nos exigindo qualquer ato afirmativo. Ao mesmo tempo, a totalidade das regras morais nos oferece genuínas *opções morais*. Para citar o exemplo de Paley, enquanto estou sentado fumando meu cachimbo, posso me deixar levar por uma enxurrada de pensamentos preguiçosos, sem que nenhuma regra moral positiva me obrigue a procurar o ato que mais contribua para a felicidade geral. Então, é possível deduzir do princípio de utilidade uma regra mais flexível, que exija de cada um de nós, em nossos atos, a observância da máxima felicidade geral, mas apenas durante uma parte do tempo. A realização dessa possibilidade dependerá de fatos empíricos. Pode-se constatar que as pessoas praticam um bem maior quando não tentam praticar o bem em toda parte, o tempo todo e a despeito da relação social e geográfica que têm com os seus beneficiários. Se este for um fato empírico, então a regra de beneficência propriamente utilitarista não exigirá de mim a maximização da soma total de felicidade humana em todos os momentos de minha vida. O simples ato de permanecer sentado em minha poltrona, cochilando de tempos em tempos ou olhando para o teto, pode não implicar a violação de nenhum dever afirmativo. E, se, ficando lá, eu não estiver violando nenhum outro dever, eu tenho um direito ativo de ficar estirado em minha poltrona sem fazer nada, mesmo tendo a consciência de que há outras coisas melhores para fazer.

De acordo com o utilitarismo dos atos godwiniano, eu poderia ficar sentado por algum tempo em meu sofá, sem fazer nada, desde que ignorasse completamente a possibilidade de gerar, por outros meios, uma soma total maior de felicidade – situação esta que é rara, segundo o próprio Godwin. De qualquer forma, em uma situação assim, eu não teria um direito ativo de "fazer o que me aprouvesse", contrariando as exigências da justiça. Este seria um caso em que a justiça utilitarista dos atos *exigiria* de mim que ficasse estirado em minha poltrona! "Ei, você! Alto lá. Você está agora maximizando a felicidade. Não se levante daí enquanto o princípio da beneficência não lhe ordenar!" Mill rejeitaria o utilitarismo constrangedor de Godwin como excessivamente calvinista.

Por interpor regras entre os sujeitos agentes e o princípio da beneficência, o utilitarismo das regras explora uma possibilidade que também estava presente nos códigos morais antigos, fundados na ordem divina. Enquanto a moralidade era entendida como obediência aos Dez Mandamentos divinos – por meio da enumeração de certas obrigações do tipo "farás isto" e "não farás aquilo" –, suas exigências eram limitadas. Mas, a partir do momento em que a conclamação "ama o teu próximo como a ti mesmo" – presente no Levítico e no Novo Testamento e equivalente à "lei do amor", de Grócio – é utilizada para nos convocar a seguir o princípio da beneficência (máxima), a moralidade passa a exigir de nós algo muito maior, que se parece com uma exigência de santidade. As interpretações dos teólogos variam, mas, se entendemos que o evangelho exige de nós que julguemos cada um de nossos atos segundo o princípio da beneficência, então seremos forçados a admitir nossa incapacidade para merecer a salvação. Conforme observam Nietzsche e outros em suas queixas, a vida regulada pelo código judaico – composto de mandamentos do tipo "farás" e "não farás" – era algo tolerável. No entanto, a lei do amor cristã a transforma em uma busca inerentemente insuportável e totalitária pela santidade.

A marcha dos acontecimentos nos Estados Unidos: da Declaração de Direitos à abolição da escravidão

Nos Estados Unidos, a marcha dos direitos tomou uma direção mais benigna que na França e, pelo menos temporariamente, menos dramática. Na França, a retórica inflacionária dos direitos contribuiu para o advento do Reino do Terror – ou, na melhor das hipóteses, não lhe opôs resistência. Embora a Declaração nunca tenha sido repudiada, havia a sensação de que, em algum ponto, um erro terrível havia sido cometido – tanto do ponto de vista teórico como prático. Algumas décadas depois do acontecimento, Benjamin Constant diagnosticou esse erro como uma incapacidade, da parte de seus colegas revolucionários, de diferenciar entre os direitos (ou as liberdades) caros ao homem antigo e os que se tornaram estimados pelo homem moderno (1820). A diferença está em que os gregos valorizavam a participação política e, uma vez detentores de direitos políticos de participação, estavam dispostos a seguir a decisão da *pólis*, aonde quer que ela levasse. A oração de Péricles aos atenienses é o resumo dos direitos dos antigos: o bem mais elevado consiste em participar da política da cidade, e aqueles que discordarem disso devem abandoná-la.

De acordo com Constant, nós, os homens modernos, somos diferentes. Não nos interessamos necessariamente pela política. Temos nossos próprios projetos, negócios e interesses. Não nos importa se o Estado mantém as condições sob as quais nós somos livres para buscar a realização desses projetos, mas, por outro lado, não aceitamos que decisões políticas interfiram neles. Nós modernos estamos satisfeitos desde que a política não interfira em nossa vida pessoal (compreende-se por que Constant, como membro do Tribunal Revolucionário, decidira postergar um projeto de tradução de Godwin até que a situação se acalmasse). O erro da Revolução Francesa, segundo Constant, foi tentar forçar os modernos a aceitar os direitos dos antigos.

Esse erro não foi cometido pelos norte-americanos. Os idealizadores da Constituição dos Estados Unidos tomaram o cuidado de garantir que o governo federal por eles criado fosse incapaz de dominar os estados e as sociedades que se formavam no interior destes. Os direitos de participação política foram assegurados (obviamente, só aos adultos brancos, do sexo masculino e proprietários), mas os norte-americanos jamais tentaram enumerar exaustivamente (como fizeram os franceses) os direitos dos cidadãos. Na verdade, a Constituição norte-americana foi promulgada a despeito da objeção de seus adversários "antifederalistas", de que lhe faltava uma Declaração de Direitos. "E daí?" – esta foi, em essência, a resposta dos "federalistas", uma vez que o mesmo também acontecia com a constituição de muitos dos estados. Conforme argumentou Alexander Hamilton no panfleto conhecido como *O Federalista n? 84*, a mera enumeração de direitos específicos dá a entender que outros, não enumerados, estão vetados. Além disso, mesmo os enumerados podem se tornar alvo de reivindicações que exijam a criação de exceções ou qualificações engenhosas. É melhor então, argumenta Hamilton, não declarar os direitos, desde que fique bem entendido que à União não se transmite nenhum poder além dos enumerados no documento fundador, todos os demais permanecendo nas mãos do povo. "Por meio desta", declarou Hamilton, "as pessoas nada cedem, e, por permanecerem donas de tudo, não necessitam de reservas particulares" (Rossiter, 481). Esta declaração de Hamilton é, talvez intencionalmente, hiperbólica, sobretudo se comparada com a inquestionável afirmação de John Jay, em *O Federalista n? 2*, de que "o povo deve ceder a ele [isto é, ao governo federal] alguns de seus direitos naturais, a fim de conferir-lhe os poderes necessários" (5).

Posteriormente, em 1791, adotou-se uma Declaração de Direitos, sob a forma de dez emendas à Constituição, uma das quais repudia explicitamente qualquer ambição de enumeração exaustiva de direitos:

Emenda IX

> A enumeração de certos direitos na Constituição não poderá ser interpretada como uma negação ou coibição de outros direitos retidos pelo povo.

Entre estes, presumivelmente, estão os "direitos inalienáveis" à "vida, à liberdade e à busca da felicidade", conferidos por Deus e tão claramente enunciados na Declaração de Independência.

Ao contrário dos franceses, os norte-americanos não tentaram recriar, em escala nacional, a ágora ateniense ou o foro romano, razão pela qual os Estados Unidos escaparam às convulsões políticas que arruinaram a França. Não obstante, a hora da prova também chegaria para os norte-americanos, e ela estava diretamente relacionada com o conceito de direitos. A grande controvérsia que devorou a nova república norte-americana entre 1791 e 1865 foi a da escravidão.

O número de estados escravagistas no Sul dos Estados Unidos era praticamente igual ao de estados "livres" no Norte. A "instituição peculiar" da escravidão era reconhecida e aprovada pela própria Constituição, fato que levou o abolicionista William Lloyd Garrison a denunciá-la como um "pacto com o demônio". À medida que novos territórios do Oeste buscavam, junto à União, seu reconhecimento como estados, as disputas políticas entre o Norte e o Sul se intensificavam. O sentimento abolicionista no Norte cresceu durante o período, ao mesmo tempo em que o Sul escravagista mostrou suas garras e, sob a liderança do senador John C. Calhoun, da Carolina do Sul, recusava-se terminantemente a sequer permitir que se discutisse a escravidão dentro do Congresso dos Estados Unidos. Em 1836, a Câmara dos Deputados decidiu, por maioria esmagadora, "que os escravos não gozam do direito de petição assegurado pela Constituição ao povo dos Estados Unidos".

Mas então não tinham os escravos *nenhum* direito? Os negros africanos – livres ou não – gozavam afinal de *algum* dos direitos (enumerados ou não) da Declaração dos Direitos? Tanto os abolicionistas como os apologistas da escravidão reconheciam o fato de que, se os escravos africanos gozassem dos mesmos direitos naturais dos colonos brancos à "vida, à liberdade e à busca da felicidade", então a enorme "série de abusos" a que os fazendeiros do Sul (e, antes deles, os armadores ianques) os haviam submetido dava a eles um direito de revolução no mínimo tão grande quanto aquele que, antes deles, os colonos tiveram. Diante das duas opções extremas – "nenhum direito para os escravos africanos" ou "todos os direitos para os escravos africanos, inclusive o de empreenderem uma revolução sangrenta" –, muitos brancos do Norte (e alguns do Sul) tentaram encontrar um meio-termo, em que se considerasse que os proprietários de escravos teriam, enquanto cristãos, o dever de afrouxar gradualmente os laços de servidão, até rompê-los definitivamente, enquanto os escravos africanos teriam o dever de sofrer pacientemente as inconveniências da servidão, temporária mas necessária. Para aqueles que buscavam uma posição intermediária entre Calhoun e Garrison, a linguagem dos direitos era por demais inflamada, e até explosiva, para que se pudesse usá-la numa atmosfera tão carregada. Mas a posição fundamental ocupada pela idéia dos direitos naturais no edifício constitucional norte-americano dificultava a sustentação de qualquer posição evasiva ou gradualista.

Em 1841, a Suprema Corte dos Estados Unidos decidiu o caso *The Amistad* – nome de um navio que fora dominado por escravos africanos que queriam retornar à sua terra natal após terem sido capturados lá e levados para Cuba, então colônia da Espanha. Os Estados Unidos, que eram uma das partes do processo, reconheceram apenas a alegação dos súditos espanhóis, que reclamavam a posse dos africanos como seus escravos. Estes, por sua vez, opuseram-se aos Estados Unidos, reivindicando para si os direitos dos homens livres. Nessa época, a escravidão já era proibida na Espanha, e o juiz Story, escrevendo para a Suprema Corte, poderia ter justificado sua decisão limitando-se a observar apenas que, segundo as leis da Espanha, os africanos não eram escravos e, portanto, não eram propriedade dos espanhóis que demandavam sua devolução. Mas o juiz Story foi mais longe:

> É também de suma importância considerar (...) que, supondo-se que esses negros africanos não sejam escravos, mas seqüestrados, e livres, o tratado com a Espanha não tem obrigatoriedade sobre eles, e os Estados Unidos estão obrigados a respeitar os direitos deles tanto quanto os dos súditos espanhóis. O conflito de direitos entre as partes, em tais circunstâncias, torna-se positivo e inevitável, devendo ser resolvido com base nos princípios eternos da justiça e do direito internacional. (...) O tratado com a Espanha jamais poderia ter sido firmado com a intenção de subtrair os direitos iguais de todos os estrangeiros que viessem a apresentar suas demandas por eqüidade diante de nossos tribunais. (...) Do exame do mérito do processo, então, não se parece verificar a existência de qualquer motivo para se duvidar de que esses negros devem ser considerados livres e que o tratado com a Espanha não interpõe nenhum obstáculo à justa afirmação de seus direitos. (40 U.S. 15 *Peters* 595-96)

Tudo isso era uma indicação de que a Suprema Corte estaria disposta a conceder uma audiência aos africanos, mesmo que as leis de um Estado estrangeiro reconhecessem a escravidão. Além disso, a Corte se referia explicitamente aos direitos dos africanos com base tanto nos "princípios eternos da justiça" como no direito das nações.

Porém, em 1857, no caso *Dred Scott vs. Sandford*, a Suprema Corte dos Estados Unidos declarou que os negros africanos, tendo sido, por séculos, "considerados como seres de ordem inferior" pelos europeus, "não tinham nenhum direito que o homem branco devesse respeitar (...)" (60 *Howard* 393, 407) e que, além disso, escravos ou livres, eles eram incapazes de ser cidadãos dos Estados Unidos. Os negros africanos não eram cidadãos de segunda classe (como as mulheres e as crianças). Eles simplesmente não eram, de modo algum, cidadãos dos Estados Unidos. Mas e quanto à Declaração de Independência ("Nós sustentamos estas verdades como evidentes por si: que todos os homens nascem iguais, dotados pelo Criador de certos direitos inalienáveis")? A Suprema Corte então observou:

> As palavras genéricas acima citadas pareciam abarcar a totalidade dos seres humanos, e assim seriam interpretadas se fossem utilizadas hoje em um documento semelhante. Mas (...) não havia a intenção de incluir a raça africana escravizada, a qual não fazia parte do povo que projetou e adotou essa declaração; pois, se a linguagem, tal como se a entendia na época, abarcasse-os, a conduta dos homens distintos que elaboraram a Declaração de Independência teria sido absolutamente incoerente com os princípios que eles afirmaram (...). (410)

A Suprema Corte julgou que os fundadores da nação, em vez de se expressarem literalmente na linguagem que utilizaram, intencionavam controlar a interpretação dela, e que a intenção dos elaboradores da Declaração não deveria ser medida pelas altas aspirações que professavam, mas por suas práticas. Entre os fundadores, havia senhores de escravos, e eles estavam cientes de que suas práticas eram incoerentes com seus princípios. A correspondência de Jefferson, por exemplo, ilustra essa constatação de diversas maneiras. Mas a Suprema Corte, no caso *Dred Scott*, determinou sumariamente que os fundadores não eram os idealistas incoerentes que hoje sabemos que foram, mas, em vez disso, eram homens honrados e instruídos, "incapazes de defender princípios incoerentes com os que guiavam suas ações" (410). Da mesma maneira, a Constituição deveria ser interpretada não com base nos direitos *naturais*, mas à luz daquilo que seus redatores pretenderam, ratificaram e transformaram em direito *positivo*. Em outras palavras, a decisão da Suprema Corte não foi a de conciliar a Constituição com a teoria dos direitos sustentada por Grócio e Locke, mas sim a de harmonizá-la com as concessões necessárias para que se trouxessem para a União os estados do Sul.

Ninguém sequer mencionou o caso *The Amistad* (nem o juiz Taney ao escrever para a Suprema Corte, nem os juízes que dele divergiam). Seja como for, distinguir entre os dois casos seria fácil para um advogado. Uma coisa foram as intenções do Congresso ao ratificar um tratado com a Espanha. Outra coisa foram as intenções do povo – dos estados escravagistas e dos livres – ao formar uma federação. De acordo com o que se deliberou no caso *The Amistad*, o tratado com a Espanha não expressava nenhuma intenção, por parte dos Estados Unidos, de negar o direito dos africanos a uma audiência em um caso que era da jurisdição marítima da vara federal, mas, segundo a decisão do caso *Dred Scott*, a Constituição dos Estados Unidos expressava, de fato, a intenção "do povo" de negar aos negros de descendência africana o *status* de cidadãos dos Estados Unidos.

A decisão do caso *Dred Scott* causou um furor nacional que só cessou quando a guerra civil ceifou a vida de 700.000 pessoas, devastando o Sul. A derrota dos Estados Confederados da América representou o fim de um período de consolidação de progressos potenciais que a retórica dos direitos havia possibilitado. Uma questão ("Quem são os detentores dos direitos naturais?"), pelo menos temporariamente, estava respondida: todos os seres humanos o são, em igualdade, por causa de sua humanidade partilhada em comum. Mas esta resposta, obtida a duras penas, estava longe de resolver as questões levantadas por Godwin, Burke e Bentham, e muito menos fazia frente ao desafio lançado por Karl Marx à idéia de direitos naturais: "Nenhum dos supostos direitos do homem vai além do homem egoísta (…) [do] indivíduo separado da comunidade, confinado a si próprio, ao seu interesse privado."* (147). Na análise de Marx, o conceito de direitos não era um instrumento de libertação, mas sim uma ferramenta de opressão controlada por uma burguesia emer-

---

* *Manuscritos Econômico-Filosóficos*, Edições 70, p. 58. (N. do T.)

gente que buscava o domínio dos meios de produção industrial, promovendo assim o individualismo egoísta à custa da comunidade – acusação também feita pelo filósofo norte-americano John Dewey (1927).

Na verdade, a consolidação que se seguiu ao primeiro período de expansão deixou em aberto toda a questão da definição e especificação dos direitos morais. O utilitarista britânico Sidgwick assim escreve, em 1874:

> Há uma visão generalizada de que, para tornar justa a sociedade, seria preciso que a todos os membros da comunidade se concedessem certos direitos naturais, devendo estes, no mínimo, ser incorporados e protegidos pelo direito positivo. (...) Mas é difícil encontrar, no senso comum, qualquer acordo definitivo quanto à enumeração desses direitos naturais e, muito menos, quanto aos princípios dos quais eles possam ser sistematicamente deduzidos.
> Há, entretanto, uma maneira de sistematizar esses direitos, subordinando-os a um princípio único (...). Têm-se sustentado que o direito de ser livre de interferência é verdadeiramente tudo o que se pode dizer, a rigor, que os seres humanos, original e independentemente dos contratos, *devem* uns aos outros (...). Todos os direitos naturais, segundo esta visão, resumem-se ao direito à liberdade (...). (274)

Depois de nomeá-lo, Sidgwick não diz mais quase nada sobre esse suposto direito de ser livre de interferência, e quase um século se passaria antes que os filósofos retomassem efetivamente a discussão do conceito de direitos morais, naturais e humanos.

A marcha dos acontecimentos nos Estados Unidos: das emendas pós-Guerra Civil ao direito de privacidade

As sementes do segundo período de expansão dos direitos não estão nas investigações filosóficas ou acadêmicas, mas nos desenvolvimentos jurídicos que se sucederam nos Estados Unidos logo após a Guerra Civil. Esta é uma história

A ERA DA PRIMEIRA EXPANSÃO 109

complexa, da qual só poderemos traçar aqui um pequeno esboço. Um dos grandes temas de discussão do pós-Guerra Civil foi o da garantia dos direitos civis dos escravos recém-emancipados. Entre esses direitos civis estavam os relativos à participação no processo político, além da proteção à propriedade e aos contratos, que dependia do acesso ao sistema judiciário. A garantia dos direitos civis dos afro-americanos levou mais um século para ser efetivada na prática. Para nossos propósitos, contudo, esses esforços não foram propriamente "de expansão", uma vez que não representaram uma extensão do alcance dos direitos, mas apenas o reconhecimento de direitos que já estavam implícitos pelo menos desde o século XVIII e foram explicitados nas emendas constitucionais promulgadas na esteira da Guerra Civil.

Entre essas "emendas pós-Guerra Civil" estava a décima quarta emenda, promulgada em 1868, que forneceu pela primeira vez, em nível federal, uma garantia de que nenhum estado poderia "privar qualquer pessoa de sua vida, liberdade, ou bens sem o devido processo legal (...)" Essas frases – qualificadas pela Suprema Corte como "vagas e majestosas" – semearam o segundo período de expansão dos direitos, no qual vivemos até hoje. Posteriormente, interpretou-se que o dispositivo do "devido processo" incorpora ao direito norte-americano uma fiscalização moral do poder do governo e das maiorias eleitorais que o dirigem. O caso *Lochner vs. Nova York* (198 U.S. 45), de 1905, foi um marco. A Suprema Corte dos Estados Unidos sustentou que o estado de Nova York, ao limitar as horas de trabalho dos padeiros, havia violado o direito deles ao "devido processo". No entender da Suprema Corte, o direito à liberdade garantido pela Constituição incluía o direito de estabelecer contratos que previssem longas jornadas de trabalho. Assim sendo, os estados não podiam, por meio de leis, restringir esse direito, mesmo que a intenção fosse beneficiar os padeiros.

Posteriormente, a Suprema Corte recuou em relação à sua interpretação do caso *Lochner*. Ainda assim, no mesmo espírito daquele caso, reconheceu o direito dos pais de educar seus filhos, o direito de procriar, de comprar contraceptivos e de abortar o feto até o terceiro mês de gestação. Todos esses direitos talvez sejam aspectos daquele a que o juiz Brandeis (que divergira no caso *Olmstead vs. EUA*) se referiu como "o mais abrangente dos direitos, e o mais valorizado pelos homens civilizados (...) o direito de ser deixado em paz" (277 U.S. 438, 478 [1928]), mais comumente conhecido como *direito à privacidade* (a diferença entre o direito de ser deixado em paz e o direito de não sofrer interferência, que Sidgwick pensava resumir todos os demais, pode ser meramente verbal). Estas e outras decisões judiciais semelhantes foram altamente polêmicas, e grande parte dessa polêmica deveu-se justamente ao fato de elas representarem determinações de direitos legais contrários à vontade popular, manifestadas por atos do legislativo, além de se sustentarem em declarações judiciais em que era afirmada a existência de um ou outro direito "fundamental" não mencionado em nenhum instrumento legal.

É difícil fugir à conclusão de que a Suprema Corte dos Estados Unidos, com essa jurisprudência dos direitos fundamentais, dá efeito legal a direitos que são essencialmente morais – exemplos, na verdade, do direito moral ou natural à liberdade de que fala Sidgwick – e, ao fazê-lo, passa por cima do processo legislativo. Tal imunidade à legislação ordinária faz lembrar a natureza "imprescritível" dos direitos morais, tais como foram descritos na Declaração Francesa e rejeitados por Bentham. Se existe um direito moral e se ele está em conflito com uma estipulação legal de direito, então se supõe que o primeiro ocupe uma posição mais importante no conflito (entendemos que a atitude de Antígona de enterrar o irmão é moralmente correta, mesmo que, em termos legais, sua conduta seja incorreta). Entretanto, a jurisprudência dos direitos fundamentais não se limita a observar que a legislação usurpou um direito moral abstrato e superior. Ela declara legalmente inválida essa legislação, por violar um direito *legal* implícito. Em um sistema jurídico em que os direitos constitucionais são imunes a restrições legislativas e as instâncias do Judiciário consultam os direitos morais a fim de *definir* os direitos legais, é simplesmente um erro jurídico declarar a existência de uma lei contrária a um direito moral (constituído*) – por mais que o legislativo se esforce por fazê-lo, ou que sejam formalmente impecáveis os processos seguidos por ele, ou mesmo quão fielmente ele represente a vontade popular.

Este foi apenas um pequeno esboço explicativo de como a jurisprudência dos direitos fundamentais nos Estados Unidos transformou em direitos legais plenos os direitos naturais "antilegais" do primeiro período de expansão. Esse esboço pode dar a impressão errônea de que o Judiciário – que, para todos os efeitos, é representado pela maioria dos juízes da Suprema Corte dos Estados Unidos – arroga-se o privilégio de conduzir suas próprias investigações morais, particularmente no que concerne à existência ou inexistência de certos direitos naturais morais putativos. Na verdade, a Suprema Corte evita fazê-lo, quase sempre que possível, recorrendo para isso a uma série de mecanismos de limitação. Alguns desses mecanismos são inerentes ao seu papel jurisdicional – por exemplo, a Suprema Corte precisa esperar que os casos venham a ela, não podendo declarar a existência de nenhum direito, a menos que algum litigante invoque os poderes de reparação dela. Outros mecanismos, porém, são auto-impostos, como as doutrinas da "abstenção", do "*standing*"** e da "questão política".

Os cidadãos norte-americanos têm direitos fundamentais – embora "não enumerados" – perante os estados onde residem. Mas que direitos são esses e como um tribunal pode identificá-los? Uma das maneiras pelas quais a Suprema Corte tentou determinar se um direito putativo é "fundamental" foi perguntando se ele está "implícito no conceito

---

* O termo "constituir", no contexto do sistema jurídico norte-americano, significa aplicar aos estados as cláusulas da Declaração de Direitos, por entender-se que a cláusula do devido processo, da XIV Emenda, as abrange. (N. do T.)

** Possibilidade jurídica do pedido, ou seja, sua admissibilidade perante o ordenamento jurídico do país. (N. do T.)

de liberdade ordenada" (*Palko vs. Connecticut*, 302 U.S. 319, 325 [1937]). A eficácia desse teste parece plausível, mas sua aplicação não viria a esclarecer muitos dos direitos fundamentais descobertos pela Suprema Corte, se é que esclarecia algum. O problema é que o equilíbrio entre ordem e liberdade não se presta a esquematizações conceituais. Se um estado, por exemplo, proíbe a fundação de escolas particulares em seu território, ou exclui do currículo das escolas públicas e particulares o ensino do idioma alemão, está longe de ser óbvio que decisões como essas pendam mais para a ordem que para a liberdade, a ponto de serem consideradas logicamente incoerentes com o "conceito de liberdade ordenada".

Outro teste define os direitos fundamentais como aqueles que estão "profundamente enraizados na história e na tradição desta nação" (*Moore vs. Cidade de East Cleveland*, 431 U.S. 494, 503 [1977]). Mas como um tribunal saberá dizer se um suposto direito está suficientemente enraizado na tradição? E, de qualquer forma, por que isso teria importância? A profundidade das raízes de um pretenso direito fundamental depende, em grande medida, do nível de generalidade ou especificidade com que ele é descrito. Existe um direito fundamental de comprar e usar contraceptivos? Até 1965, quando a Suprema Corte decidiu o caso *Griswold vs. Connecticut* (381 U.S. 479), dificilmente se poderia dizer que este era um direito tradicionalmente reconhecido nos Estados Unidos. Na verdade, não o era de modo algum. Não obstante, a Suprema Corte foi capaz de derivá-lo de "emanações" vindas da "penumbra" (484) de outros direitos – mais gerais e textuais – relacionados à privacidade. O direito à privacidade manifestou-se em várias disposições de proteção mais específicas da Declaração de Direitos (inclusive, por exemplo, o direito de um indivíduo de não dar abrigo a tropas em sua casa, garantido pela Terceira Emenda). Assim, por analogia, o direito de ter e usar contraceptivos também poderia ser relacionado à privacidade, a despeito da ausência de qualquer referência explícita sobre isto na Constituição.

A decisão do caso *Griswold vs. Connecticut* é um marco do segundo período de expansão dos direitos. As semelhanças deste com o caso *Lochner*, de 1905, foram amplamente comentadas, e o caso *Griswold* foi o precedente em que se baseou a Suprema Corte para concluir o caso *Roe vs. Wade* (410 U.S. 113), em 1973, declarando que o direito de uma mulher à privacidade impedia os estados de proibir o aborto antes do terceiro mês de gestação. Parecia certo que o direito constitucional à privacidade fosse suficientemente elástico para proibir os estados de criminalizar o sexo consentido entre adultos, mas a Suprema Corte sustentou o contrário no caso *Bowers vs. Hardwick* (478 U.S. 186), de 1986, que contestava uma lei estadual contra a sodomia. O juiz White (que havia divergido no caso *Roe*), em nome da maioria, declarou "jocosa, na melhor das hipóteses" (194), a idéia de que o direito de praticar a sodomia homossexual estava "profundamente enraizado" na tradição norte-americana. Mas por que essa idéia deveria ser considerada mais jocosa do que aquela, feita em 1973, de que o direito de abortar um feto estava "profundamente enraizado" na tradição? Para muitos, a atitude da Suprema Corte, de recorrer à história como meio de evitar o excesso de flexibilidade na interpretação dos direitos constitucionais, pareceu, na melhor das hipóteses, seletiva e tendenciosa.

Em 2003, no caso *Lawrence vs. Texas* (123 S.Ct. 2472), a Suprema Corte não seguiu o precedente de *Bowers*, observando que, em seus inquéritos, "a história e a tradição constituem o ponto de partida, mas não são, em todos os casos, o de chegada" (2480). Mas as decisões baseadas no direito de privacidade levantam uma pergunta mais fundamental: de que importa a tradição? Afinal de contas, a escravidão era uma prática tradicional, pelo menos até a Guerra Civil – mesmo assim, não há dúvida de que a decisão da Suprema Corte no caso *Dred Scott* tenha sido um erro. Por que os direitos morais não poderiam contestar a tradição tão eficientemente quanto contestam as leis estaduais e nacionais? Se a resposta for que a tradição oferece pistas a respeito de quais são os direitos morais existentes, a pergunta se torna, simplesmente: por que se deve presumir que convenções arraigadas na sociedade – pois isso é tudo o que a tradição representa – nos diriam algo sobre direitos morais? Estes, supostamente, deveriam representar um ponto neutro, de onde as convenções arraigadas pudessem ser desafiadas e subvertidas. Exigir que sejam "simpáticos à tradição" é o mesmo que destruí-los.

A esta altura da discussão, freqüentemente se diz que, se os direitos morais não se fundam em algum tipo de prática tradicional ou convencional, então defini-los não passa de um jogo de opiniões, e a questão inteira se transforma em matéria de juízo pessoal, cada um decidindo o que eles são por conta própria, segundo suas visões morais. O dilema parece ser o seguinte: ou os direitos morais estão, de algum modo, fortemente amarrados a práticas humanas consolidadas, ou então não se pode conhecê-los de modo algum, a não ser por algum processo intuitivo misterioso que pode variar de indivíduo para indivíduo. Se os laços com as práticas convencionais são demasiadamente fortes, então os direitos morais não passam de convenções especializadas. Se forem excessivamente fracos, então a discussão sobre quais são os direitos morais perde o foco, ameaçando degenerar-se naquilo que Austin chama de mera guerra de palavras e que Bentham critica como "disparate deslavado".

O reconhecimento da dificuldade desse dilema ajudou a pôr um fim no primeiro período de expansão da retórica dos direitos, no final do século XVIII, e não seria exagero dizer que até hoje, em pleno segundo período de expansão, tal dilema ainda está para ser resolvido. A seguir, exploraremos trabalhos mais recentes, que podem ajudar a esclarecer melhor a natureza dos direitos. Avanços foram feitos, particularmente, no que concerne à explicitação da estrutura conceitual do discurso dos direitos. Alguns teóricos têm argumentado que a atenção meticulosa para com a lógica dos direitos pode reduzir – em si e por si mesma – o número de reivindicações extravagantes e fantasiosas de direitos. Examinaremos uma parte dessa produção teórica e tentaremos avaliar as alegações feitas com base nela.

Capítulo 5
A vizinhança conceitual dos direitos
Wesley Newcomb Hohfeld

Bentham argumentou que o discurso dos direitos só faz sentido em um contexto legal. Dentro desse contexto, dizer que alguém tem um determinado tipo de direito significa simplesmente dizer que essa pessoa está qualificada para se beneficiar de um dever legal imposto a outrem. Os direitos legais e os deveres legais se correlacionam e, se quisermos, poderemos dispensar o discurso dos direitos e passar a falar simplesmente de deveres legais e seus beneficiários. A visão de Bentham pede uma rigorosa crítica moral do direito, mas esta, em seu entender, não pode ser expressa de maneira sensivelmente precisa na terminologia dos direitos. Para o benthamita, a crítica moral precisa ser conduzida no que se refere à utilidade. Como vimos no capítulo anterior, as razões de Bentham para desautorizar uma crítica externa do direito e das instituições políticas à luz da terminologia de direitos são inconclusivas. Alguns utilitaristas modernos, seguindo a trilha de Mill, tentaram reformular em bases utilitaristas a idéia de direitos morais. Outros, por sua vez, tentaram evitar completamente o uso da noção de direitos.

Mas será que Bentham estava certo em sua análise dos direitos *legais*? Mais especificamente, será correta a sua alegação de que um direito legal não passa do correlativo de um dever legal? Para o norte-americano Wesley Newcomb Hohfeld, professor de direito cuja produção teórica data do início do século XX, esse tipo de análise era simplista e equivocado. A concepção benthamiana dos direitos legais é mais sutil do que seus ataques escritos à Declaração Francesa sugerem. Porém, esse aspecto mais sutil de sua teoria estava disperso em um número incrivelmente grande de manuscritos – muitos dos quais ainda estão sendo editados –, marcados pelo uso de uma terminologia técnica obscura. Conseqüentemente, Hohfeld (e não Bentham) recebeu o crédito por ter sido o primeiro a levar a análise dos direitos a um nível de profundidade maior do que o representado pela simples redução dos direitos legais a benefícios advindos de deveres legais.

O trabalho de Hohfeld não decorreu de um envolvimento em tumultuados acontecimentos, mas sim de seu interesse acadêmico pelo direito dos *trusts* (*trust* é um mecanismo jurídico por meio do qual uma pessoa – o *trustee* – detém o título jurídico de proprietário, mas apenas em benefício de outra pessoa – o *beneficiário*)*. Analisando este mecanismo segundo a terminologia benthamita vulgar (embora ela possa não ser, a rigor, a de Bentham), diríamos que os direitos do beneficiário no *trust* consistem em se favorecer dos deveres que o *trustee* lhe deve – por exemplo, o dever de preservar os bens cedidos no *trust*, administrando-os zelosamente. Mas suponhamos que o *trustee* viole esse dever, por exemplo, vendendo desleixadamente um bem a um terceiro por um preço menor do que ele vale. Suponhamos, ainda, que o terceiro seja inocente nessa história toda e que o bem em questão seja insubstituível e de grande valor sentimental – como, por exemplo, o sabre de cavalaria do tataravô do beneficiário. Então, como ficam as coisas entre o beneficiário e o terceiro? Pode o beneficiário exigir que a venda seja anulada? Afinal, ele pode afirmar que o *trustee* não tinha direito de vender o bem. O terceiro responderá que o *trustee* tinha, sim, o direito de venda – mas, então, como se poderá explicar esse direito do *trustee*? Qual é o dever correlativo a ele, e a quem este dever beneficia? A melhor saída

---

* A figura jurídica correspondente no direito brasileiro seria o contrato de depósito, embora haja algumas diferenças menores entre os dois institutos jurídicos. (N. do E.)

possível parece ser a seguinte: o direito do *trustee* de vender o bem tem como correlativo um dever imposto ao mundo inteiro de não contrariar a venda, e este dever beneficia o comprador (o terceiro) e, indiretamente, o beneficiário. Mas esta explicação parece forçada e artificial. Se o mundo inteiro tem o dever de não contrariar a venda, então também o tem o beneficiário. Porém, parece extremamente estranho dizer que o beneficiário está lesando o *trustee* ao contestar uma venda que, conforme supusemos no início, viola o dever do *trustee* para com o beneficiário!

A decisão do juízo seria manter a venda, ficando o beneficiário limitado aos remédios a que tiver direito perante o *trustee*, o qual parece, paradoxalmente, ter e não ter o direito de vender o sabre. Consideremos outro exemplo. Todos nós gozamos de um direito legal à liberdade de expressão, o que, numa análise benthamita vulgar, significa que outras pessoas têm deveres que nos beneficiam. Mas suponhamos que o legislativo promulgue o que ele denomina "Lei de Anti-Sedição", criminalizando declarações que desrespeitem funcionários públicos de alto escalão. Essa lei certamente viola nosso direito à liberdade de expressão. Não estamos nós, ainda assim, submetidos ao dever legal de não proferir declarações que desrespeitem os ocupantes de cargos públicos? Afinal de contas, o *trustee* pôde transferir o título de propriedade ao comprador inocente – a despeito do fato de que o *trustee*, ao ser descuidado na venda do bem, violou o dever de cuidado que tinha para com o beneficiário. Não devemos então, analogamente, considerar como válido o ato do legislador, não obstante o fato de ele violar um dever de respeito – para com o povo – à liberdade de expressão? Que outro remédio teremos, então, além de tirá-lo do poder na próxima eleição, a menos que ele prometa lutar pela revogação da Lei de Anti-Sedição? Nesse meio tempo, se quisermos exercitar o que acreditamos ser nosso direito legal de falar desrespeitosamente de funcionários do governo, seremos obrigados a simplesmente sofrer as conseqüências disso? Essa linha de raciocínio não parece captar a natureza exata do direito legal à liberdade de expressão. A análise legal acertada demonstraria que a Lei de Anti-Sedição é nula e inconstitucional desde o princípio, por violar o direito à liberdade de expressão. Mas uma análise benthamita simples, direta e vulgar não é capaz de levar a essa conclusão, pelo menos não de maneira óbvia.

Hohfeld percebeu que a terminologia dos direitos era aplicada, no âmbito do direito, a várias relações jurídicas diferentes, e que a simples correlação entre direito e dever não captava a essência da natureza de algumas delas, o que demandava uma análise mais complexa. Felizmente, Hohfeld descobriu que a família de relações jurídicas abarcadas pelo termo "direitos" era pequena, o que facilitava a análise. Além disso, segundo ele, essa família era dotada de uma estrutura amigável e logicamente coerente, a qual pode ser facilmente resumida na Tabela 5.1, que descreve o que ele chama de "correlativos jurídicos" (36).

Tabela 5.1. Correlativos jurídicos de Hohfeld

direito (ou *direito de exigir*)	privilégio (ou *permissão*, liberdade)	poder	imunidade
dever (obrigação)	não-direito (ou ausência de dever de não fazer)	sujeição	impedimento

A primeira coisa que se pode perceber na tabela é que a primeira linha traz quatro noções logicamente distintas, cada uma das quais costumava ser mencionada em ações judiciais e comentários jurídicos como sendo um direito. Hohfeld acreditava que, na medida em que essas quatro noções não eram cuidadosamente diferenciadas, a argumentação jurídica era marcada pela confusão. Imediatamente abaixo de cada um dos quatro termos da primeira linha, encontra-se o respectivo correlativo hohfeldiano. Note-se que apenas uma dessas quatro definições de direitos legais – direitos "de exigir", ou direitos no "sentido mais estrito", conforme define Hohfeld – está diretamente correlacionada a um dever (para evitar confusões, vou-me referir aos direitos no "sentido mais estrito" hohfeldiano como "direitos de exigir"). Dizer que um direito de exigir está *diretamente* correlacionado a um dever equivale a dizer que, se X tem um direito, com relação a Y, de praticar a ação P (ou, como escrevem os filósofos, direito de "φ", onde φ corresponde a um verbo), este fato implica que Y tem um dever, para com X, de não *interferir* no ato de φ praticado por X. Um privilégio, por outro lado, correlaciona-se a um "não-direito" – o que significa dizer simplesmente que, se X tem um privilégio, com relação a Y, de φ, este fato implica que Y não tem nenhum direito, com relação a X, que impeça X de φ (doravante, usarei o termo *permissão*, em vez de privilégio). Se eu tenho permissão de fazer careta para você, você não tem nenhum direito de que eu não faça careta para você.

A ligação entre um poder e um dever, e entre uma imunidade e um dever, é menos direta. Um poder correlaciona-se a uma sujeição, o que significa que, se X goza de um poder legal em relação a Y, isso quer dizer que algum direito legal, dever legal ou outra "relação jurídica" (26) de Y está sujeito a ser criado, alterado ou extinto pelo exercício que X faça daquele poder. De maneira semelhante, uma imunidade correlaciona-se a um impedimento, o que significa dizer que, se X tem uma imunidade com relação a Y, Y está impedido de alterar (não tem poder para alterar) as relações legais de X em algum aspecto pertinente. Poderes e imunidades são de "ordem secundária", no sentido de que se traduzem em mudanças no arranjo entre direitos e permissões de "ordem primária" e seus deveres e "não-direitos" correlativos (e, teoricamente, pode haver poderes de se alterar poderes, e assim por diante). Dizer que X tem um poder não significa afirmar que X, ou qualquer outra pessoa, *tem* um dever, mas sim que alguém *pode ficar sujeito a* um dever caso X exerça seu poder. É neste sentido que a correlação entre os poderes (e as imunidades) e os deveres é *indireta*.

Passemos agora a reconsiderar a venda do sabre de cavalaria e a Lei de Anti-Sedição à luz das distinções de Hohfeld. Lembre-se de que o terceiro – ou seja, o comprador – fica com o sabre (esta é a correta decisão do juízo), ainda que pareça que esta conclusão implique dizer que o *trustee* tinha o direito de vendê-lo. Hohfeld analisaria a questão do direito do *trustee* desmembrando-a em duas outras: a do *dever* do *trustee* de conservar os bens do *trust*, e a do *poder* que o *trustee* tem de dispor desses bens, e até de esbanjá-los. A violação, por parte do *trustee*, do dever de conservar os bens do *trust* é perfeitamente compatível com o exercício válido de seu poder (não podemos dizer que é um "direito" se quisermos nos ater ao "sentido mais estrito" de direitos) de dispor dos bens do *trust*. O *trustee*, ao exercer seu poder, transferiu o título de propriedade do bem ao comprador e violou seu dever, para com o beneficiário, de conservar os bens do *trust*. Evitamos, assim, o paradoxo de afirmar que o *trustee* tinha e, ao mesmo tempo, não tinha o direito de vender o sabre.

No caso da Lei de Anti-Sedição, deve-se entender que o direito à liberdade de expressão envolve uma imunidade hohfeldiana. A afirmação de que os cidadãos gozam do direito à liberdade de expressão equivale à de que eles são imunes a certas alterações de seus deveres legais, o que, por sua vez, significa dizer que o legislativo está impedido de impor certos deveres legais. Esta explicação revela de forma mais clara o caminho que leva à conclusão de que os cidadãos, a despeito da aprovação da Lei de Anti-Sedição, não têm nenhum dever legal de não falar dos funcionários do governo de forma desrespeitosa. Ao contrário do *trustee* – que tinha o poder de vender bens do *trust*, transferindo assim, de fato, o título legal –, o legislativo está *impedido*, isto é, não tem nenhum poder legal de impor aos cidadãos um dever legal de não se referirem desrespeitosamente a ocupantes de cargos públicos.

Hohfeld acreditava que havia identificado as relações jurídicas fundamentais e que todas as demais podiam ser analisadas segundo esses elementos básicos. Além disso, as propriedades lógicas precisas desses elementos, segundo ele, estavam agora evidentes. Para completar a exposição, apresenta-se a seguir uma tabela complementar (Tabela 5.2) de "opostos jurídicos" (36).

Tabela 5.2. Opostos jurídicos de Hohfeld

direito (ou *direito de exigir*)	privilégio (ou *permissão*, liberdade)	poder	imunidade
não-direito	dever (obrigação)	impedimento	sujeição

A linha superior é a mesma da tabela dos correlativos, mas a inferior traz a negação correspondente de cada item imediatamente superior. Ter permissão legal de coçar o próprio nariz, por exemplo, é o oposto de ter um dever de *não* coçar o nariz. Ter imunidade contra uma ação judicial (bem-sucedida) por parte de minha mulher devido ao meu esquecimento da data de nosso aniversário de casamento é o oposto de estar sujeito a ser processado por ela. E assim por diante.

Para que se compreenda inteiramente esse esquema de Hohfeld, é preciso apreender o sentido em que esses conceitos fundamentais estão relacionados entre si, conforme descrevem as tabelas. Mas cada um deles é também relacional em outro sentido. Uma pessoa X pode ter um direito de exigir a não-interferência de Y na ação φ praticada por X, mas nenhum direito contra a interferência na ação Y, onde Y é um verbo que descreve uma ação distinta de φ. Parece fácil. Acontece também que o fato de X ter um direito de exigir a não-interferência de Y não implica que X tenha um direito de exigir a não-interferência de outra pessoa, digamos, Z. Se eu quisesse, por exemplo, uma ajuda para parar de fumar, poderia dar a meu colega de quarto a permissão de confiscar meus cigarros. Ainda tenho o direito de exigir a não-interferência de *outras pessoas* em relação aos meus cigarros, mas renunciei a meu direito perante meu colega de quarto. Alguns direitos de exigir hohfeldianos têm validade contra o mundo inteiro – o mundo inteiro, por exemplo, tem o dever legal de não me agredir ilicitamente. As relações hohfeldianas de obrigação entre uma pessoa e o mundo inteiro são às vezes caracterizadas como de validade "*in rem*", ou seja, "na própria coisa", em latim (mas não é necessário que haja uma "coisa" que seja o objeto da relação, no mesmo sentido em que meu maço de cigarros é o objeto de minha propriedade). Muitos direitos de exigir, em vez de ter validade *in rem*, têm validade *in personam* – isto é, apenas contra algumas pessoas (talvez um número muito grande delas, mas não o mundo inteiro). A maioria dos direitos contratuais é deste último tipo. Meu contrato de trabalho cria direitos de exigir e deveres correlativos a estes, os quais estabelecem um vínculo somente entre mim e meu empregador (muito embora as outras pessoas possam ter deveres legais de não interferir intencionalmente na execução do contrato). Eu tenho o dever legal, perante meu empregador, de dar aula todas as quintas-feiras, às seis da tarde, mas não tenho nenhum dever para com você, leitor, de dar essa aula.

Uma permissão tende, por natureza, a ser mantida contra o mundo inteiro, isto é, *in rem*. Isso acontece por ela consistir simplesmente na ausência de um dever legal de não fazer alguma coisa, e esta ausência de dever, normalmente, tem validade perante *qualquer pessoa*. A permissão que tenho para coçar meu nariz é apenas a ausência de qualquer dever legal de não coçá-lo. Porém, mais uma vez, se eu assinar um contrato, posso perder essa permissão contra a outra parte do contrato – suponha que eu seja um ator e que, ao coçar o nariz, esteja prejudicando minha atuação. Neste caso, não tenho permissão, perante meu empregador, de coçar meu nariz, embora eu continue a tê-la em relação ao restante do mundo (não precisamos nos prender à questão de saber se minha permissão deve ser qualificada como *in personam* ou *in rem*, pois o importante é apenas a natureza relacional de cada elemento hohfeldiano).

Outro ponto importante sobre as permissões é que, por serem elas logicamente independentes dos direitos de exigir, elas não os implicam. Isto significa, por exemplo, que eu posso dar a você a permissão de comer meu biscoito da sorte, mas sem lhe dar o direito de exigir comê-lo sem sofrer interferência de minha parte. Suponha que, no início de nossa refeição chinesa, eu diga: "Você pode ficar com meu biscoito da sorte." É de esperar então que eu não apenas esteja dando-lhe permissão para comer meu biscoito *se você for capaz*, mas também que eu esteja lhe dando o direito de exigir minha não-interferência na sua ação de comê-lo (tal interferência ocorreria, por exemplo, se eu pegasse rapidamente o biscoito e o comesse). Talvez eu devesse ter dito: "Você pode ficar com meu biscoito da sorte, se eu não comê-lo primeiro." A distinção entre direitos de exigir e permissões não é algo trivial, o que ficará claro mais adiante, quando voltarmos a falar dos direitos morais e da questão de saber se pode haver um direito moral de se fazer algo moralmente errado.

A simples permissão para comer um biscoito da sorte tem seu valor significativamente reduzido se não vier acompanhada de um direito de exigir a não-interferência no ato de comê-lo. Direitos legais importantes, conforme nos mostra o exemplo do biscoito da sorte, consistem em "pacotes" de elementos hohfeldianos. Um título de propriedade, por exemplo, revelar-se-á como um "pacote" de elementos hohfeldianos: direitos de exigir, permissões, poderes, imunidades e seus correlativos. O proprietário de um biscoito da sorte tem o direito de exigir a não-interferência na posse do biscoito; a permissão de usá-lo; o poder de vendê-lo, emprestá-lo ou dá-lo, além de efetuar essas mesmas operações sobre aspectos legais específicos do biscoito; e a imunidade contra tentativas alheias de alterar o conteúdo do "pacote de elementos" que caracteriza o conceito de propriedade.

Eu disse que os direitos de exigir e as permissões são logicamente independentes, mas será que, no esquema de Hohfeld, um direito de exigir não implica uma permissão, ainda que uma permissão não implique um direito de exigir? Em outras palavras, seria possível que eu transferisse a você o direito de exigir a não-interferência no seu ato de comer meu biscoito da sorte, sem transferir-lhe, por causa disso, a permissão de comê-lo? Dar a você a permissão de comer o biscoito significa simplesmente livrá-lo de qualquer dever – que você possa ter em relação a mim – de não comê-lo. A questão, portanto, se torna a seguinte: "O fato de eu ter dado a você um direito de exigir minha não-interferência no seu ato de comer o biscoito implica livrá-lo do dever de não comê-lo?" A resposta é "Não", ainda que uma situação como essa seja ímpar. Eu poderia dizer: "Prometo não interferir no seu ato de comer meu biscoito da sorte, mas o biscoito é meu e prefiro que você o deixe em paz." Minha promessa de não interferir dá a você um direito de exigir minha não-interferência, mas, ao mesmo tempo, você continua tendo o dever de não comer o biscoito – você não tem, portanto, a permissão de comê-lo. Se o fizer, estará me lesando, mesmo tendo eu renunciado aos meus direitos de resistir ou de exigir reparação, pois o direito de exigir não implica permissão. Sou o detentor de um "direito sem sanção correspondente", como diria um advogado. A esta altura, obviamente, poderíamos nos juntar a Bentham e perguntar: "O que significa um dever sem coação?" Melhor ainda, talvez a questão fosse: "De que *serve* um dever sem coação?" – pergunta esta que segue a linha daquela outra, que fizemos anteriormente: "De que *serve* uma permissão sem um direito de exigir a não-interferência?" A independência lógica entre direitos de exigir e permissões é sumamente importante para a questão, em que entraremos agora, da aplicabilidade do esquema de Hohfeld aos direitos em geral – isto é, aos direitos morais e legais.

Os direitos morais são direitos "hohfeldianos"?

Será que o esquema de distinções hohfeldiano aplica-se aos direitos em geral? Muito embora Hohfeld tenha-se dedicado exclusivamente à análise dos direitos legais, a opinião geral dos filósofos morais é a de que o trabalho dele revela a maior parte das interconexões e relações lógicas fundamentais que dizem respeito tanto aos direitos morais como aos legais, embora não revele todas. Os direitos morais de exigir distinguem-se das permissões, dos poderes e das imunidades morais, e cada um desses elementos tem seus correlativos e opostos morais. Porém, essa extensão da aplicação da análise de Hohfeld dá margem a que surjam – ou a que se tornem mais óbvias – algumas questões espinhosas, dentre as quais passaremos agora a abordar a mais importante.

Dever "de não fazer" ou "dever de fazer"?

Uma dessas questões espinhosas é a da interpretação da idéia de *dever*. Para Hohfeld, a idéia de dever legal – assim como acontece com as outras três concepções fundamentais de "vantagem legal" (71) e seus opostos – é *sui generis* e não pode ser definida de maneira utilizável, a não ser em sua relação com as demais concepções fundamentais e por meio da descrição de exemplos concretos. Hohfeld dá dois tipos de exemplos de dever: (1) dever de *não interferir* em uma determinada ação de outrem e (2) dever *de fazer* com que um estado de coisas aconteça. O primeiro caso envolve, tipicamente, uma situação em que uma pessoa X tem a posse de algo e uma pessoa Y tem o dever correlativo de não interferir na propriedade de X nem usufruir dela. No segundo caso típico, X tem o direito de que Y faça alguma coisa, ou de que faça com que algo aconteça.

No segundo caso, o direito de X se correlaciona com algo que seria embaraçoso chamar de dever de não-interferência de Y. Se, por exemplo, Y prometeu a X que entregaria 100 aparelhos até segunda-feira, seria estranho dizer que o direito de X à entrega dos aparelhos é equivalente ao dever de Y de não interferir em sua própria entrega dos aparelhos. Embora esta seja um situação que envolve um contrato, o mesmo tipo de dever legal poderia surgir a partir do direito consuetudinário ou estatutário – por exemplo, o dever dos pais de sustentar os filhos menores de idade ou o dever de não vender remédios falsificados. Nestes casos, os filhos têm o direito de exigir serem sustentados pelos pais e os consumidores têm um direito de exigir a autenticidade dos produtos, perante os comerciantes. Seria, contudo, muito estranho dizer que os pais têm o dever correlativo de não interferir em seu ato de sustentar os próprios filhos, ou que os comerciantes têm o dever de não interferir em seu ato de vender remédios autênticos ao consumidor.

Por outro lado, seria bem fácil pensar em casos do primeiro tipo como instâncias especiais dos do segundo tipo.

Um dever de fazer que as coisas aconteçam de uma determinada forma é algo suficientemente genérico para abarcar uma obrigação de que alguém não interfira no direito de outrem a fazer algo ou desfrutar pacificamente de algo. Em outras palavras, um dever de não-interferência é apenas uma instância especial de um dever de que as coisas aconteçam de uma determinada forma, como ocorre no exemplo: "É dever de Y que as coisas aconteçam de tal forma que Y não interfira na ação φ praticada por X." Este argumento parece banal, mas não é, pois serve para refutar a visão – defendida por muitos – de que os direitos são, conceitual e fundamentalmente, *direitos contra interferência*, seus correlativos sendo os *deveres de não-interferência*. Pode ser que esta visão seja verdadeira, mas nada existe na análise de Hohfeld que a exija ou sustente. Se, conforme muitos acreditam, os direitos são fundamentalmente "negativos" – isto é, exigências contra interferência ou coerção –, tal argumento não pode ser provado por meio da teoria de Hohfeld.

"Interferência" legal versus "interferência" moral

Quando pensamos na generalização de Hohfeld, outra questão que vem à tona é a da utilidade de sua análise para a definição daquilo em que consiste o não-cumprimento do dever. Quando nos referimos a um dever como o de que as coisas aconteçam de uma determinada forma, as exigências que tal dever implica ficam em aberto. Porém, a partir do momento em que se especifica essa "determinada forma", detectar o descumprimento do dever torna-se uma tarefa tão objetiva quanto a de averiguar se as coisas realmente aconteceram da forma como se determinou que acontecessem. Se aconteceram, o dever foi cumprido; se não, o dever foi descumprido. No caso dos deveres de não-interferência, a especificação das exigências do dever pode ou não determinar o que caracterizará e o que não caracterizará o descumprimento. Por exemplo, meu direito de exigir comer meu biscoito da sorte implica seu dever de não interferir em meu ato de comê-lo. Mas o que, exatamente, constitui-se em interferência? Suponhamos que, para me impedir de comer o biscoito da sorte, você me diga que nós precisamos ir embora do restaurante imediatamente, caso contrário perderemos o começo do filme a que tínhamos decidido assistir. Digamos que, na pressa, eu esqueça de pegar meu biscoito da sorte. Terá você violado meu direito de exigir? Faria diferença se não tivesse sido sua intenção me fazer esquecer o biscoito?

Poderíamos dar inúmeros exemplos como este, mas eles não parecem ter maiores conseqüências se nos limitamos à questão dos direitos *legais*. O ato – mesmo deliberado – de fazer com que alguém sofra uma perda não se constitui em delito, a menos que a perda seja causada de uma determinada maneira legalmente reconhecida. Se eu abrir um restaurante *de fast food* em frente ao seu, com o propósito expresso de levá-lo à falência – e conseguir realizar meu objetivo –, não terei violado nenhum direito seu, pois concorrência e interferência, nos sistemas legais anglo-americanos, são coisas diferentes. No caso do biscoito da sorte, nada que eu tenha feito chega perto de violar seus direitos legais, a menos que eu tenha deliberadamente enganado você. E, mesmo que eu tenha feito isto, será preciso que se decida em juízo que eu pratiquei, contra você, um ato de interferência legalmente reconhecido. A questão da interferência legal pode envolver a exploração de analogias com casos anteriores já decididos, o que pode dar margem a controvérsias legais, mas é pouco provável que minha artimanha fosse caracterizada como uma violação de algum de seus direitos legais. Isso, entretanto, não resolve a questão da possível violação de algum direito *moral* seu.

Obviamente, um dos pré-requisitos fundamentais para a compreensão dos direitos morais é saber fazer a distinção entre a interferência e os demais tipos de conduta. Se a força ou o "impacto" de um direito moral de exigir é determinada pelo dever de não-interferência que ele impõe aos outros indivíduos, então a medida desse impacto dependerá, parcialmente, do grau de abrangência segundo o qual se formula o conceito de "interferência". As leis norte-americanas geralmente permitem, por exemplo, que eu construa uma irritante cerca de 12 metros de altura com o único propósito de fazer sombra na piscina do vizinho. Legalmente, não estou interferindo na propriedade dele. Porém, moralmente eu não o estaria? Em decisões judiciais, freqüentemente se subentendem os direitos morais como mais abrangentes do que o admite a lei (na Inglaterra, a lei estaria do lado de meu vizinho). Às vezes, a lei reconhece direitos legais claramente desprovidos de contrapartida moral (pense na escravidão, por exemplo). É preciso responder à queixa de Bentham quanto ao caráter de indeterminação e incerteza dos direitos naturais em comparação com os legais.

Assim que saímos do âmbito da lei estabelecida, a questão acerca daquilo que se constitui ou não em interferência nas ações de alguém torna-se inevitavelmente controversa. É bastante influente a visão de que os direitos morais são direitos "negativos" no sentido de serem direitos contra a "interferência", interpretada de forma bem restrita como atos ou ameaças de força física contra a pessoa. Se eu bater em você – ou ameaçar fazê-lo –, estarei violando o seu direito à liberdade "negativa" de não se submeter a este tipo de tratamento. Nenhum outro tipo de ação, porém, mesmo que intencional, será considerado como interferência, ainda que resulte em conseqüências desastrosas para alguém. Esta visão, por ser muito restrita, é geralmente "afrouxada" um pouco a fim de caracterizar a calúnia e a fraude como interferência, ainda que estas não envolvam, normalmente, o uso ou a ameaça de uso da força.

A visão de que os direitos morais de exigir são, fundamentalmente, restrições à interferência física ou fraudulenta – e de que o objetivo de tais direitos de exigir é proteger a esfera da liberdade individual – é comumente conhecida como *liberal clássica* ou *libertarista*, ou como uma visão baseada nos *direitos negativos* ou na *liberdade negativa*. Nesse tipo de enfoque, a garantia de qualquer direito moral de assistência em caso de necessidade, ou a um nível mínimo de subsistência ou de respeito, por exemplo, seria caracterizada como afirmação de um direito "positivo". Se você estiver caído no chão – inconsciente e com o rosto afundado numa poça d'água – e eu passar do seu lado assoviando e deixando você se afogar, não estarei violando seu direito negativo de não sofrer interferência (segundo esta visão), ainda que esteja violando seu (suposto) direito positivo à assistência em caso de emergência.

Dentre os que argumentaram que "interferência" significa apenas "interferência na liberdade negativa", alguns tiraram conclusões impressionantes desta interpretação – como, por exemplo, a de que *não existe nenhum* direito moral à assistência positiva, sendo que forçar uma pessoa a prestar assistência é, quase por definição, uma violação do direito moral de liberdade negativa dessa pessoa. As conseqüências dessa abordagem são bem definidas, embora desagradáveis.

Também é possível abordar a questão de outras maneiras, as quais podem envolver processos mais complicados de definição do conceito de interferência. Em uma das abordagens possíveis, minha recusa de prestar "fácil socorro" a uma pessoa que estivesse se afogando em uma poça d'água aos meus pés seria vista como grave interferência na liberdade dessa pessoa, pois, ao negar a ela o fácil socorro a que ela tem direito moral, eu estaria lhe negando a própria vida – e, com isto, o gozo de todas as liberdades que esta implica. Mas esta abordagem tem suas próprias conseqüências embaraçosas. Se a recusa de prestação de fácil socorro caracteriza-se como interferência, por que não o seria também a recusa de prestação de um tipo de socorro difícil e arriscado? Além disso, se a recusa de socorro por parte daquele que está passando ao lado da vítima é considerada interferência, por que isso também não valeria para as demais pessoas? Onde termina a interferência? Estaremos todos nós, neste exato momento, interferindo na liberdade das vítimas da fome, por não ajudá-las? E estarão essas vítimas, por sua vez, interferindo em nossa liberdade, pelo simples fato de estarem necessitadas? A atribuição do conceito de *interferên-*

cia à abstenção de prestação de assistência "positiva" parece exigir algum tipo de elaboração ulterior, a fim de se evitar a conclusão absurda de que todos estão interferindo em todos, a todo instante.

Retornaremos à questão da interferência nos capítulos 10 e 11. A questão aqui é que a análise de Hohfeld, por ter em vista apenas os direitos legais, pode simplesmente tomar como pressuposto um corpo de leis e doutrinas legais subjacentes, capaz de dar conteúdo à idéia de interferência. Mas o benefício desta pressuposição compensatória não existe para aqueles que, como nós, estiverem buscando uma abordagem mais geral, que vá além do território relativamente bem demarcado da lei. Como vimos, há um grande atrativo lógico na idéia de que as obrigações de não-interferência são simples espécies de obrigações de que as coisas aconteçam de uma determinada forma. Não obstante, é muito estimada a visão de que os direitos são, primordialmente, proteções contra interferência, em vez de meios de concessão de benefícios "positivos". Por conveniência expositiva, aceitarei provisoriamente a interpretação de que "o dever correlativo é de não-interferência", até que chegue a hora de retomar a questão da definição de interferência.

Os deveres hohfeldianos implicam direitos?

Quando tentamos ampliar o alcance das concepções legais de Hohfeld, aplicando-as à moral, surge outro problema. Sabemos que, para Hohfeld, dizer que *o correlativo* de um direito de exigir é um dever é a mesma coisa que dizer que um direito de exigir *implica* um dever. Mas seria também a mesma coisa que dizer que um dever implica um direito de exigir? A implicação entre os correlativos é de mão dupla ou única? Visto que, para Hohfeld, o conceito de dever é relacional, perguntar isto é o mesmo que perguntar se, sempre que Y tiver um dever para com X, X terá um direito de exigir algo de Y. Não há como encaixar, na teoria hohfeldiana, deveres que não sejam deveres *para com*, ou ao menos deveres *que digam respeito a* alguma pessoa determinada (física ou jurídica). Do ponto de vista hohfeldiano, portanto, a pergunta: "Deveres implicam direitos de exigir?" equivale a: "Se Y tem um dever para com X (ou que diga respeito a), segue-se necessariamente que X tem um direito de exigir p de Y?"

Não se pode dizer com certeza qual seria a resposta de Hohfeld a esta questão. A doutrina jurídica anglo-americana é ambígua quanto ao reconhecimento de deveres legais, no caso de pessoas que não contem com a possibilidade de sanção judicial contra o portador do dever. Mas, se Hohfeld quisesse tomar partido na questão, nada existe em seus escritos que o comprometa com qualquer uma das posições. No entanto, se estamos falando de direitos morais, em vez de especificamente legais, há razões para se duvidar de que a resposta possa ser: "Sim, todos os deveres implicam direitos de exigir." Um exemplo clássico de que os deveres morais não implicam logicamente direitos morais de exigir é o do dever da *caridade*. Todos têm o dever de ser caridosos, e, em determinadas circunstâncias, até se pode dizer que alguns indivíduos X tenham deveres de caridade para com certas pessoas Y. Digamos que você tenha um luxuoso chalé na montanha e que um andarilho – faminto e gravemente ferido – caia inconsciente no chão, em frente à porta do seu chalé. Certamente você terá um dever moral, se não legal, de ajudá-lo. Ainda assim, muitos hesitariam em dizer que pessoas Y como esta tivessem um direito à caridade de X. Dizer que Y tem direito à ajuda de X parece até mesmo incoerente com a caracterização do ato de X como ato de caridade.

Já nos deparamos com a expressão dever "imperfeito", utilizada para distinguir a categoria de deveres que não está vinculada a direitos de exigir correlativos. O dever realizado pelo bom samaritano é desse tipo. Não tem importância para nós aqui saber se os deveres imperfeitos o são porque não se devem a ninguém em particular, ou porque não são deveres que devam ser realizados em toda e qualquer ocasão, ou quiçá por não serem passíveis de imposição. O importante aqui é que, no caso dos direitos morais, de qualquer forma, a questão parece ter mais a ver com um direito de Y perante X do que com um dever de X para com Y.

Muitas pessoas, ponderando sobre o exemplo citado, tendem a dizer que o andarilho *tem* um direito moral à assistência, e que, portanto, sistemas legais que não reconheçam um direito legal de assistência, correspondente a um dever, são moralmente defeituosos. Para o filósofo Joel Feinberg, aqueles que insistem em que os deveres benéficos sempre geram direitos de exigir entendem os direitos em um "sentido de manifesto" (67). Um "direito de manifesto" não é verdadeiramente um direito, mas algo que alguns defendem como candidato a ser reconhecido como direito. Não é fácil resolver essa discordância sem que esta resolução pareça arbitrária. Embora haja um sentido claro em que se possa dizer que, do ponto de vista moral, deveria existir um direito legal onde hoje não existe, é difícil entender como se pode dizer que um direito moral deveria existir, a menos que ele de fato exista. Pode ser que o reconhecimento seja uma condição necessária à existência de um direito legal (como defendem os juspositivistas), mas não é uma condição necessária à existência de um direito moral (a menos que a própria moralidade seja, basicamente, convencional).

Pode-se fazer uma pergunta análoga no que diz respeito à relação entre as permissões morais e os "não-direitos" morais (sendo um não-direito moral apenas a ausência de um direito moral). Apliquemos a tabela de correlativos de Hohfeld ao caso moral. Se X tem, em relação a uma pessoa Y, uma permissão moral para φ, então essa pessoa Y não tem nenhum direito moral de exigir que X não realize a ação φ. Mas a recíproca é verdadeira? Isto é, do fato de que Y não tem nenhum direito moral de exigir que X não realize a ação φ, segue-se que X tem uma permissão moral, perante Y, para φ? Parece duvidoso. Pense novamente no exemplo do andarilho. Mesmo aqueles que insistem em que o andarilho não tem nenhum direito moral de ser ajudado por você (exceto, talvez, no sentido de "manifesto") podem negar que daí se siga que você tem a permissão moral de recusar-lhe a ajuda.

Direitos grupais versus *direitos individuais*

Outra característica da análise de Hohfeld é ter a pretensão de ser aplicável tanto a pessoas "físicas" como "jurídicas". Uma pessoa física é um indivíduo, ao passo que uma pessoa jurídica não precisa ser, necessariamente, um ser humano, podendo ser uma entidade legalmente reconhecida, tal como uma empresa ou uma sociedade. Uma pessoa jurídica pode *ser* um grupo de indivíduos (uma sociedade de duas pessoas, por exemplo), mas não precisa sê-lo. Um conglomerado – como pessoa jurídica que é – pode passar, inúmeras vezes, pela substituição de todas as pessoas jurídicas (individuais ou não) que primeiramente a compuseram. Embora dependam de indivíduos para agir, as pessoas jurídicas podem ter interesses que diferem daqueles dos indivíduos a que pertencem ou que agem por elas. Para Hohfeld, detentores de direitos "grupais" e direitos "grupais" eram perfeitamente familiares. Na verdade, Hohfeld nunca *negou* que a afirmação de tais direitos grupais fosse, para todos os efeitos, equivalente a algum conjunto de declarações acerca das vantagens legais de que desfrutam os indivíduos. O ponto importante é que sua análise dos direitos, por si mesma, não o compromete a afirmar essa equivalência.

Em qualquer sistema jurídico não rudimentar, há regras que governam a esfera da personalidade jurídica, bem como regras que governam a criação, continuidade e dissolução das pessoas jurídicas (ou não-físicas). Estender os conceitos de Hohfeld para além da esfera dos direitos legais, aplicando-os aos direitos morais, significa deixar para trás essas regras limitadoras. Nada existe que exclua a possibilidade de que os direitos morais hohfeldianos possam ser atribuídos tão-somente a seres humanos individuais. Além disso, se a porta de entrada precisa ser regulada, as ferramentas necessárias à realização deste trabalho não se encontram nas concepções de Hohfeld, o que deixa em aberto a possibilidade de criação de direitos grupais detidos por nações, tribos, comunidades locais e lingüísticas, grupos culturais e grupos de "afinidade" dos mais diversos tipos, independentemente de serem legalmente reconhecidos ou internamente organizados. Esta abertura também significa que a abordagem dos detentores de direitos morais grupais tende a ser muito mais confusa que a dos detentores de direitos legais grupais. Outra possibilidade em aberto é a criação de direitos "de maioria" capazes de contrabalançar e cancelar efetivamente todos os direitos individuais conflitantes daqueles que pertencem à minoria. Se nossa concepção de direitos deixa de ser mais discriminatória em relação aos supostos direitos grupais, o valor dos direitos morais individuais se reduz.

Em suma, as distinções de Hohfeld, inicialmente desenvolvidas com o objetivo de analisar o discurso dos direitos no âmbito legal, são ferramentas que prometem ser úteis em nossa investigação mais geral da natureza dos direitos. As noções legais elementares – direito de exigir, permissão, poder e imunidade; dever, não-direito, sujeição e impedimento – têm, cada uma delas, análogos na esfera moral. Além disso, a exploração da relação de correlatividade entre as noções elementares, no âmbito moral, traz à tona uma série de questões dotadas de aspectos interessantes que podem não se encontrar em seus correspondentes legais. Particularmente, as distinções de Hohfeld nos permitem perguntar qual é o pacote mínimo de elementos que um direito moral deve conter, o que será de grande utilidade no capítulo 8, onde trataremos da questão da possibilidade de existência de um direito de fazer o que é errado. Também vimos que a correlatividade pode ser interpretada como uma relação de implicação de mão única ou como uma relação de mão dupla, isto é, de implicação recíproca. A interpretação que adotarmos será crucial para que possamos determinar se os legítimos beneficiários dos deveres poderão exigir o cumprimento destes enquanto direitos.

SEGUNDA PARTE
A era da segunda expansão

Capítulo 6
A Declaração Universal e a revolta contra o utilitarismo

A Segunda Guerra Mundial foi um divisor de águas na história dos direitos. Diante das atrocidades em massa praticadas contra civis durante a guerra (grande parte delas infligidas de modo consciente e até intencional, em uma escala sem precedentes históricos), houve um reavivamento do interesse em evitar as guerras – ou ao menos em torná-las menos cruéis – graças à cooperação internacional. A Organização das Nações Unidas foi fundada em 1945 e, em 1948, sua Assembléia Geral aprovou por unanimidade a Declaração Universal dos Direitos Humanos (com abstenção do bloco soviético, da Arábia Saudita e da África do Sul). O preâmbulo do documento continha as seguintes declarações:

> *Considerando* que o reconhecimento da dignidade inerente a todos os membros da família humana e de seus direitos iguais e inalienáveis é o fundamento da liberdade, da justiça e da paz no mundo,
> *Considerando* que o desprezo e o desrespeito pelos direitos do homem resultaram em atos bárbaros que ultrajaram a consciência da Humanidade (...)
>
> A Assembléia Geral *proclama*
>
> A presente *declaração universal dos direitos humanos* como o ideal comum a ser atingido por todos os povos e todas as nações (...)

A Declaração Universal contém 30 artigos, cujas principais disposições são as seguintes:

O artigo I afirma que "Todas as pessoas nascem livres e iguais em dignidade e direitos. São dotadas de razão e consciência (...)"

O artigo III declara que "Toda pessoa tem direito à vida, à liberdade e à segurança pessoal" – na trilha de Locke e Jefferson, exceto pela substituição da "propriedade" de Locke e da "felicidade" de Jefferson por "segurança pessoal" (o artigo XVII reconhece o direito à propriedade privada).

O artigo VII declara o princípio de igualdade perante a lei e igual proteção contra discriminação, princípio este que é complementado pelo artigo II, o qual estabelece como proibidos os diversos tipos de discriminação, entre os quais se incluem raça, cor, sexo, língua, religião, opinião política, propriedade, "nascimento, ou qualquer outra condição".

Os artigos IV a X proíbem qualquer tipo de escravidão, tortura ou castigo "cruel, desumano ou degradante", bem como prisão arbitrária. Além disso, estabelecem a exigência de julgamento público e de presunção de inocência diante de acusações criminais, as quais devem se basear unicamente em legislação vigente no momento do delito.

Os artigos XIII e XIV declaram o direito à liberdade de locomoção e residência dentro do território de cada Estado, o direito de ir e vir e o de procurar asilo político (mas nenhum direito de imigrar).

Os artigos XVIII a XXI garantem o direito à liberdade de religião, opinião, pensamento e expressão, além da liberdade de reunião e associação; de participar de eleições livres e candidatar-se a cargos públicos. Os direitos expressos nestes artigos são comumente conhecidos como de "primeira geração", ou direitos políticos e civis, estando a maior parte deles (mas não todos) também presente na Declaração de Direitos e na Constituição norte-americana.

Os direitos de "segunda geração" só começam a aparecer no artigo XXII, que fala do "direito à segurança social" de que goza "toda pessoa, como membro da sociedade" e dos "direitos econômicos, sociais e culturais indispensáveis à sua dignidade e ao livre desenvolvimento da sua personalidade". Nenhum destes tem equivalente na Constituição norte-americana, exceto pelo "direito ao trabalho", citado no artigo XXIII – mas apenas no sentido estrito de que ninguém pode ser demitido de um cargo público sem o "devido processo legal".

O artigo XXIII vai mais adiante e garante o direito a condições de trabalho "justas e favoráveis", "proteção contra o desemprego", "igual remuneração por igual trabalho", "remuneração justa e satisfatória" e o direito de ingressar em sindicatos. Não há direitos equivalentes a estes na legislação constitucional dos Estados Unidos, embora muitos deles encontrem respaldo na legislação ordinária (a qual está sempre sujeita a ser revogada).

O artigo XXV, por sua vez, prevê o direito a um padrão de vida "adequado", o que inclui "alimentação, vestuário, habitação, cuidados médicos e os serviços sociais indispensáveis". Para os cidadãos norte-americanos, a garantia deste direito – bem como do direito à educação, previsto no artigo XXVI – não é uma questão de direito constitucional, mas de graça do legislativo, quando muito.

A disposição mais ridicularizada da Declaração Universal é o artigo XXIV, em que se reconhece um "direito ao repouso e ao lazer", o qual exige, especificamente, a "limitação razoável das horas de trabalho e férias periódicas remuneradas". Aquilo que, em 1905, no caso *Lochner*, fora interpretado pela Corte como violação do direito fundamental à liberdade foi postulado em 1948, pela Declaração Universal, como um direito do homem. Aqueles que vêem com ceticismo a empresa dos direitos humanos como um todo debruçaram-se sobre o artigo XXIV com o mesmo júbilo com que Bentham comentava as tergiversações da Assembléia Nacional da França entre 1789 e 1795.

Por fim, o artigo XXX completa a lista, advertindo que "nenhuma disposição da presente Declaração pode ser interpretada como o reconhecimento, atribuído a qualquer Estado, grupo ou pessoa, do direito de exercer qualquer atividade ou praticar qualquer ato (...) destinado à destruição de quaisquer dos direitos (...) aqui estabelecidos". Essa advertência provavelmente foi incluída com a intenção de repudiar qualquer frenesi revolucionário semelhante àquele fomentado pela Declaração Francesa.

Mais uma vez, a linguagem dos direitos – amplificada pelo adjetivo "humanos" – parecia constituir a única ferramenta adequada para a expressão das preocupações do momento histórico mundial. Começava, assim, o segundo período de expansão.

A ressurreição da filosofia moral e política no pós-guerra

No início do pós-guerra, as filosofias moral e política tinham perdido seu prestígio. Na Grã-Bretanha, Austrália, Ásia e América do Norte, a visão dominante era a de que a filosofia deveria centrar-se na *metaética* (a investigação do *status* metafísico e epistemológico do saber ético), em vez de ocupar-se significativamente com a produção teórica "no interior" da ética. As preocupações tradicionais da filosofia moral e política – a investigação de temas como a natureza do bem e da justiça – perderam sentido, deixando de ser vistas como esforços dignos de empenho. Em vez disso, discutia-se a possibilidade de que tais questionamentos pudessem encontrar resposta dentro das fronteiras estabelecidas pela razão, pela ciência e pela linguagem. As discussões metaéticas surgiram sob a influência do emotivismo e do positivismo lógico, remanescentes do período anterior à guerra. O *emotivismo* sustenta que as proposições éticas não são cognitivas (não podem ser verdadeiras nem falsas), mas funcionam, em vez disso, para expressar posturas. Assim, a proposição "Matar é errado" significaria apenas "Eu desaprovo o assassínio; desaprove-o também". Os adeptos do *positivismo lógico* tendiam a relegar o discurso não-cognitivo à lata de lixo da história intelectual, juntamente com o mito e a superstição. Obviamente, em uma atmosfera intelectual dominada por tais pontos de vista, o ceticismo diante de qualquer tipo de *diálogo* significativo sobre os direitos tendia a excluir a possibilidade de discussões ulteriores sobre a natureza destes.

Na Europa continental, a Guerra Fria tendia a aprisionar a *intelligentsia* de inclinação esquerdista a uma linha de pensamento marxista que dava continuidade à suspeita de Marx acerca do caráter individualista e burguês do discurso dos direitos – postura da qual a esquerda continental só se livrou recentemente. Embora o marxismo tenha tido muitos adversários intelectuais, parece que poucos se preocuparam em fundamentar teoricamente a retórica dos direitos, mesmo tendo esta se provado tão eficaz contra o legado totalitarista deixado pelo bloco soviético. É possível que a mão de ferro com que os soviéticos governaram o Leste europeu, juntamente com o desvelamento gradual do terrorismo de Stálin, tenha tornado a defesa anticomunista dos direitos uma causa tão fácil, que dispensava a necessidade de elaborações teóricas mais profundas. Por outro lado, conforme sugeriu Michael Ignatieff, pode ser que a ênfase dada pelos países comunistas aos direitos trabalhistas e de igualdade econômica tenha desestimulado a idéia de que uma teoria abrangente dos direitos pudesse vir a favorecer decisivamente qualquer um dos lados na Guerra Fria.

Nos países de língua inglesa, o gelo que paralisara a teoria dos direitos começou a se romper na década de 1960. Em Oxford, H. L. A. Hart elaborava uma teoria descritiva do direito, o que o levou a uma investigação da natureza dos direitos legais e, por conseguinte, da natureza dos direitos em geral. Também em Oxford, R. M. Hare finalizava uma investigação da linguagem da moral e iniciava uma abordagem do raciocínio moral que tomava feições utilitaristas. Enquanto isso, em Cambridge, Bernard Williams iniciava um ataque à tradição utilitarista que – desde o ataque de G. E. Moore ao naturalismo, na virada do século XX – permanecia adormecida, mas intocada, sob a montanha de gelo da indiferença que cobrira a filosofia moral. A ascendência dos direitos na esfera da retórica política já havia começado e era apenas uma questão de tempo até que os filósofos se empenhassem novamente em sua tarefa tradicional de crítica, especialmente depois de 1971, ano em que John Rawls publica sua monumental obra *A Theory of Justice**.

Não há como resumir fielmente aqui a teoria de Rawls. Para nossos propósitos, será suficiente descrevê-la como um dos exemplos mais representativos da abordagem *contratualista* das questões morais. O contratualismo, como sugere o próprio nome, é uma continuação do desenvolvimento da idéia de contrato social herdada de Grócio, Hobbes e Locke. A peculiaridade do contratualismo moderno, contudo, é sua aversão à tradição utilitarista; e por esta razão, entre outras, o nome de Kant é o que primeiramente se invoca. O contratualismo caracteriza-se como uma confluência de certos temas, ou melhor, de certas suposições teóricas, sendo o contrato social apenas uma delas.

A razão pela qual os contratualistas rejeitam o utilitarismo e outras abordagens conseqüencialistas foi expressa por Williams: elas não levam a sério as diferenças entre as pessoas. A popularização do termo *"conseqüencialismo"* deve-se a Elizabeth Anscombe, que o utilizou para descrever um gênero de teoria moral do qual o utilitarismo é, de longe, a espécie mais proeminente. O conseqüencialismo iguala o dever à maximização das conseqüências benéficas. Mas, ao contrário do utilitarismo, não insiste em que o caráter benéfico das conseqüências seja avaliado apenas em função da utilidade ou de qualquer outro mero equivalente dos "mestres soberanos" de Bentham – o prazer e a dor. O contratualismo, por sua vez, ocupa-se de temas semelhantes àqueles de que se ocupavam os primeiros críticos do utilitarismo, mas

---

* *Uma teoria da justiça*, São Paulo, Martins Fontes, 2.ª ed., 2002.

os investiga mais a fundo. O problema não é apenas a capacidade que tem uma abordagem agregativa como o utilitarismo de justificar comportamentos escandalosos em nome do bem maior. Esse tipo de objeção referente à aplicação prática da teoria poderia ser refutado pelo utilitarismo das regras, entre outras doutrinas conseqüencialistas. O problema é mais profundo, uma vez que até mesmo essas estratégias indiretas e normativas de abordagem subordinam o indivíduo de uma maneira condenável. Em outras palavras, mesmo que se pudesse elaborar sutilmente uma teoria conseqüencialista, de modo a fazer com que suas exigências fossem exatamente as mesmas da moralidade do senso comum, ainda assim essa teoria seria passível de objeção.

Para citar um exemplo, a congruência entre as exigências da teoria moral conseqüencialista e as da moralidade do senso comum parece improvisada e instável. Uma teoria adequada da moral não deveria meramente reproduzir nossas intuições pré-teóricas. Deveria também ser capaz de explicar o que há de louvável nelas, organizá-las para nós e guiar-nos no esclarecimento de casos pouco claros ou novos que venham a surgir. As teorias conseqüencialistas guardam uma tendência intrínseca para subordinar o indivíduo ao bem maior; para pôr em segundo plano temas distributivos, como a eqüidade e a igualdade; e para considerar que nossa existência individual é importante apenas enquanto repositório de uma parcela de bem a ser agregada ao bem geral, acumulado na vida de todos os indivíduos. As pessoas, quanto ao mais, não têm importância para o conseqüencialismo. A vida delas não tem valor intrínseco, sendo elas valiosas apenas como receptáculos e veículos do bem.

Esta objeção se liga ainda a outra. Uma teoria da moral deveria explicar e justificar a reivindicação, que a moralidade faz, de ter autoridade sobre nós. A moralidade pretende ser capaz de passar por cima de nossos desejos e inclinações, determinando como devemos viver a vida, a despeito do que possamos pensar sobre o assunto. Mas suponhamos que eu esteja predisposto a fazer uma coisa e a moralidade me mande fazer outra – que razão tenho eu para guiar-me à luz dela e não por conta própria? Porque ela segue o caminho do bem maior? Perfeitamente, mas por que razão eu deveria preferir um bem maior que não me pertence a um bem menor de que posso me acercar e posso valorar? Apenas para evitar sanções? Neste caso, seria preciso admitir que é a sanção – e não a moralidade em si – que fornece o motivo, o que reduziria a moralidade à prudência. As teorias conseqüencialistas, tais como o utilitarismo, são incapazes de explicar como a moralidade pode motivar e guiar as ações individuais, exceto naqueles casos raros (ou inexistentes) de pessoas altruístas, cuja única motivação é gerar o bem maior.

O contratualismo de inspiração hobbesiana tenta explicar a moralidade como um conjunto de regras que os indivíduos racionais têm motivos para adotar e seguir, ainda que não se preocupem com nada além daquilo que é importante para eles mesmos. Em outras palavras, trata-se de um esforço para explicar a moralidade de forma a não ter de fundá-la em nenhuma autoridade, a não ser a da própria razão, sobre nosso eu soberano e intrinsecamente valioso. A moralidade, na visão contratualista, é um tipo de interesse próprio esclarecido – ou, mais precisamente, de *interesse esclarecido do eu* –, uma vez que o contratualismo não exige que o eu se interesse somente por ele mesmo, exigindo apenas que ele siga os próprios interesses, os quais, normalmente, incluem o bem-estar de outros, se não de todos os outros. A peculiaridade do contratualismo está em apoiar a obediência às regras morais em uma razão diferente da prudência (de evitar sanções externas). Esta razão consiste em que as regras morais seriam livremente impostas pelo sujeito racional sobre si mesmo.

Os contratualistas, tanto quanto os conseqüencialistas, têm consciência das muitas comparações insidiosas que podem ser traçadas entre a ética e a ciência. A teoria da escolha racional – um dos ramos das ciências sociais – foi posta pelos contratualistas a serviço de sua teorização sobre a moral. Beneficiando-se dos resultados da teoria da escolha racional, os adeptos do contratualismo quiseram atingir dois objetivos: em primeiro lugar, explicar como regras morais habituais poderiam ser explicadas por meio de princípios estritamente limitados à escolha racional individual; e, em segundo lugar, evitar buscar apoio em (1) axiomas tipicamente morais, cujo *status* ontológico e epistemológico poderia ser questionado, ou (2) em princípios agregativos de escolha social, que introduziram uma complexidade indesejada e, ao mesmo tempo, uma ameaça de subordinação do indivíduo ao social.

Na visão contratualista, os direitos morais são simplesmente as restrições que nós, como agentes racionais, imporíamos aos princípios agregativos ou socioeletivos cuja adoção considerássemos racional. Se, por exemplo, considerássemos racional o ingresso em acordos sociais como meio de aumentar nossa segurança e nosso bem-estar econômico, também consideraríamos racional a reivindicação de certos direitos que impusessem restrições à busca de tais objetivos por parte dos outros e da autoridade pública. Assim, é de meu interesse individual que existam um legislativo, uma polícia e um sistema judiciário, mas, por outro lado, não é de meu interesse individual que o Estado cuja estrutura é composta desses elementos goze de uma autoridade ilimitada sobre mim – pois eu poderia, por exemplo, ser alvo de uma acusação injusta, ou de uma legislação criada para defender os interesses de meus rivais econômicos, e assim por diante.

Além disso, uma regra moral (e até mesmo legal) de beneficência limitada pode ser justificada a partir do contratualismo. A pessoa que se encontrava inconsciente, com o rosto mergulhado numa poça d'água, poderia ser eu. Neste caso, seria eu quem se beneficiaria do socorro. Portanto, seria racional que eu consentisse com a criação de uma norma que tornasse obrigatório o fácil socorro. O sacrifício imposto a mim seria mínimo, pois a norma só exigiria que eu prestasse socorro a outra pessoa se este fosse fácil. Por outro lado, o benefício seria grande, pois minha vida poderia ser salva pelo cumprimento da norma. Mas, veja bem, poderia não ser racional que eu adotasse uma norma geral de beneficência, semelhante – mesmo que minimamente – ao princípio utilitarista da "máxima felicidade", pois este poderia obrigar-me a dedicar completamente minha vida a servir os outros, trazendo-me, por outro lado, benefícios mínimos (eu poderia também considerar enfadonho e infantil que os outros ficassem tentando me ajudar sempre que não tivessem nada melhor para fazer). Por isso, uma abordagem contratualista poderia ser capaz de resolver uma tensão fundamental do pensamento moral, a tensão entre fazer o bem e viver nossa própria vida. Do ponto de vista impessoal, que até uma variante indireta de conseqüencialismo exige, parece impossível assegurar um princípio de beneficência limitada, uma vez que o limite (segundo Godwin) só se baseia no conhecimento e nos meios, caindo por terra assim que estes se ampliam. Por outro lado, do ponto de vista do interesse próprio, fundamento do contratualismo, a beneficência tem sentido – e, por outro lado, encontra-se fortemente limitada pelo princípio da escolha racional, centrado no sujeito da ação e nos próprios valores e projetos deste.

A promessa do contratualismo é fundamentar e justificar os direitos morais de uma maneira que revele a primazia do indivíduo, enquanto, ao mesmo tempo, impõe-lhe restrições efetivas, sem contudo subordiná-lo a objetivos que ele talvez não compartilhe. A idéia é mostrar que os limites da moralidade são estabelecidos exclusivamente pela razão – evitando-se, assim, o apelo a concepções discutíveis do bem, ao sentimento de simpatia, aos mandamentos divinos ou à "natureza", tal como faz a retórica dos direitos naturais. Sendo assim, o processo contratualista de derivação dos direitos tem três fases. Na primeira delas, caracteriza-se de maneira geral uma situação de escolha que reproduz o que poderíamos chamar de "circunstâncias da moralidade", isto é, a circunstância de que existem alguns agentes individuais e racionais, donos de certas necessidades e capacidades. Essa condição é tal que as capacidades não são infinitas e as necessidades não são satisfeitas de maneira constante. Uma característica importante dessas circunstâncias é a possibilidade, e até mesmo a inevitabilidade, dos conflitos entre as pessoas. Tais conflitos devem-se não apenas às diferenças de informação e situação entre os indivíduos, mas também às diferenças entre aquilo que eles valorizam.

Na segunda fase, são identificados os princípios de decisão racional que nortearão o processo por meio do qual os indivíduos escolherão regras morais que governarão suas interações diante das circunstâncias da moralidade. Aqui entram em cena princípios de decisão formais, oriundos de teorias da escolha racional matematicamente rigorosas. Alguns deles parecerão quase banais: os agentes racionais buscarão coerência em suas crenças e suas preferências serão transitivas, isto é, eles não preferirão C a A se preferirem A a B e B a C. Além disso, os agentes racionais terão de lidar com o risco e a incerteza, motivo pelo qual se deverão estipular princípios que orientem seu processo de raciocínio neste sentido. A postura do agente racional em relação ao risco é particularmente importante. Os indivíduos podem, por exemplo, ser representados como maximizadores diretos do somatório das utilidades individuais previstas – isto é, como agentes que preferem escolher a opção que implique a recompensa mais alta, depois de terem descartado as demais alternativas possíveis. Em outra hipótese, os indivíduos poderiam ser caracterizados como minimizadores do prejuízo individual da "pior possibilidade" – isto é, como agentes que buscam evitar a escolha de alternativas que envolvam resultados catastróficos (ainda que improváveis) para si mesmos.

Na terceira fase, o contratualista deriva regras com as quais os indivíduos racionais supostamente concordarão depois de aplicarem os princípios de escolha racional às circunstâncias da moralidade. Um modelo de derivação poderia ser o seguinte: há uma regra moral contra a fraude, mesmo se a prática desta for a única forma de um indivíduo obter o resultado de maior valor para si mesmo. Por que alguém concordaria com uma regra assim? Resposta: os agentes racionais são capazes de perceber que, num mundo onde a fraude é praticada, a perda por eles sofrida quando são fraudados é maior que o ganho obtido quando fraudam. Por este motivo, concordam em abnegar a prática da fraude, sob a condição de que os outros também o façam. Ao mesmo tempo, outros agentes racionais, seguindo raciocínio semelhante, concordam, sob as mesmas condições, em abnegar a fraude. Posteriormente, os agentes racionais concordam em instituir sanções contra a fraude para deter desvios em relação à norma de "não fraudar". A norma de "não fraudar" contaria com a concordância geral, uma vez que não se poderia concordar com nenhuma norma de *laissez-faire* em relação à fraude, e a ausência de uma norma, por sua vez, não implicaria resultados que a tornassem preferível aos olhos dos agentes racionais. Assim sendo, a regra moral contra a fraude é racionalmente obrigatória. C.Q.D.

Tal como é formulada aqui, a fundamentação contratualista da regra moral contra a fraude é passível de uma objeção clara: caso o agente autocentrado se encontre diante da possibilidade de cometer fraude impunemente, que razão teria ele para não fazê-lo? Não cabe aqui descrever os esforços feitos pelos contratualistas para resolver esta dificuldade básica, comumente chamada de *problema da obediência*. Tampouco cabe abordar a dificuldade representada pelo argumento contratualista do economista John Harsanyi (1977), que leva à adoção do utilitarismo – obviamente, o contratualismo deixa de se caracterizar como uma alternativa ao conseqüencialismo se, para justificar seus próprios argumentos, ele fizer uso de uma versão deste. Em vez disso, para nossos propósitos, é mais importante ressaltar algumas outras deficiências de toda e qualquer tentativa de explicar os direitos em bases puramente contratualistas.

Uma das dificuldades consiste no fato de que a estrutura contratualista gera resultados intuitivamente inaceitáveis, a menos que a situação original de escolha seja ajustada para que se garanta a eqüidade. Desta primeira, deriva outra dificuldade. Como se explicam as condições de eqüidade que os contratualistas, dentro da estrutura de sua teoria, precisam construir para evitar a primeira dificuldade? Se estas condições de eqüidade encerram exigências morais independentes, que em nada se parecem com direitos, então – tal como objetou Samuel Clarke (1705) com relação a Hobbes – o projeto contratualista terá fracassado enquanto fundamentação para os direitos. Parecerá então que o sistema contratualista pressupõe os direitos morais, em vez de explicá-los.

Voltemos à primeira fase, em que o contratualista especifica a situação inicial de escolha com que se deparam os agentes racionais. Suponhamos que alguns agentes sejam imensamente mais poderosos – mais inteligentes e fisicamente mais fortes – que outros. Hobbes pressupôs o contrário, mas outros não (notoriamente, Trasímaco, o adversário de Sócrates em *A república*). Uma pessoa de inteligência mediana ou inferior poderia se beneficiar da regra moral contra a fraude. Mas por que um pessoa extremamente inteligente concordaria com tal regra, se sua decisão de concordar se baseasse apenas em seus próprios interesses? A resposta tem de ser que ela não concordaria. Essa suposição, no entanto, seria fatal para o contratualismo. Pode ela ser evitada?

Uma saída seria trabalhar o pressuposto de Hobbes de que as pessoas são originariamente iguais, transformando-o numa conclusão. Esta saída parece pouco promissora se atentarmos para o fato de que as pessoas realmente têm diferentes graus de aptidão. Além disso, conforme a cáustica observação de Nietzsche, as regras morais devem-se aplicar a todos, e não apenas aos medíocres. Outra saída seria – sem deixar de admitir que as pessoas tenham diferentes graus de aptidão – estipular a necessidade de que os agentes racionais, na situação inicial de escolha, sejam privados do conhecimento de seus poderes particulares. Da mesma forma, os agentes não devem ter conhecimento de seus próprios valores, condição esta que é necessária para que se elimine a possibilidade de que eles tentem manipular as regras morais, ou vetá-las, em prol de seus próprios interesses pessoais. Esta é a idéia que está por trás do tão celebrado "véu de ignorância", de John Rawls (1971, 136-42).

O véu de ignorância parece ser um mecanismo promissor para se lidar com o fato da diversidade humana – Trasímaco provavelmente não teria definido a justiça como o interesse dos mais fortes se não se contasse entre deles. Mas esta maneira de abordar a primeira dificuldade leva imediatamente à segunda: que razão o agente racional teria para concordar em escolher regras por trás de um véu de ignorância? Que motivos levariam uma pessoa a fazer uma escolha sem levar em conta a totalidade das informações pertinentes? A razão, em si mesma, evidentemente não pode motivar essa estipulação – mas, então, o que a motivaria? Se a resposta for que apenas dessa forma o método contratualista será *eqüitativo*, então a pergunta passa a ser: de onde vem essa noção de *eqüidade*? Uma vez que a razão, por si só, não a impõe, queremos saber de onde ela veio.

Mas também queremos saber outra coisa. A eqüidade é, em si mesma, uma fonte de direitos? Se for, e se o contratualismo pressupõe a eqüidade, segue-se então que o contratualismo não é capaz de fornecer uma fundamentação para os direitos, uma vez que os pressupõe. O contratualismo inverte as coisas. Parafraseando a observação de Judith Thomson (1990) sobre a concepção contratualista de erro, nós escolhemos o eqüitativo porque é eqüitativo – não tornamos uma coisa eqüitativa pelo fato de a termos escolhido. Caso se aceite a idéia de que os indivíduos têm o direito de rejeitar regras morais derivadas de forma *iníqua*, os direitos estarão funcionando como restrições em um método do qual deveriam ser o resultado.

Não é implausível conceber a eqüidade – em si e por si – como fonte de direitos. Na verdade, H. L. A. Hart (1955) propôs a questão: *existem direitos naturais?*, dizendo que, caso existam direitos naturais, o direito a um tratamento eqüitativo, ou algo semelhante, seria um deles. De acordo com Hart, quando um indivíduo se beneficia suficientemente do fato de outros terem se submetido a uma regra para o benefício mútuo, ele tem o dever de obedecer a essa regra *ainda que a razão não o obrigue a concordar com ela*. E este dever tem como correlativo o direito, por parte dos outros, de esperar – e até cobrar – desse indivíduo a obediência à regra. Esta idéia de Hart foi objeto de extensas discussões, que nos levariam para bem longe de nosso caminho. Para nossos propósitos, basta observar que esse suposto direito a um tratamento eqüitativo, caso exista, escapa da rede contratualista, podendo mesmo revelar-se como um suplemento extracontratualista, necessário a toda e qualquer teoria contratualista (lembre-se do "problema da obediência").

Em suma, o contratualismo não fornece uma fundamentação adequada para os direitos, o que, de certo modo, não é nenhuma surpresa. Até mesmo Hobbes concebeu as pessoas no estado de natureza como proprietárias de dois tipos de direitos hohfeldianos: a permissão de fazer o que for necessário à sobrevivência e o poder de ceder essa permissão. Em seus esforços, o contratualismo moderno – a despeito de sua determinação e engenhosidade – até hoje não conseguiu reconstruir a moralidade sobre os fundamentos do interesse próprio racional. Os direitos são apenas uma parte da moralidade, e talvez não seja necessário que o contratualismo explique a moralidade como um todo. Mas acontece que ele não é capaz de explicar nem mesmo a parte da moralidade representada pela esfera dos direitos. Uma vez estabelecido um arcabouço de direitos, é provável que o raciocínio nos moldes contratualistas ilumine alguns padrões segundo os quais as pessoas farão uso de seus direitos – mas essa é outra investigação.

Nenhuma dessas críticas passou despercebida aos contratualistas. A forma preferida de lidar com elas – uma forma de inspiração kantiana, não hobbesiana – consiste em introduzir a idéia do *razoável*, em contra posição à do *racional*. A diferença entre os dois conceitos é que o razoável inclui uma "disposição de propor e honrar condições eqüitativas de cooperação" (Rawls, 1993, 49, n. 1), enquanto o racional não precisa incluir essa disposição. Razoabilidade, neste sentido, significa levar em conta os interesses dos outros, na medida em que seria iníquo não o fazer. Não se exige, porém, que se dê qualquer importância ao "bem geral enquanto tal" (Rawls, 1993, 50). Ser razoável também implica estar disposto a não trapacear ou tentar obter privilégios após o estabelecimento dos termos de cooperação.

Uma teoria contratualista dos direitos elaborada a partir da noção do razoável levanta novas questões. Uma delas é a de que o razoável é uma "idéia dotada de conteúdo moral", sendo que os contratualistas confessam que a evocação dessa idéia "convida à acusação de circularidade" (Scanlon, 1998, 194). A acusação de circularidade parece particularmente pertinente no que se refere ao direito moral a um tratamento eqüitativo. A razoabilidade contratualista é definida em função da eqüidade, o que faz parecer que o contratualismo não gera, mas pressupõe o direito ao tratamento eqüitativo. Esse problema é agravado pelo fato de que a razoabilidade contratualista exclui outras noções morais, como, por exemplo, a do bem geral. Por que tratar os outros iniquamente não é razoável, ao passo que é razoável ignorar o bem geral, ou mesmo ignorar todo e qualquer fator que um conseqüencialista levaria em consideração?

Outra questão é a da relação entre o racional e o razoável. Rawls argumenta que o razoável não é derivável do racional, mas que os dois são "idéias complementares" (1993, 52). Por que – pode-se perguntar – o razoável não substitui, simplesmente, o racional no arcabouço contratualista? A resposta é que "agentes meramente razoáveis não almejariam nenhum fim próprio", que seria favorecido pela cooperação (Rawls,

1993, 52). Mas esta resposta levanta ainda outras questões: por que esse fim, que os agentes devem almejar e que pode ser favorecido pela cooperação, não pode ser simplesmente a própria eqüidade, ou a própria cooperação eqüitativa? E se a promoção da eqüidade ou da cooperação eqüitativa simplesmente não for, em si mesma, uma finalidade suficientemente motivadora, então por que não o poderia ser "o bem geral enquanto tal", sobretudo se este puder ser entendido de uma maneira que leve em consideração, de forma absoluta e não apenas parcial, o interesse de todos? Se a resposta for que o contratualismo então deixaria de se opor ao conseqüencialismo, podemos começar a perguntar se todo este esforço de resistência ao conseqüencialismo é realmente preferível a algum tipo de reconciliação com ele.

Tanto para o contratualismo como para o seu oponente, o conseqüencialismo, a necessidade de se explicar a eqüidade é um empecilho. O conseqüencialismo lida com a eqüidade incluindo-a na avaliação de resultados, juntamente com outros fatores, tais como o bem-estar. A partir de uma perspectiva conseqüencialista, o melhor resultado poderá ou não ser eqüitativo, o que dependerá dos demais fatores levados em consideração e do peso relativo de cada um destes. Para um conseqüencialista das regras, pode existir ou não o direito a um tratamento eqüitativo. Para que este venha a existir, é preciso que a melhor regra garanta um grau de eqüidade grande o suficiente para que valha a pena chamá-la de *direito* (o grau de proteção garantido pelos direitos será tema de capítulos subseqüentes). Não há garantia prévia de que a regra que implique o melhor resultado será eqüitativa – exceto, é claro, se decidirmos que a eqüidade é o único critério de avaliação dos resultados, mas isso parece improvável. Antes de escolhermos entre uma parcela eqüitativa menor e uma parcela iníqua maior, a maioria de nós irá querer, antes de mais nada, saber quão maior é a parcela iníqua. Da mesma forma, ao avaliarmos o todo, faremos perguntas semelhantes. Isso mostra que a eqüidade (assim como a igualdade) é apenas um valor entre muitos outros.

O contratualismo kantiano parece *garantir* a eqüidade, por concebê-la de forma "antecipada", por assim dizer. Mas será que ele garante mesmo? Isto vai depender dos critérios de interação entre o razoável e o racional. Eu, como ser racional, posso estar disposto a abrir mão de um pouco de eqüidade em troca de alguma outra coisa que eu queira. Se o racional for capaz de sobrepujar o razoável, então a regra do contratualismo se assemelhará bastante à regra do conseqüencialismo das regras. Por outro lado, se o "eu razoável" tiver prioridade absoluta sobre o "eu racional", garantir-se-ão as regras eqüitativas – mas, neste caso (como já observamos), o direito a um tratamento eqüitativo não parece ter sido gerado, e sim pressuposto, pelo método contratualista.

Capítulo 7
A *natureza dos direitos*
Teoria da "escolha" e teoria do "interesse"

Ao pensar sobre os direitos, deparamo-nos com dois tipos de questões, os quais precisamos evitar confundir. Um desses tipos costuma ser chamado de "conceitual", e o outro, de "justificatório". As questões conceituais são questões sobre o que *são* os direitos e como se caracterizam, e sobre que conclusão se segue à afirmação de que X tem um direito tal. A obra de Hohfeld é um exemplo de investigação conceitual na sua mais pura forma. As questões justificatórias, por sua vez, concentram-se nos critérios de distribuição dos direitos e nas razões que estão por trás dessa distribuição. Dado que um direito é uma coisa determinada, por que deveríamos concebê-la como existente? Que critério pode haver para a atribuição de direitos? A que propósitos eles servem? Poderíamos viver sem eles?

Uma vez que a distinção entre conceitual e justificatório não é rigorosamente delineada, freqüentemente se observam influências mútuas entre os dois métodos. Nossa representação conceitual daquilo que um direito *é* foi moldada por fatores que envolvem o juízo acerca de quais devem ser as características de um direito para que a condição de tê-lo seja compensadora. O exercício desse tipo de juízo vai além do simples registro do que soaria ou não "estranho" a nossos ouvidos no que se refere ao uso comum. Se, por exemplo, um direito fosse uma mera permissão hohfeldiana para praticar o ato φ, ele poderia parecer algo banal, exceto se fosse acompanhado de uma permissão de *não* φ. Se quisermos definir esta molécula hohfeldiana por meio de um termo específico, poderíamos chamá-la de *opção*, ou *liberdade bilateral*, muito embora eu a chame, às vezes, simplesmente de permissão, subentendendo que ela é "bilateral". Passemos então ao próximo passo deste raciocínio: o que justifica a hipótese de que alguém tenha permissão para fazer alguma coisa? Lembre-se de que Godwin negava isto, pois uma permissão nesse sentido é precisamente o que ele reprovava, caracterizando-a como um direito "ativo". Para Godwin, temos o dever de praticar o ato que resultará no bem maior e o dever de nos abstermos de praticar todos os demais atos. Nunca temos, portanto, uma permissão (no sentido "bilateral"). A discussão desta questão com Godwin não será meramente conceitual, uma vez que seus aspectos justificatórios influenciarão, em última análise, as posições conceituais das partes. As pessoas raramente se contentam com meras sutilezas conceituais – até mesmo Hohfeld foi parcial ao caracterizar o direito de exigir como o único direito propriamente dito.

Hoje, em pleno segundo período de expansão, o conceitual e o justificatório misturam-se ainda mais. Muitas pessoas têm-se alarmado com a deterioração do discurso dos direitos, devido à inépcia conceitual. Muitos temem que um número excessivo de questões morais estejam sendo indevidamente discutidas como questões de direitos, o que poderia levar à desvalorização dos direitos e à conseqüente perda da singular contribuição que estes representam para o pensamento moral. Direitos dos animais, direitos do feto, direitos de um grupo, direitos ambientais e assim por diante: teme-se que as discussões que envolvem essas expressões gerem mais calor que luz. Assim, não poucos pensadores chamaram a atenção para a necessidade de maior meticulosidade conceitual, propondo análises conceituais capazes de conter a proliferação das reivindicações de direitos.

Os direitos legais e a teoria do interesse

Recapitulemos agora a definição benthamiana de um direito legal como um dever que gera benefício. Essa formulação um tanto vaga parece compatível com a visão de Tom Paine, de que o homem "conhece seus direitos [naturais] prestando atenção a seus interesses (...)" (178); ou com a de Burke, de que "os direitos do homem (...) são suas vantagens (...)". O cerne da idéia é que os direitos são justificados pelo interesse do detentor do direito – esta é a função deles e sua *raison d'être*. Costumo chamar essa idéia de *teoria do interesse*, embora também se utilize, às vezes, a expressão "teoria do benefício". Em uma teoria do interesse, os direitos existem para servir aos interesses que o detentor do direito considera relevantes. Além disso, as características específicas das diferentes teorias desse tipo podem variar de acordo com o "interesse" considerado relevante. Isto não significa que os interesses dos outros ou da sociedade não contem, mas apenas que o foco se volta para a função que os direitos têm, de proteger os interesses de seu detentor e não os interesses gerais. Neste sentido, a teoria do interesse assinala a distinção medieval entre direito subjetivo e objetivo.

A teoria do interesse, assim enunciada, é dotada tanto de uma dimensão conceitual como de uma dimensão justificatória. Suas implicações conceituais são bastante modestas. Somente os seres capazes de ter interesses são detentores de direitos em potencial. Contudo, dentro dessa categoria de seres dotados de interesses, a teoria do interesse – por si só – não estabelece nenhum limite. Caso os animais tenham interesses – digamos, de evitar o sofrimento –, então não haverá obstáculos conceituais que nos impeçam de entrar na questão dos direitos morais dos animais, indagando-nos se esses direitos existem e, caso existam, quais são. O mesmo vale para os fetos, os grupos sociais, os objetos inanimados, os utensílios feitos pelo homem e assim por diante. A teoria do interesse não é muito seletiva conceitualmente, o que dá margem a amplos debates sobre os interesses e sua importância. Além disso, ela não determina previamente a maneira segundo a qual se abordarão os interesses do detentor de um direito putativo – particularmente, ela não exclui a possibilidade de que esses interesses sejam avaliados segundo a perspectiva do utilitarismo das regras ou do contratualismo. Por outro lado, ela não convive bem com o pensamento nos moldes do utilitarismo dos atos ou do conseqüencialismo dos atos. A teoria do interesse atribui certa magia ao pronome "eu", quando este se refere ao detentor do direito. Como vimos, os interesses do detentor do direito, na visão de um conseqüencialista dos atos, *não passam de* um fator a mais a entrar na equação, ao passo que um conseqüencialista das regras é capaz de construir e justificar regras em torno dos interesses dos indivíduos detentores de direitos. Se uma regra que protege certos interesses de certas criaturas revelar-se como a melhor regra, então essa regra tem a bênção da teoria do interesse e do conseqüencialismo das regras. Por outro lado, para um utilitarista dos atos, o fato de uma ação qualquer proteger os interesses de um *determinado* indivíduo jamais representará um motivo *particularmente relevante* para que essa ação seja realizada.

A teoria do interesse, por si só, não faz distinção entre os interesses, nem os identifica. Ela não nos diz o que eles são, nem esclarece se todos eles são suficientemente relevantes, a ponto de gerar deveres correlativos. Na realidade, a teoria do interesse não estabelece qual deve ser o conteúdo da molécula hohfeldiana que constitui um direito moral. Bentham pressupôs como conteúdo mínimo de um direito legal aquilo que chamaríamos de direito de exigir hohfeldiano, juntamente com seu dever correlativo. Mas se os interesses têm importância moral, talvez sejam capazes de gerar moléculas mais robustas e complexas. Por exemplo, se meu interesse de sobreviver for suficiente para gerar um direito de exigir, de todos os outros indivíduos, que não me matem nem me agridam, por que não seria ele suficiente para impor aos outros o dever de punir as violações desse meu direito? E, se meu interesse for suficiente para isso, não poderia ele também ser suficiente para gerar um dever de que eu seja compensado pelos possíveis danos advindos da violação desse direito? Ou então um dever de providenciar assistência financeira àqueles que, de outra forma, seriam tentados a roubar-me, com o intuito de se sustentar? Onde termina isso? A teoria do interesse é dotada de um poder gerador que é atraente para muitos, mas perturbador para outros.

Os direitos legais e a teoria da escolha

A teoria do interesse, entretanto, não é a única opção. Rememoremos a maneira como Austin parte da análise benthamiana dos direitos legais. Para Austin, um direito legal pode ou não trazer benefícios ao detentor do direito, mas o teste decisivo da posse de um direito é a disponibilidade de um remédio ou sanção contra a violação do dever correlativo a este direito. Austin foi um precursor da *teoria da escolha* (às vezes chamada de teoria da "vontade"), elaborada na segunda metade do século XX por H. L. A. Hart, na Inglaterra, e por Carl Wellman, nos Estados Unidos. A teoria da escolha (note-se, mais uma vez, que se trata de uma família de teorias, no interior da qual se encontrarão diferenças) apresenta aspectos tanto conceituais como justificatórios. O aspecto conceitual pode ser assim exposto: não se pode dizer que exista um direito onde não existir um detentor de direito a quem ele possa ser atribuído e, além disso, ninguém pode ser considerado detentor de um direito a menos que tenha a opção de impor o dever correlativo a ele ou renunciar a esse dever. O aspecto justificatório, por sua vez, pode ser assim descrito: a função dos direitos é proteger e fomentar a autonomia individual. Devemos agora explorar o significado desses aspectos e a maneira como eles se inserem conjuntamente na esfera dos direitos legais. Depois então consideraremos suas implicações, à medida que passarmos da esfera legal para a moral.

Uma teoria da escolha é conceitualmente meticulosa, na medida em que exige que as afirmações de direitos legais satisfaçam a certo teste de validade. É importante ressaltar que a causa dessa meticulosidade é tanto descritiva como prescritiva. A idéia não é tanto que um direito legal, para existir, precise passar pelo teste da teoria da escolha, mas, antes, que, em sistemas jurídicos de interesse particular (leia-se: nos sistemas jurídicos anglo-americanos), os juízes e demais autoridades judiciárias não tomem um direito putativo por legal a menos que ele passe, de algum modo, pelo teste da teoria da escolha. Em outras palavras, a teoria da escolha poderia ser considerada como a descrição mais precisa das práticas das autoridades judiciárias em certos sistemas jurídicos bem desenvolvidos. O defensor de uma teoria da escolha poderia parar aqui, satisfeito com essa reivindicação descritiva, ou então prosseguir, acrescentando: "E é bom mesmo que seja assim!" – uma reivindicação valorativa de tom obviamente justificatório.

Mas de que forma os teóricos da escolha justificam essa reivindicação descritiva? As pistas podem ser encontradas na doutrina jurídica anglo-americana. Um exemplo é a doutrina do *ius tertii*, ou "direitos de terceiros", que, de modo geral, estabelece que as partes não podem basear seus pedidos de compensação jurídica nos direitos dos outros, isto é, de terceiros. Suponhamos, por exemplo, que meu vizinho tenha parado de pagar as parcelas do financiamento de seu carro, pelo fato de que este não quer funcionar. Suponhamos ainda que ele tenha deixado o carro em frente à casa dele, estacionado de uma maneira esteticamente desagradável, que me lese em meu ato de desfrutar de minha propriedade. Eu então peço a ele que remova o carro e ele se nega a fazê-lo. Resolvo então entrar com uma ação judicial contra ele, para que ele remova o veículo. Não posso, nesse caso, alegar o direito da financiadora de que o carro seja removido da propriedade de meu vizinho; tenho de alegar algum direito que se atribua a mim. Não se aceitará o argumento de que eu me beneficiaria se meu vizinho cumprisse seu dever, perante a financiadora, de manter o carro em boas condições de uso. Tampouco posso processar a financiadora, obrigando-a a reaver o carro, pois cabe a ela reivindicar este direito de reintegração de posse, ou dele abrir mão. Portanto, o comportamento das convenções lingüísticas que orientam o uso jurídico do termo "direitos" não segue o padrão que uma formulação benthamita sugeriria. Segundo as convenções jurídicas, a lei reconhece um direito de *X* perante *Y* somente se *Y* tiver um dever perante *X*. Além disso, cabe a *X* a decisão de obrigar ou não *Y* a cumprir o dever. As convenções jurídicas não estabelecem que a lei reconheça um direito de *X* perante *Y* em todas as ocasiões em que *Y* se encontre obrigado a um dever cujo cumprimento beneficie *X*. Em vez disso, a existência do direito legal de *X* está condicionada ao poder de *X* de impor um dever legal de *Y* para com ele, ou de renunciar à imposição desse dever.

Pode-se dar ainda um exemplo mais direto. Os tribunais fazem uma distinção entre dever moral e direito legal, justificando-a da seguinte maneira. Suponha que *X* seja um jogador de golfe e dê uma tacada errada na bola, que voa por cima do campo, acertando *Y* na cabeça e ferindo-o. Há pelo menos duas questões distintas. Uma delas é se *X* tem um dever moral, perante *Y*, de compensá-lo pela lesão que lhe causou. A outra é se *Y* tem um direito legal de ser compensado por *X*. Será que existe uma terceira questão: se *X* tem um dever legal de compensar *Y* mesmo que *Y* não tenha o poder de impor o dever legal a *X*? A linguagem judiciária sugere que o dever de *X*, se dissociado de qualquer poder de imposição legal por parte de *Y*, não pode ser chamado de dever legal – será apenas um dever moral e, conforme afirmado pela corte no famoso caso inglês de *Bolton vs. Stone* ([1951] A. C. 850), "o direito não lida com deveres meramente morais". Embora Hohfeld tenha mostrado (e Bentham soubesse) que é logicamente possível que um direito de exigir exista independentemente de um poder, as convenções lingüísticas do direito parecem aplicar a denominação "direito legal" apenas à molécula hohfeldiana mais complexa – a qual consiste em um direito de exigir combinado ao poder legal de se impor este direito de exigir. Se descrita detalhadamente, a molécula consistirá, na verdade, em um poder de imposição, um poder de se renunciar à imposição e uma opção bilateral referente a cada um desses poderes (isto é, uma permissão para impor o direito de exigir e uma permissão de se renunciar à imposição do mesmo direito); e finalmente, para ser completa, a molécula deve incluir uma imunidade legal que proteja de alteração os demais componentes da molécula – mas os torne passíveis, talvez, de emendas legislativas e de revogação. Para simplificar, não nos deteremos na composição precisa da molécula hohfeldiana exigida pela teoria da escolha. Para nossos propósitos, é suficiente que se observem duas coisas: (1) um direito legal, para a teoria da escolha, está conceitualmente ligado à posse, por parte do detentor do direito, de poderes de imposição e renúncia em relação ao dever legal correlativo ao direito; e (2) segundo a teoria da escolha, não é possível entender adequadamente um direito legal numa formulação estritamente benthamita – isto é, enquanto dever que gera benefício.

Como registro descritivo da doutrina jurídica anglo-americana, a teoria da escolha tem suas conseqüências. Em termos concisos, uma teoria descritiva da escolha no âmbito dos direitos legais implica que, no interior de um sistema de normas jurídicas, ninguém tem um direito legal propriamente dito, a menos que tenha um poder legal – no âmbito desse sistema de normas – de cobrar a imposição do dever legal de outrem ou de renunciar a esta imposição. Isso parece significar que crianças e adultos inválidos, pelo fato de não serem capazes de exercer os poderes legais competentes, não têm direitos legais. Esta conseqüência aparentemente absurda pode ser evitada por meio de um ajuste que permita às crianças e aos adultos inválidos o exercício de seus poderes por intermédio de representantes, tais como pais e tutores.

Eis outra conseqüência estranha – se não absurda – da teoria da escolha: Y tem um direito legal, perante X, de que X

não cometa delito de lesão corporal leve contra Y, mas Y não tem nenhum direito legal de que X não cometa delito de lesão corporal grave contra Y. A teoria da escolha tem essa conseqüência devido ao fato de que Y possui o poder de buscar compensação civil, mas não possui poder análogo no que se refere a acusações criminais. Assim, Y pode entrar – ou se abster de entrar – com uma ação civil por perdas e danos contra X (sob a acusação de lesão corporal leve), mas Y não pode – em caráter normal – entrar com uma ação penal por delito de lesão corporal grave. Além disso, Y não pode impedir que o Estado processe X, mesmo que Y tenha decidido perdoar X. Não é possível contornar a estranheza dessa conseqüência afirmando-se que o promotor público estaria exercendo um poder em nome de Y, e isto acontece por dois motivos. O primeiro deles é que Y, muitas vezes, não estará incapacitado no sentido psicológico do termo e, portanto, não terá exatamente a necessidade de um representante, da maneira como uma criança tem. Em segundo lugar, o promotor público, ao decidir se processa X por cometer delito de lesão corporal contra Y, não precisa basear sua decisão nos interesses de Y. Em vez disso, ele tomará a decisão com base naquilo que julgar ser o uso mais eficiente dos recursos de que dispõe para promover a preservação da ordem pública.

Neste caso, a teoria da escolha é obrigada a admitir que, a rigor, os cidadãos não têm o direito legal de não serem alvo de delitos criminais, muito embora possuam direitos legais em relação aos *delitos cíveis*. A severidade dessa conclusão tem como paliativo o fato de que quase todos os delitos criminais contam com compensação jurídica na esfera civil. Quando um delito criminal não tiver esse tipo de compensação, insistir-se-á – segundo os preceitos da teoria da escolha – que, a rigor, a pessoa não possui nenhum direito legal de não sofrer a lesão. Pense no seguinte exemplo. Suponhamos que haja uma lei que estabeleça como crime a "imprudência" que redunde na exposição de pessoas a situação de risco, mas não haja, no direito dos delitos de natureza civil*, possibilidade de compensação por ter sido apenas exposto imprudentemente – embora sem conseqüências danosas – por outra pessoa a uma situação de risco mais séria. Agora, suponhamos que X viole a lei citada, agindo de uma maneira que exponha Y a uma situação de risco – digamos que X dirija em alta velocidade na contramão de uma estrada, expondo Y ao perigo, mas sem causar-lhe dano algum. A teoria da escolha insistirá em que não há nada de errado em dizer que, embora X tenha violado uma obrigação legal, não violou nenhum direito legal que Y possa ter. Se mesmo assim ainda nos sentirmos pouco confortáveis com tudo isso, a teoria da escolha então nos exigirá que separemos a realidade efetiva – de que Y não tem direito legal – de nossa avaliação dessa realidade – a saber, que Y talvez *devesse* ter tal direito legal.

A maioria dos direitos legais de que desfrutamos é passível de renúncia, cessão ou caducidade. A teoria da escolha, enquanto registro descritivo da doutrina jurídica, é projetada para dar conta desse fenômeno. Mas nem todos os direitos legais são passíveis de renúncia, uma vez que alguns deles são "inalienáveis". O direito a ser defendido por um advogado contra uma acusação criminal, bem como o direito a ser julgado por um juiz e por um júri, são direitos a que se pode renunciar. Mas o direito de não ser punido por meio de tortura não é passível de renúncia. Na verdade, somos legalmente impedidos de consentir legitimamente em sermos executados por meio de tortura. Como a teoria da escolha lida com o fato de que não temos o poder de renunciar a alguns dos nossos direitos legais? Quanto a isso, a teoria da escolha poderia afirmar apenas que tais impedimentos são raros e chamar a atenção para o fato de que aquilo a que se poderia referir como um "direito" legal de não ser torturado é, na verdade, uma molécula hohfeldiana, cujo núcleo consiste em uma obrigação legal – por parte da autoridade

---

* No sistema jurídico anglo-americano, *tort law*. (N do E.)

policial e militar – de não torturar, juntamente com um impedimento legal, extensivo a todos, de consentir com a tortura.

Em suma, como abordagem descritiva do conceito de um direito legal, a teoria da escolha, em comparação com a teoria do interesse, tem vantagens e desvantagens. As vantagens consistem na capacidade que a teoria da escolha tem para explicar certos aspectos da doutrina jurídica, tais como a regra do *ius tertii* e a assimetria entre direito civil e direito penal. Visto que a intenção aqui é a de aperfeiçoar nosso conhecimento acerca dos direitos legais, a teoria da escolha vem complementar o raciocínio de Hohfeld, corrigindo-o e ampliando-o por meio da demonstração de que um direito legal, a rigor, não consiste em um mero direito de exigir. Caracteriza-se, em vez disso, como uma molécula composta por um direito de exigir (com seu dever correlativo) e outros elementos – entre os quais está, no mínimo, o poder de impor o direito ou de renunciar a este. Assim sendo, a teoria da escolha, em comparação com a teoria do interesse, exige uma conceituação mais definida dos direitos legais. A capacidade gerativa da teoria do interesse parece ilimitada, enquanto a da teoria da escolha está limitada a um mínimo necessário ao cumprimento da função dos direitos legais – a saber, não uma função de servir aos interesses em geral, mas ao interesse que as pessoas têm em fazer escolhas autônomas. Por serem suas fronteiras mais nítidas, a conceituação de direitos legais própria à teoria da escolha fecha as portas a direitos potenciais que normalmente seriam considerados como legais (o direito legal de não ser assassinado ou executado por meio de tortura, por exemplo). Além disso, a teoria da escolha pode ser ajustada de modo a levar em consideração essas regras, diminuindo-se assim o seu caráter ofensivo em relação a nossos padrões normais de discurso.

Mas e daí? O número de variáveis dessa discussão aumenta consideravelmente na medida em que rumamos da dimensão conceitual para a justificatória e começamos, assim, a perceber as implicações disso para o nosso entendimento da diferença entre direitos morais e direitos especificamente legais. Em sua dimensão justificatória, a teoria da escolha pode ser vista como uma espécie da teoria do interesse. A teoria do interesse só nos diz que a justificativa dos direitos está em proteger e promover os interesses dos indivíduos (ou de grupos menores que a totalidade do universo dos indivíduos portadores de interesses). A teoria da escolha pode ser vista como uma especificação do interesse a que servem os direitos – a saber, o interesse em exercer uma escolha autônoma. Neste nível justificatório, só se pode dizer que as duas teorias são adversárias se se considerar que, segundo a teoria da escolha, qualquer interesse *diferente* do exercício da escolha autônoma é incapaz de justificar a atribuição de direitos. Uma vez interpretada deste modo, a teoria da escolha parece ter conseqüências impressionantes.

Dos direitos legais aos morais

Uma vez que se considere que a teoria da escolha está comprometida com a tese de que a única razão de ser dos direitos é fomentar o exercício da escolha autônoma, parece seguir-se daí que os seres capazes de autonomia são os únicos que podem ter direitos. Particularmente, nenhum dos que se seguem contará como detentor de direitos morais em potencial: as crianças, os deficientes mentais, os mortos, os nascituros, os animais, o ecossistema e os objetos artificiais e naturais em geral. Mais precisamente, nenhum dos membros dessas categorias está apto a ser um detentor de direitos, a menos que se prove que eles (e não algum representante deles) tenham, em algum sentido, capacidade de escolha autônoma.

Esta interpretação tem um aspecto cruel, que os arautos da teoria da escolha irão provavelmente querer suavizar. Dizer, de uma criatura X, que a ela está vedada a possibilidade de ter direitos morais não significa dizer que não haja obrigações morais que determinem o modo como se deve tratar X. Considere-se X = bebês. Por lhes faltar poder de compreensão suficiente para ter ciência da importância de seus atos, os bebês são incapazes de escolhas autônomas. Pode-se descrever melhor a conduta deles como instintiva do que como autônoma. A teoria da escolha considera estritamente inadequada a atribuição de direitos morais ou legais aos bebês, mas é perfeitamente compatível com a afirmação de que os bebês são os beneficiários de um corpo rígido de deveres morais que incidem sobre todos os membros da comunidade de agentes autônomos. Mas, com o devido respeito à teoria do interesse, ter um direito moral é mais que simplesmente ser o beneficiário do dever moral de outrem. A teoria da escolha é rigorosa quanto à maneira como caracterizamos as salvaguardas morais dos bebês, mas não precisa ser nem um pouco parcimoniosa quanto à quantidade de proteção moral que se lhes possa atribuir.

Os críticos da teoria da escolha podem observar que os bebês, ao serem declarados incapazes de deter direitos, são privados de proteção em um grau fundamental. Em última análise, os direitos morais devem funcionar como obstáculos à persecução de certas metas e, particularmente, a qualquer persecução de metas que trate os interesses como meros dados a serem computados no âmbito de um procedimento agregativo de decisão. É simplesmente falso dizer que os bebês, desprovidos de direitos morais, são, ainda assim, beneficiários de deveres morais que lhes fornecem uma quantidade de proteção moral igual à que os direitos poderiam lhes dar. A afirmação é falsa por fechar os olhos ao fato de que uma obrigação moral para com X, à qual não corresponda um *direito* detido por X, poderia ser preterida aos interesses de outros indivíduos. Esta possibilidade parece ainda mais terrível se esses indivíduos forem detentores de direitos. Rememorando o panfleto *Uma modesta proposta*, de Jonathan Swift, numa situação de fome coletiva, bebês desprovidos de direitos possivelmente seriam a primeira opção de alimento para os adultos detentores de direitos, ao passo que bebês *detentores de direitos* não o seriam.

A teoria da escolha parece instituir arbitrariamente uma distinção insidiosa entre aqueles que ela considera como perfeitos detentores de direitos e todos os outros. Mas há recursos para evitar esta acusação. Um deles consiste em afirmar que a teoria da escolha não está comprometida com a posição de que os direitos têm absoluta prioridade em relação a outras metas. É claro que os direitos precisam, em certa medida, resistir ao balanço geral de interesses. Esta medida, no entanto, não precisa ser absoluta. Podemos chamar a isto *problema do limite*: em que ponto devem os direitos ceder lugar a outras considerações morais (se é que o devem)? Este é um problema geral para qualquer abordagem dos direitos, seja ela uma teoria da escolha ou não. Pode ser que os interesses dos bebês sejam suficientes para ultrapassar esse limite, ao contrário dos interesses dos zigotos, das blástulas e dos fetos no primeiro trimestre de gestação.

Há ainda outro recurso de que a teoria da escolha pode se valer para evitar a supracitada acusação de estipulação arbitrária e hostil de uma necessidade de qualificação para a posse de direitos. Esse recurso consiste em nos desafiar a estabelecer uma ligação entre os bebês e a autonomia. É normal que um ser humano adulto continue de posse de seus direitos enquanto estiver dormindo ou em algum outro estado de inconsciência, a despeito de sua incapacidade de exercer a autonomia durante esses períodos. Não obstante a perda temporária da capacidade de autonomia, os direitos subsistem, presumivelmente porque é de esperar que o detentor de direitos recupere a capacidade depois de um intervalo de tempo relativamente pequeno. A relação entre essa capacidade e a posse de direitos é, portanto, complexa. Assim sendo, fica aberta ao defensor dos direitos morais dos bebês (ou dos fetos, ou dos mamíferos superiores) a possibilidade de explicar essa relação de uma maneira que coloque esses candidatos à posse de direitos no mesmo nível do ser humano adulto normal.

Resumindo, a teoria da escolha começou de maneira modesta como um esforço descritivo de direitos especificamente legais. Uma vez apresentado o seu aspecto justificatório, esta teoria também passa a ter implicações para os direitos morais, independentemente de estes terem ou não sido reconhecidos legalmente. Em seu aspecto justificatório, a teoria da escolha fixa-se na proteção do exercício da escolha autônoma como o propósito e o valor característicos dos direitos. Assim sendo, qualquer discussão acerca da possibilidade de um ser incapaz de escolha autônoma possuir direitos não servirá a nenhum propósito e ainda representará, particularmente, um desserviço à clareza conceitual. Com o devido respeito a Bentham, a capacidade de sentir não é suficiente. Um detentor de direitos morais deve ter a capacidade de decidir autonomamente – isto é, de decidir em um sentido mais amplo do que aquele meramente pickwickiano em que um molusco "decide" fechar sua concha para evitar intrusos e abri-la para receber alimento. O que vem a ser a autonomia e qual deve ser a relação do detentor de direitos para com ela – estes são temas que precisam ser analisados e refletidos mais profundamente. De qualquer forma, é nesses termos que se deve conduzir a discussão sobre os direitos, sob pena de ela degenerar em panfletagem vazia.

O que a teoria da escolha tem a nos dizer, então, sobre os direitos morais inalienáveis? A teoria do interesse é capaz de explicar de imediato a existência dos direitos inalienáveis: são simplesmente aqueles sustentados por interesses tão profundos que o próprio detentor de direitos é desprovido de quaisquer poderes que lhe permitam renunciar a eles. Por outro lado, a teoria da escolha tem dificuldade de explicá-los, pois um direito propriamente dito deve incluir um poder de renúncia ao direito moral de exigir que a ele se associa. Em outras palavras, no contexto de uma teoria da escolha dos direitos morais, não há direitos inalienáveis em sentido estrito. Este resultado pode parecer surpreendentemente antiintuitivo, mas, novamente, a teoria da escolha dispõe de recursos para restaurar sua credibilidade. Tal como no caso dos bebês, o defensor da teoria da escolha estará sendo perfeitamente coerente ao dizer que todos os agentes estão sujeitos a certos deveres morais invioláveis e inalteráveis, que não ocorrem nas combinações propriamente denominadas direitos morais. Assim, por exemplo, pode-se dizer que todos nós temos o dever de não tratar os outros como escravos, por mais que eles desejem ser escravizados. Não é correto dizer que temos um direito moral de não sermos escravizados porque, como argumentou Locke, nós não temos poder algum de nos submetermos à escravização. É melhor dizer, então, que todos se encontram obrigados ao dever moral de não escravizar.

Novamente, como no caso dos bebês, um crítico da teoria da escolha pode objetar que essa postura desvaloriza a condenação da escravidão, bem como, por razões análogas, qualquer uma das condenações absolutas que representam o cerne da idéia de direitos humanos – a condenação da tortura, por exemplo. A afirmação de que existe um dever de não torturar, mas nenhum direito de não ser torturado, sugere que a singular restrição antiagregativa que os direitos representam não se aplica à escravidão e à tortura. Por outro lado, ainda como no caso dos bebês, o defensor da teoria da escolha pode alegar que essa suposta conseqüência pressupõe que a teoria da escolha esteja comprometida com o tratamento particular de um problema geral, que chamamos de problema dos limites (retornaremos a ele no capítulo 9). Antes de tratarmos do problema dos limites, é injusto, para com a teoria da escolha, pressupor que ela desvalorize a condenação da escravidão e da tortura, assim como também é injusto pressupor que ela desvalorize as restrições quanto ao tratamento dos bebês e dos animais.

Mas a teoria da escolha dispõe ainda de um outro recurso. Distinguimos aqui as dimensões conceitual e justificatória das teorias da escolha e do interesse. Na esfera dos direitos legais, os defensores da teoria da escolha tiveram duas razões para insistir em uma concepção mais restrita de um direito legal como dotado dos poderes de coação e renúncia. Uma dessas razões estava ligada à justificação ou função dos direitos legais, da maneira como são vistos pela teoria da escolha. Mas há outra razão. Os defensores da teoria da escolha também se esforçaram por fazer uma análise descritiva da estrutura conceitual do direito e chegaram à conclusão de que a molécula que sua teoria descreve é a que melhor responde aos padrões oficiais da terminologia jurídica. Mas, quando a teoria da escolha se estende para além da esfera legal até a dos direitos morais, a adequação descritiva passa a contar bem menos que a persuasividade justificatória. De maneira sucinta, fora da comunidade jurídica há uma terminologia dos direitos menos técnica e menos específica, além do que se atribui uma importância maior aos direitos como expressão de valores morais. Assim, o defensor da teoria da escolha pode estipular que a importância da escolha autônoma é tão grande que, na esfera moral, não operam apenas um, mas dois conceitos de direitos. O primeiro destes é apreendido pela figura da molécula em que se incluem os poderes de imposição e renúncia; o que não ocorre necessariamente com o segundo – o qual pode ser, portanto, um direito inalienável. Desta forma, a teoria da escolha pode ser conciliada com a existência dos direitos inalienáveis.

Essa conciliação não é arbitrária, uma vez que não há razões que nos obriguem a pensar nos direitos morais e legais como isomorfos conceituais em todos os seus aspectos. Na verdade, caso simpatizemos com o positivismo jurídico (a teoria de que o direito pode ser identificado como tal por métodos empíricos que não envolvem nenhum tipo de avaliação moral), nenhuma dessemelhança conceitual entre os direitos morais e os direitos legais deveria nos surpreender. Mesmo que nos atraia a teoria do direito natural (comumente considerada como adversária do juspositivismo), não será nenhuma surpresa se encontrarmos divergências entre a caracterização conceitual dos direitos legais e a dos direitos morais. Em outras palavras, mesmo que – como "advogados do direito natural" – exijamos a aplicação de um teste de adequação moral antes de admitirmos a validade legal de qualquer direito putativo, ainda podemos admitir perfeitamente a possibilidade de que os direitos legais, assim validados, apresentem uma complexidade conceitual adicional depois de "promulgados" em um sistema jurídico humano real.

Resumindo novamente, e melhor explicando, seria um equívoco se considerássemos a teoria da escolha e a teoria do interesse como adversárias diretas e absolutas. A teoria do interesse, como categoria, tende a enfatizar menos as questões conceituais e mais as justificatórias – e mesmo seu aspecto justificatório é bastante incompleto e demanda um detalhamento maior. A teoria do interesse, em si mesma, caracteriza-se como um esquema justificatório tão genérico que a teoria da escolha, em seu aspecto justificatório, poderia ser considerada como um tipo específico de teoria do interesse. Em linhas gerais, de acordo com a teoria do interesse, os interesses individuais justificam os direitos, e a isso a teoria da escolha acrescenta que os interesses individuais que justificam os direitos são aqueles que promovem o exercício da escolha autônoma. Por se concentrar mais especificamente no interesse da autonomia, a teoria da escolha tende a determinar de forma mais específica a composição conceitual das moléculas de elementos hohfeldianos que caracterizam os direitos. No campo dos direitos especificamente legais, foram apresentados bons argumentos – embora nem de longe definitivos – em favor da proposição de que os direitos legais "propriamente ditos" são moléculas que contêm um poder de renúncia e de coação (e, conforme observamos anteriormente, talvez também imunidades e permissões para exercer estes poderes). O caráter inconclusivo dos argumentos deve-se ao fato de que será preciso forçar um pouco a teoria da escolha para que ela consiga lidar com certos direitos aparentemente legais – tais como os das crianças e dos inválidos, além dos protegidos pelo direito penal e daqueles que não são passíveis de renúncia. Por outro lado, muitos já consideraram a teoria do interesse como demasiadamente fértil na esfera dos direitos legais, levando-nos a querer encontrar direitos legais onde nenhum foi reconhecido e, em alguns casos, onde foram terminantemente negados (como no caso do *ius tertii*). A teoria do interesse pode ser modificada para que se diminua essa aparente fecundidade (Kramer, 2001). No entanto, do ponto de vista da adequação descritiva, a disputa entre as duas teorias (da escolha e do interesse), no que se refere à abordagem dos direitos legais na jurisprudência anglo-americana, parece terminar empatada.

Saindo da esfera legal e chegando ao campo da moral, a fecundidade da teoria do interesse pode parecer menos impertinente – o fato de um direito moral ainda não ter sido reconhecido não se constitui numa boa razão para que se negue sua existência (considere-se o caso dos direitos das mulheres nas teocracias fundamentalistas ou dos direitos dos afro-americanos do sul dos Estados Unidos antes da Guerra Civil). Além disso, a teoria do interesse reforça a visão popular de que alguns direitos morais – na verdade, os mais importantes – são inalienáveis (mesmo que quiséssemos, não poderíamos abrir mão deles). Por outro lado, a teoria da escolha tem, por assim dizer, fortes argumentos a empunhar quando ingressa na esfera moral. Aparentemente, os seres sem autonomia não têm condições de ser detentores de direitos, o que faz com que a teoria da escolha estipule os termos de certos debates morais acalorados de maneira aparentemente tendenciosa, maliciosa e injusta. Negam-se, particularmente, os direitos dos fetos e dos animais, com base em argumentos que parecerão – aos partidários desses direitos – aridamente enfadonhos e hipocritamente tendenciosos. Os direitos morais inalienáveis, vistos da perspectiva da teoria da escolha, também se submetem a um exame minucioso. Pode-se ajustar a teoria da escolha para que acomode os direitos morais inalienáveis. Esse ajuste, no entanto, não precisa ser feito, podendo-se, portanto, invocá-la em defesa de uma posição conceitual rígida, segundo a qual os direitos morais são, por sua própria natureza, passíveis de renúncia. Na medida em que voltamos nossa atenção para os primórdios da história da idéia dos direitos, relembrando o papel por eles desempenhado na apologia da escravidão, pode ser que relutemos em transpor a teoria da escolha do campo do direito positivo para o campo dos direitos morais.

Capítulo 8
Direito de fazer o que é errado?
Duas concepções de direitos morais

A partir dos elementos hohfeldianos, é possível elaborar diversas combinações moleculares que podem chegar mais perto de representar o que chamamos de um direito moral do que o pode qualquer um desses elementos tomados isoladamente. No capítulo anterior, examinamos a molécula particularmente favorecida pela teoria da escolha no campo dos direitos legais. Além disso, perguntamo-nos se esta molécula é também característica dos direitos morais. Outra idéia comum a respeito dos direitos morais (os quais serão o tema deste capítulo) é a de que o direito moral que uma pessoa X tem de realizar φ é um pacote bem-determinado de elementos hohfeldianos, que consiste em um direito moral de exigir a não-interferência, por parte de Y, na ação φ praticada por X; um direito moral de exigir a não-interferência, por parte de Y, no fato de X não realizar φ; e as permissões morais de X, tanto para realizar como para não realizar φ. Esta é uma proposta que estipula aquilo que deve ser entendido quando se fala de um direito moral. A força de tais direitos será revelada – em parte – por meio da análise do que se entende por interferência, ao passo que seu alcance será estabelecido especificando-se a classe de indivíduos e entes Y obrigados por dever a não interferir. A substância de tal direito, por sua vez, será a ação (φ) que o detentor do direito tem a opção moral de praticar ou não. Depois disso, torna-se possível expor o problema da alienabilidade ou prescritibilidade de um direito moral em função dos poderes e sujeições ligados ao pacote central.

A concepção da *"permissão* protegida"

Esta visão dos direitos pode ser chamada de concepção da *permissão protegida*. Diz-se "permissão" porque uma opção moral – isto é, uma permissão moral para realizar φ e uma permissão moral para não realizar φ – está no cerne da idéia, e diz-se "protegida" porque os outros se encontram obrigados pelo dever de não interferir no exercício da escolha por parte do detentor do direito. Por captar o que há de útil e característico no discurso dos direitos morais, a concepção dos direitos baseada na permissão protegida merece ser pensada como ideação racional daquilo que é um direito moral, e não como mera estipulação definitória.

Por exemplo: segundo a concepção da permissão protegida, dizer que eu tenho o direito moral de fazer fosquinha para você significa que os outros encontram-se obrigados pelo dever de não interferir em meu ato de fazer fosquinha e, além disso, que eu não tenho nenhuma obrigação de fazer ou não fazer fosquinha para você. Obviamente, a concepção da permissão protegida não está comprometida com o fato de eu ter este direito *em particular* – ela é apenas uma explicação do *significado* de um direito moral genérico. Além disso, essa concepção tem uma importante implicação, a saber, que não existe o direito moral de fazer o que é moralmente errado. Essa constatação se segue diretamente do fato de que um direito moral, segundo a concepção da permissão protegida, inclui uma opção de escolha moralmente permitida. Se eu tenho a opção moralmente permitida de fazer algo, isso implica que não tenho nenhum dever moral de fazê-lo e nenhum dever moral de não fazê-lo; e, se meu ato de fazer algo não viola nenhum dever moral, segue-se daí que eu nada farei de errado se praticar esse ato. Portanto, se tenho o direito moral de fazer algo, eu nada estarei fazendo de errado se exercer este direito: não pode haver o direito de fazer o que é errado. Essa análise é coerente com a linha de raciocínio de Godwin no que diz respeito aos direitos a que ele chamou "ativos": um direito ativo é um direito que uma pessoa tem de fazer "aquilo que lhe aprouver". Porém – devido ao fato de que, segundo Godwin, praticamente não há escolhas morais na vida –, a posse de um direito ativo significaria ter o direito de fazer o que é errado.

Para alguns, parece intuitivamente claro – como era para Godwin – que não pode haver o direito de fazer o que é errado, sendo absurdo sugerir o contrário. Mas, para outros, a constatação não parece tão intuitiva, devendo na verdade ser rejeitada após uma reflexão cuidadosa acerca do papel característico dos direitos no pensamento moral. Mas admitir a possibilidade de que exista o direito de fazer o que é errado significa rejeitar a concepção dos direitos morais fundada na permissão protegida. A maneira mais direta de fazê-lo é negar que a posse de um direito moral implique a de uma permissão moral, e ao mesmo tempo afirmar que os direitos morais são pura e simplesmente direitos morais de exigir. É possível que um direito moral de exigir exista independentemente de uma permissão moral? Aqui, pode-se alegar que Hohfeld mostra o caminho para o reconhecimento da independência lógica entre um direito legal de exigir e uma permissão legal, de onde também se poderia concluir que os direitos morais de exigir são logicamente independentes das permissões morais. Por outro lado, os opositores da concepção dos direitos morais fundada na permissão protegida adotam a visão de que só os direitos morais de exigir são direitos morais, "estritamente falando", na mesma linha hohfeldiana de que apenas os direitos legais de exigir são direitos legais propriamente ditos. Isso não quer dizer que as permissões morais e os direitos morais de exigir não possam vir em um mesmo pacote. Pode acontecer, de fato, que muitos direitos morais consistam em pacotes desse tipo. O fato é que isso não se dá necessariamente. Em um número significativo de casos, os direitos morais desempenham seu papel característico no âmbito do pensamento moral, sem que precisem, para tanto, vir dentro de um "pacote" no qual se encontraria também um direito moral de exigir. Isso pode ser chamado de concepção da *escolha protegida* – na qual o que se protege é, por vezes, uma escolha entre o certo e o errado.

A concepção da "*escolha* protegida"

A perspectiva da escolha protegida parece mais acertada nos seguintes casos: o de uma pessoa que ganhou na loteria e se recusa a contribuir financeiramente para a assistência a vítimas de um desastre; o de um eleitor que vota em um candidato racista; o de um atleta que ridiculariza uma pessoa obesa, enquanto esta tenta, com dificuldade, entrar em um ônibus. Em cada um desses casos, gostaríamos de poder dizer que o sujeito agiu erradamente, ainda que os outros não tenham o direito moral – isto é, a permissão ou a "liberdade" moral hohfeldiana – de interferir no que ele fez. Podemos admitir que o ganhador da loteria tenha o direito de propriedade sobre seu prêmio, que o eleitor tenha o direito de votar no candidato de sua preferência e que o atleta tenha o direito à liberdade de expressão, sem, no entanto, *fecharmos os olhos* ao que cada um fez. De acordo com a perspectiva da escolha protegida, ainda podemos, não obstante seus direitos, condenar como moralmente *errado* o comportamento de cada uma dessas pessoas. Por outro lado, a visão fundada na permissão protegida não nos permite dizer o que temos vontade de dizer, cabendo-nos escolher entre a negação de que o agente tivesse o direito moral de fazer o que fez e a negação de que aquilo que o agente fez com o direito dele está errado. Como nenhuma dessas negações parece satisfatória, a concepção da escolha protegida parece uma boa opção para fugirmos do dilema.

Uma análise daquilo que nos leva a querer negar que haja o direito de fazer o que é errado pode servir de apoio à concepção da escolha protegida. Essa análise explora o caráter peculiar dos direitos relativamente aos demais termos de avaliação moral e aponta o equívoco que pode advir da homofonia entre "direito"* – em contraposição a "errado" – e "um direito" – em contraposição a "nenhum direito". *Ter o direito de fazer alguma coisa* é diferente de dizer que *esta é a coisa direita a se fazer*. A posse do direito de fazer algo não implica que seja direito fazê-lo nem mesmo implica que exista alguma razão para fazê-lo. Ao contrário, dizer que esta é a coisa direita a se fazer significa dizer que há uma boa razão para fazê-lo – uma razão até mesmo forçosa, decisiva, obrigatória. Embora, até certo ponto, os motivos dêem esteio à existência dos direitos, muitas vezes simplesmente não há nenhum bom motivo para que uma pessoa faça aquilo que ela, não obstante, tem o direito de fazer. E, muitas vezes, há muitos motivos para não fazê-lo. É forçoso que se reconheçam duas diferentes dimensões da moralidade; e a concepção dos direitos fundada na escolha protegida evita a confusão entre elas. Já a visão baseada na permissão protegida confunde essas dimensões e deve portanto ser descartada, a despeito de ser, de início, intuitivamente atraente.

Note-se que a independência lógica entre direitos morais de exigir e permissões morais não precisa ser negada pela concepção da permissão protegida, a qual se pode explicar com a seguinte analogia. O hidrogênio e o oxigênio são elementos distintos, da mesma forma que o são os direitos de exigir e as permissões. Cada um deles pode existir separadamente. Não obstante, é impossível que uma molécula de água exista senão como resultado da combinação de hidrogênio e oxigênio na proporção correta. De forma semelhante, só existe um direito moral onde um direito de exigir e uma permissão se combinam da maneira certa. Embora seja útil, para certos propósitos, distinguir o direito de exigir

---

* Para ilustrar a homofonia a que se refere o autor, a palavra *direito* (*right*, em inglês) é usada aqui – e em outras passagens semelhantes – como adjetivo. Esta homofonia não costuma ocorrer na língua portuguesa, pois nesta a palavra *direito* é usada mais comumente como substantivo, preferindo-se a ela, em caso de adjetivação, os vocábulos *certo* ou *correto*. (N. do T.)

da permissão, é importante entender que, a rigor, não existe direito moral onde os elementos citados não se combinarem adequadamente. Do mesmo modo que a água – ao contrário do oxigênio e do hidrogênio separadamente – serve para apagar incêndios, assim também um direito moral terá suas características específicas somente quando os dois elementos existirem combinadamente. Esta analogia, por si mesma, não é capaz de determinar a superioridade da concepção da permissão protegida. Não obstante, ela demonstra que o apelo a Hohfeld não resolverá a controvérsia entre a concepção da permissão protegida e a da escolha protegida.

Contudo, a concepção da escolha protegida deve enfrentar a seguinte dificuldade. Se a *força* de um direito moral consiste na proibição moral de interferência no exercício da escolha, em que pode consistir a conseqüência do erro moral, senão na permissibilidade moral dessa interferência? Para ser coerente, a concepção da escolha protegida precisa negar que o fato de um ato ser moralmente errado implique que a interferência em sua realização seja permissível. Do contrário, o partidário da concepção da escolha protegida seria forçado a admitir a possibilidade de que existam certos atos em relação aos quais a interferência seria, ao mesmo tempo, moralmente errada (uma vez que o ato seria o exercício de um direito moral) e moralmente permissível (por ser o ato moralmente reprovável).

Entre as possibilidades abertas para a concepção da escolha protegida, duas parecem destacar-se. Uma delas consiste simplesmente na negação de que a imoralidade de um ato possa justificar qualquer tipo de coerção judicial. Para expor o argumento de forma mais penetrante, muito embora o exercício de um direito moral implique a imoralidade da interferência, o fato de uma ação ser moralmente errada não implica nada em especial. Esta linha de raciocínio, no entanto, parece parcial: os direitos têm uma força definida, o que não ocorre com os erros morais. Obviamente, é preciso que se explique, de algum modo, a relação entre erro e coerção. A segunda possibilidade fornece, efetivamente, tal explicação:

do erro moral de um ato segue-se a permissibilidade moral da efetivação de quaisquer sanções sociais, exceto as que impliquem interferência.

Esta possibilidade garante a coerência da concepção da escolha protegida, ficando definido da seguinte forma o "direito de fazer o que é errado": é moralmente proibido interferir no exercício da escolha protegida, mas é moralmente permissível opor sanções à escolha errada por meio de medidas sociais que não se caracterizem como interferência. É necessário, porém, que a concepção da escolha protegida estabeleça agora a distinção entre interferência e as demais sanções, distinção esta que, em última análise, pode-se revelar bastante tênue. Em muitos casos, a desaprovação expressa da sociedade pode ser tão opressora quanto a coerção física. Mesmo assim, teremos de dizer que a primeira, ao contrário da segunda, é compatível com o reconhecimento de um direito de fazer o que é errado. Esta explicação não parecerá satisfatória a partir da perspectiva da permissão protegida, segundo a qual se defenderá que o reconhecimento de um direito moral precisa incluir o reconhecimento da permissibilidade moral de qualquer uma das duas escolhas por parte do detentor do direito.

A concepção da escolha protegida conta com outra linha de raciocínio, a qual enfatiza a função e a razão de ser dos direitos morais, que consistem em proteger da interferência as escolhas *importantes*. A esfera da conduta e da escolha humana pode ser dividida em três setores mutuamente excludentes e conjuntamente exaustivos: o do moralmente proibido, o do moralmente obrigatório e o do moralmente indiferente. Tanto na concepção da permissão protegida como na da escolha protegida, as decisões relativas às exigências da moralidade são protegidas contra interferência. Nesse contexto, os direitos morais não são propriamente necessários, uma vez que aquilo que a moralidade exige ela mesma protege contra a interferência. Em outras palavras, em condições normais, é moralmente proibido interferir na prática daquilo que a moral exige e, portanto, os direitos morais não desempenham papel algum nesse setor.

Na prática, então, a diferença entre as duas concepções resume-se a isto: a concepção da escolha protegida protege as decisões tomadas tanto no setor do moralmente indiferente como no do moralmente errado, enquanto a concepção da permissão protegida o faz apenas no setor do moralmente indiferente. Portanto, para a concepção da permissão protegida, os direitos fornecem proteção contra a interferência em decisões moralmente indiferentes (como, por exemplo, entre tomar um sorvete de chocolate ou um de baunilha) ou decisões que, de qualquer modo, a moralidade já protege contra interferência. Isto, aparentemente, banaliza os direitos. A concepção da escolha protegida, por outro lado, protege algumas decisões relativas ao moralmente proibido; coisa que a moralidade, de outro modo, não precisaria fazer, e que dá aos direitos morais um papel característico. Na visão da permissão protegida, por outro lado, os direitos morais protegem escolhas moralmente indiferentes ou escolhas que, de qualquer forma, a moralidade já exige que o sujeito faça. Isto nos daria uma noção empobrecida da função e razão de ser dos direitos, motivo pelo qual deve-se preferir a concepção da escolha protegida no que diz respeito à importância das escolhas que os direitos morais são chamados a proteger.

Este argumento, todavia, não é conclusivo. Um defensor da concepção da permissão protegida irá querer ressaltar que o setor do "moralmente indiferente" – definido apenas como aquilo que não é proibido nem obrigatório – não é de todo insignificante do ponto de vista moral. Pensemos nos exemplos aqui citados: o avarento que ganhou na loteria, o eleitor racista e o atleta zombeteiro. Devemos realmente pensar que cada um deles fez algo moralmente *errôneo* – isto é, se absteve de fazer o que a moral *exige*? Há outra maneira de interpretar a ação desses sujeitos: poderíamos dizer que o que fizeram é moralmente permissível, mas reprovável – não é errado, mas apenas mau. O ganhador da loteria merecerá elogios caso contribua com a instituição de auxílio às vítimas do desastre, e pode ser digno de desprezo se não o fizer, mas isso não é o mesmo que dizer que o que ele fez é errado. Há um subsetor das coisas que não são moralmente obrigatórias nem proibidas, mas, não obstante, são moralmente importantes. Realizar um resgate arriscado, por exemplo, é um ato freqüentemente considerado heróico, que vai além do cumprimento do dever, não sendo, portanto, moralmente obrigatório. Os direitos morais desempenham, neste contexto, o papel de proteger-nos contra interferências em nossa decisão de não sermos heróicos, caridosos, gentis e assim por diante. Do ponto de vista moral, essas escolhas são significativas, possuindo então os direitos morais – tanto na concepção da permissão protegida como na da escolha protegida – a indispensável função de protegê-las contra interferências. Entretanto, por atuarem os direitos morais em ambas as concepções, não há, até aqui, nenhuma boa razão para que se prefira uma delas à outra.

A função dos direitos: recognitiva ou anti-reativa?

Uma das funções que a concepção da permissão protegida desempenha é a que podemos chamar de função *recognitiva* dos direitos. A atribuição de direitos é uma maneira freqüente de se reconhecer o valor de determinados indivíduos ou grupos. Por exemplo, a campanha pelos direitos dos homossexuais é um meio de persuadir a sociedade em geral a reconhecer que a vida que eles levam não é desprezível ou inferior. Em outras palavras, os direitos dos homossexuais não devem ser vistos como um "direito de fazer o que é errado", mas antes como um direito de fazer o que uma maioria de indivíduos – tradicional, porém equivocadamente – *pensou* ser errado. Do mesmo modo, aqueles que se recusam a reconhecer os direitos dos homossexuais não raro o fazem com base na afirmação de que o reconhecimento traria consigo, implicitamente, o fim da estigmatização da conduta moral errônea. A concepção da permissão protegida é capaz de abarcar este aspecto do debate sobre os direitos dos homossexuais. De ambos os lados do debate, tende-se a pressupor que o reconhecimento de um direito moral implica o fim da estigmatização do exercício da ação autorizada por este direito. De acordo com a concepção da escolha protegida, por outro lado, o reconhecimento de um direito moral de praticar atos de homossexualidade não implica que estes sejam moralmente permissíveis. Sua prática pode ser condenada como errônea sem acarretar incoerência com a afirmação do direito moral. Mas a concessão de direitos morais pode ter outra função, além da recognitiva. Às vezes, parece que a linguagem dos direitos é utilizada com a intenção de desaprovar o exercício de um direito. Pense novamente no caso do atleta fanfarrão e do avarento que ganhou na loteria. Ainda que estejamos convencidos de que *seria* errado interferir em sua conduta, podemos pensar que talvez seja lícito condená-la como errada. Chegar a uma conclusão sobre a permissibilidade moral da interferência é algo que, freqüentemente, revela-se mais importante que decidir, em caráter final, qual é o valor moral da conduta passível de interferência. Muitas pessoas vêem o aborto desta forma: ele pode ser errado ou não, mas certamente é errado interferir no direito que uma mulher tem de decidir abortar. Nesse contexto, a invocação do direito moral feminino de decidir pelo aborto pretende impedir ou deixar em "suspenso" qualquer discussão sobre a questão da imoralidade do aborto em si, isolando e centralizando a questão no caráter errado da interferência. A invocação de um direito moral, neste caso, desempenha uma função *anti-reativa*.

Para aqueles que vêem a moralidade com ceticismo, o interesse pela função anti-reativa dos direitos morais pode ser apenas superficial. Uma vez que não há esperanças de que sejamos capazes de resolver qualquer questão essencialmente subjetiva sobre o certo e o errado, então por que não colocarmos de lado essas questões, concentrando-nos na legitimidade ou ilegitimidade da interferência? O problema, neste caso, é como desvincular a questão do juízo de valor a respeito da interferência da questão (supostamente subjetiva) do juízo de valor a respeito da conduta passível de interferência. Isso não quer dizer que a função recognitiva seja, de algum modo, melhor, pois é óbvio que qualquer tentativa de estabelecer direitos morais que reconheçam o valor de certo tipo de conduta também tem de enfrentar as dificuldades epistemológicas que, conforme já apontamos, põem em dúvida a possibilidade da objetividade moral e da verdade.

Portanto, a escolha entre a concepção dos direitos morais baseada na permissão protegida e a concepção baseada na escolha protegida parece resumir-se à escolha entre uma concepção que serve a um propósito recognitivo e outra que serve a um propósito anti-reativo. Na medida em que a relevância dos direitos morais for atribuída ao fato de estes pleitearem certos estilos de vida, valorizar-se-á a função recognitiva. Por outro lado, se os direitos morais forem considerados importantes como meio para se criar uma "pausa para tomar fôlego" antes de proceder à escolha, em um mundo marcado por incertezas e controvérsias morais, valorizar-se-á a função anti-reativa. Claro que é logicamente possível sustentar que as duas funções são importantes, dividindo-se o mundo dos direitos morais de acordo com a função predominante em cada caso. Onde a função recognitiva for mais importante, aplicar-se-á a concepção da permissão protegida e entrará em jogo a questão de saber se uma determinada forma de conduta é correta, inocente ou errada. Onde, ao contrário, a função anti-reativa for mais importante, a concepção da escolha protegida se aplicará e a questão será deixada em suspenso – "empurrada para baixo do tapete", por assim dizer.

Infelizmente, talvez, as partes que conflituam quanto ao caráter errado da conduta em questão dificilmente concordarão com uma divisão desse tipo. Na questão do aborto, alguns daqueles que adotam uma posição "pró-escolha" argumentarão que o direito da mulher – de decidir abortar – não tem propósito recognitivo, mas anti-reativo. Outros que adotam essa mesma posição discordarão dos primeiros e, apenas neste aspecto, concordarão com aqueles que sustentam uma posição "pró-vida", afirmando que o propósito recognitivo é inseparável do direito moral de abortar. Muitos militantes dos direitos dos homossexuais mostram-se insatisfeitos com qualquer direito de intimidade meramente anti-reativo. O que exigem é o reconhecimento da inocência moral – mais ainda, da dignidade moral positiva – de um modo de vida. Seus oponentes concordam com eles nesse ponto, e talvez em alguns outros detalhes. Muitos de seus simpatizantes, contudo, podem achar que o máximo que os homossexuais podem exigir é um direito moral que restrinja as reações.

As duas concepções, bem como as funções divergentes que elas desempenham, também vêm à tona em disputas acerca dos direitos "positivos". Meu direito a um fácil socorro parece desempenhar a função recognitiva de reivindicar o valor de minha vida. A função anti-reativa não parece se aplicar a este caso, pois não se trata de uma questão de eu fazer algo, mas sim de receber: a idéia de deixar em suspenso a questão do valor daquilo que eu faço ou recebo parece estranha e deslocada. Será que isso tende a mostrar que a função recognitiva é mais geral e que, portanto, a concepção da permissão protegida é mais fundamental? Esta seria uma conclusão por demais precipitada. As polêmicas sobre direitos positivos envolvem, essencialmente, o conflito entre um direito positivo assegurado e um direito negativo contra interferência defensivamente pleiteado por alguém que foi chamado a concretizar tal direito positivo. Em situações de resgate, *meu* direito positivo pode entrar em conflito com o *seu* direito de autonomia. O seu direito à autonomia – entendido em tal grau de generalidade – parece estar desempenhando mais uma função anti-reativa que uma função recognitiva. Isto se deve ao fato de que o exercício da sua autonomia pode tomar uma série de formas moralmente ambíguas (no que diz respeito aos direitos negativos enquanto classe, quanto mais geral for a forma tomada por eles, tanto menos eles estarão propensos a servir a um propósito recognitivo e tanto mais provável será que eles abarquem subclasses de conduta moralmente suspeitas). A afirmação de que aquele que estava por perto, mas não interferiu, tinha o direito de não correr sequer o mínimo risco para salvar o bebê dificilmente serve de justificativa para aquilo que ele fez.

Capítulo 9
A pressão do conseqüencialismo

Já examinamos a classificação hohfeldiana das "vantagens legais", transpondo seu trabalho da esfera dos direitos legais para a dos direitos morais. Também vimos que os elementos de Hohfeld podem-se combinar de várias maneiras, transmitindo várias concepções de direito moral. Em particular, distinguimos as concepções da escolha protegida e da permissão protegida. Um direito moral, para o modelo da escolha protegida, é simplesmente um direito moral de exigir a não-interferência alheia na realização (ou abstenção) de certo tipo de ato, por parte do detentor do direito. A realização deste ato por parte do agente pode ser censurável ou não. Em outras palavras, o modelo da escolha protegida descreve um direito de fazer o que é (ou pode ser) errado. Por sua vez, o modelo da permissão protegida combina o direito básico de exigir a não-interferência com a opção moral de realizar o ato especificado – sendo uma opção moral a combinação de uma permissão moral hohfeldiana de se realizar o ato com uma permissão moral hohfeldiana de não se realizar o ato. Segundo esse modelo, não existe nenhum direito de fazer o que é errado; o que se protege nesse modelo é o direito moral do agente, de optar por fazer ou não fazer algo que nem é moralmente obrigatório, nem moralmente proibido para ele.

Também abordamos as teorias da escolha. A teoria da escolha, enquanto teoria da composição conceitual dos direitos morais, exige que qualquer molécula de elementos hohfeldianos que pretenda constituir-se como direito moral deve incluir um elemento adicional – a saber, o poder moral bilateral de impor (ou renunciar) o direito essencial de não-interferência. Poder-se-ia incorporar a teoria da escolha ao modelo da escolha protegida simplesmente adicionando, ao direito básico de não-interferência, o poder bilateral de renúncia ou imposição. De forma semelhante, o modelo da permissão protegida poderia incorporar a teoria da escolha adicionando tal poder bilateral à combinação de um direito de exigir com uma opção moral. As possibilidades conceituais são obviamente infinitas, mas explorá-las significaria gerar complicações desnecessárias. O que torna interessante esse acréscimo de um poder bilateral de imposição e renúncia, efetuada pela teoria da escolha, é a questão da alienabilidade. Como vimos, alguns interesses humanos – bem como os direitos que estes geram – são tão importantes que se pode até negar que o detentor do direito tenha o poder moral de renunciar à proteção de seu direito, ou aliená-la.

Ainda assim, em cada uma das diversas concepções dos direitos aqui consideradas, o cerne de um direito moral é um direito de exigir hohfeldiano e seu dever correlativo de não-interferência. Embora alguns tenham duvidado de que um direito moral de exigir faça parte de todo direito moral propriamente dito, é inquestionável que os direitos morais que nós mais valorizamos envolvem, no mínimo, um direito de exigir a não-interferência.

Quero agora centrar-me na idéia de direito moral de exigir e retornar a uma questão previamente adiada: o que é interferência? Ou, mais precisamente, onde e como deve ser traçada a linha que diferencia a interferência dos demais tipos indesejáveis de atividade (ou inatividade)? No presente capítulo, abordaremos ainda uma questão independente, porém correlata: quando é que a interferência pode ser considerada como uma violação de um direito? Ou, em outras palavras, quando é que se pode (se é que se pode) considerar admissível que outros interfiram no gozo de determinados direitos por parte de quem os detém? Esta segunda pergunta também pode ser enunciada da seguinte forma: os direitos são absolutos, ou há situações em que certas considerações morais concorrentes podem antepor-se a eles? Ainda que sejam diferentes, as duas perguntas – (1) O que é interferência? e (2) Os direitos são absolutos? – estão intimamente relacionadas, como veremos. Será útil abordar primeiro a segunda pergunta.

Os direitos são "trunfos"? Limites e anulabilidade

Os direitos são absolutos? Temos uma possível resposta numa paráfrase do filósofo Ronald Dworkin: *os direitos são trunfos*. Da mesma maneira que qualquer carta do naipe de trunfo ganha de qualquer carta dos outros naipes, os direitos gozam de absoluta prioridade sobre todas as outras considerações. Se os paus forem trunfos e o ás for a carta mais valiosa, então um dois de paus vence um ás de copas. Da mesma forma, se os direitos são trunfos, então eles prevalecem sobre todas as outras considerações morais concorrentes, seja qual for a força delas. Os direitos são trunfos especialmente em relação a considerações morais de bem-estar agregado. A menos que tenham esse poder preventivo sobre as considerações relativas ao bem-estar agregado, os direitos, segundo se pensa, ficam reduzidos a apenas mais uma consideração colocada na balança para ser pesada em relação às demais. A visão dos "direitos como trunfos" no que se refere à força dos direitos morais os coloca em um plano que difere de qualquer cálculo agregativo de interesses, refletindo assim, adequadamente, a contribuição única dos direitos para a moralidade.

Pode-se ponderar que a visão dos "direitos como trunfos" proíbe de maneira irrealista a imposição de sacrifícios que evitem uma catástrofe generalizada. Para ilustrar essa objeção, consideremos o "problema do bonde", originalmente apresentado por Phillipa Foot. Suponhamos que você se encontre diante da seguinte situação: um bonde desgovernado avança rapidamente em direção a um grupo de seis pessoas, que serão atropeladas a menos que o veículo seja desviado. Puxando uma alavanca, você pode redirecionar o bonde, fazendo-o tomar um desvio. Porém, nesse desvio há uma pessoa que será morta se o bonde for para lá. Você precisa agir rapidamente: suas únicas opções são (a) nada fazer e deixar as seis pessoas morrerem, ou (b) puxar a alavanca, matando uma pessoa. Suponha que ninguém seja culpado pelo descontrole do bonde. O que você deve fazer?

Muitas pessoas, quando confrontadas com o problema do bonde, respondem que é admissível que se puxe a alavanca. Outras vão ainda mais longe, dizendo que seria moralmente errado não puxá-la. Mas há quem discorde, afirmando que seria moralmente errado sacrificar uma pessoa para salvar as outras seis – que seria uma violação de direitos do tipo mais grave, passível de ação penal por homicídio. O problema do bonde estimulou e continua a estimular intensas discussões, mas não cabe aqui recapitular todos os argumentos apresentados e as posições defendidas. Para nossos propósitos, é suficiente observar que a visão dos direitos como trunfos não está comprometida com qualquer resposta em particular ao problema do bonde, pois o direito de que goza a pessoa situada no desvio do bonde, e sob o risco de morrer, ainda precisa ser *especificado*. Há inúmeros modos de especificar os direitos dessa pessoa nessa situação, alguns dos quais não implicarão que se imponha aos outros indivíduos o dever de não puxar a alavanca para salvar as seis pessoas. Por exemplo, o direito à vida dessa pessoa poderia ser definido como o *direito de não correr risco de vida, excluída a necessidade de evitar o sacrifício de um grande número de vidas inocentes*. Assim descrito, este direito não seria violado pelo acionamento da alavanca. Muitos, no entanto, veriam nessa descrição o esfacelamento da própria idéia de posse de um direito: a definição dos direitos segundo padrões que os submetam a agregações de interesses alheios torna-os incapazes de fazer frente ao próprio elemento que dá origem à sua razão de ser. Note-se que, (re)descrevendo-se o direito da maneira sugerida, os direitos da vítima do acionamento da alavanca não sofreram sequer interferência!

A especificação dos direitos dos indivíduos é uma importante tarefa. Por fundarem-se os direitos nos indivíduos e em seus interesses, e pelo fato de esses indivíduos não raro entrarem em conflito, existe a possibilidade de que os direitos deles também entrem em conflito. Além disso, onde esses conflitos ocorrem, os direitos neles envolvidos sofrem uma relativa desvalorização: por meio dos direitos, guiamos nosso comportamento; quando eles entram em conflito, deixam de guiar-nos. Especificando-se cuidadosamente os direitos dos indivíduos e restringindo sua abrangência, podemos minimizar a ocorrência de conflitos de direitos. Não há razão, porém, para que se creia ser possível evitá-los por completo, e onde eles ocorrerem teremos de resolvê-los. Mas como? Duas possibilidades podem ser levantadas. Uma delas é organizar os direitos segundo uma hierarquia, de forma que os conflitos entre direitos situados em diferentes níveis dessa hierarquia possam ser decididos em favor do indivíduo que detiver o direito "superior". A outra possibilidade é atribuir um peso específico a cada direito e, na hora de julgar entre direitos conflitantes, levar em consideração o balanço geral de todas as razões. Se refletirmos mais um pouco, parece que essas duas estratégias se reduzem a uma mesma coisa. Só faz sentido falar de uma hierarquia de direitos se se admitir que exista alguma propriedade de que estes sejam dotados em proporção desigual; e que propriedade pode ser importante para tal decisão, a não ser uma que reflita eqüitativamente o balanço de todas as razões moralmente relevantes? Portanto, independentemente de supormos que os direitos se organizam segundo uma hierarquia, parece impossível evitar a conclusão de que estes – como quer que sejam especificados – devem estar sujeitos a ser sobrepujados por um balanceamento suficientemente bem ponderado de outras razões.

Além disso, essas razões morais preponderantes não precisam estar ligadas a direitos. Considere novamente o problema do bonde. Suponha que, nas mesmas circunstâncias do incidente, você fosse capaz de salvar os seis sem sacrificar ninguém. Seria errado de sua parte não salvá-los. Conforme já observamos anteriormente, é controversa a possibilidade de se traduzir para a linguagem dos direitos a reprobabilidade moral de não se salvar as seis pessoas, definindo-a com base em um direito – detido por elas – de serem salvas. Em outras palavras, nesta variante do problema do bonde, o dever moral que você tem está claro, independentemente de que se atribua ou não aos seis qualquer direito de serem salvos. Agora, ponha a outra pessoa de volta sobre os trilhos do desvio. Você deverá decidir se deixa o bonde matar as seis pessoas ou se puxa a alavanca, o que fará com que o bonde se desvie, salvando-as, mas matando a outra. Será que a questão geral acerca do suposto direito de fácil socorro, de que gozam as seis pessoas, realmente importa? Em outras palavras, faz alguma diferença que caracterizemos como um conflito de direitos (isto é, entre o direito de fácil socorro, dos seis, e o direito à vida, do outro) a situação que envolve o problema do bonde? É fácil definir os direitos das duas partes de forma a apagar seu aparente conflito. Já vimos que se poderia redefinir o direito da pessoa que está sobre o desvio. Além disso, ou em vez disso, é óbvio que o direito de socorro das outras seis pessoas também poderia ser definido de maneira mais restrita (particularmente, não parece que o socorro seja tão fácil numa situação em que você, o sujeito da ação, precisará matar um indivíduo inocente para realizar este socorro). A simples invocação de direitos não é capaz de resolver o problema do bonde, pois estes precisam ser especificados. Além disso, mesmo quando já estamos confiantes de ter especificado corretamente um direito qualquer, aparentemente precisamos admitir que, para cada direito, há possíveis considerações que lhe servem de contrapeso e são capazes até de sobrepujá-lo, uma vez que atinjam certo limite.

É possível negar que os direitos tenham limites. Não há autocontradição na afirmação de que, em situações como a do problema do bonde, o direito de uma pessoa à vida simplesmente "trunfa", mesmo diante do sacrifício das outras seis. Mas agora coloque seiscentas pessoas no lugar das seis. É razoável afirmar que o direito de uma prevalece sobre o das outras seiscentas? E que tal seiscentas mil? E seis bilhões? A partir de um ponto qualquer, aquilo a que se chamou de doutrina "sem limites" passa a parecer implausível. Imagine que você fosse forçado, por alienígenas, a escolher entre duas opções: (a) você e uma pessoa inocente (do mesmo sexo) sobrevivem, enquanto o restante da raça humana morre; ou (b) essa pessoa inocente morre, enquanto o restante da humanidade sobrevive. Você deve fazer sua escolha ligando um interruptor, que está na posição (a). Se você não ligar o interruptor da posição (a) para a (b), seis bilhões de pessoas morrerão. Se você o ligar, morre apenas uma pessoa. É implausível dizer que seria errado salvar a humanidade inteira à custa de uma única vida humana. O sacrifício desta pessoa não representa uma violação, mas, por assim dizer, uma "infração" de seu direito. Esta interpretação é mais sutil que a da doutrina "sem limites" – a qual defende que o direito de não ser morto prevalece, incondicionalmente, "mesmo que o mundo venha abaixo" – e é também mais sensível que a visão que nos autorizaria a simplesmente redescrever o direito do indivíduo isolado, de forma a tornar este direito inaplicável.

Qual é, na prática, a diferença entre a "doutrina dos limites" – que subordina os direitos a considerações compensatórias – e a "abordagem redescritiva" – que simplesmente redefine os direitos de forma a limitá-los, enquanto sustenta que estes, em um campo mais restrito, continuam sendo trunfos? Pode ser útil uma analogia tirada do direito constitucional norte-americano. O pacote de "vantagens" hohfeldianas que caracteriza os direitos de propriedade privada inclui uma imunidade contra a extinção da opção que o indivíduo tem de se recusar a vender, contra a vontade, sua propriedade. No entanto, o dispositivo de "desapropriação", da Quinta Emenda (da Constituição dos Estados Unidos), declara que a propriedade privada não pode ser desapropriada para uso público, a não ser mediante o pagamento de "justa indenização". De que modo o dispositivo de desapropriação afeta o pacote de direitos que caracteriza a propriedade? Uma abordagem "redescritiva" consideraria que o dispositivo supracitado elimina um dos elementos – a saber, a imunidade contra a venda compulsória – em relação ao Estado. A doutrina dos limites, por outro lado, pode conceber o pacote como intacto e a imunidade como "anulável" quando o interesse público assim exigir. No âmbito da abordagem redescritiva, as exigências de "utilidade pública" e "justa indenização" surgem apenas com o objetivo de especificar as circunstâncias que definem a imunidade contra a venda compulsória ao Estado. Na doutrina dos limites, porém, a condição de que a desapropriação sirva a fins de "utilidade pública" ressalta o fato de que normalmente a imunidade é absoluta, e a "justa indenização", por sua vez, significa que as normas não foram seguidas e, portanto, o proprietário tem o direito de ser indenizado como compensação pela infração (mas não "violação") de seu direito de se recusar a vender a propriedade. Embora ambos os modelos sejam capazes de descrever o evento, a doutrina dos limites deixa mais claro que, exceto em circunstâncias extraordinárias, a propriedade privada não está sujeita à venda compulsória e que, quando o Estado julga que o limite do extraordinário foi ultrapassado, o proprietário deve ser indenizado.

O conceito de infração dos direitos – que apenas a doutrina dos limites é capaz de incorporar – reflete o que se costuma chamar de "anulabilidade" dos direitos. "Anulável" significa "suficientemente importante para ser considerado definitivo em circunstâncias normais, mas sujeito a ser ab-rogado em situações extraordinárias". Contudo, quando ab-rogados, os direitos não desaparecem simplesmente. Geralmente, o detentor do direito merecerá considerações ulteriores, as quais podem tomar diversas formas, tais como pedidos de desculpas, indenizações e assim por diante. Por outro lado, se se adotar a abordagem redescritiva, não será tão fácil conceber a necessidade de tais considerações ulteriores para com o detentor do direito. A concepção dos direitos como "anuláveis" – em vez de absolutos – é também mais fiel ao papel que eles desempenham no discurso moral e jurídico. Um exemplo disso pode ser retirado do direito constitucional norte-americano: a Primeira Emenda à Constituição declara que "não se poderá legislar" no sentido de cercear a liberdade de expressão. Isto significa que não pode haver lei alguma para punir, digamos, indivíduos que declamem poesia por meio de megafones a altas horas da madrugada? A Suprema Corte norte-americana interpretou a Primeira Emenda de maneira a permitir que os estados regulem a liberdade de expressão para que esta se realize de forma razoável no que diz respeito ao "momento, lugar e modo". Uma abordagem estritamente redescritiva exigiria que esses momentos, lugares e modos razoáveis fossem especificados para que o conteúdo preciso do direito à liberdade de expressão pudesse ser revelado. A doutrina dos limites, dotada de maior sensibilidade, mostrar-nos-ia que "momento, lugar e modo" caracterizam uma série de possíveis considerações externas ao direito em questão – as quais, caso tenham peso suficiente, podem se sobrepor aos interesses particulares que sustentam o exercício do direito à liberdade de expressão por parte de certo indivíduo.

O desafio neogodwiniano e conseqüencialista ao modelo da permissão protegida

Suponha que cheguemos à conclusão de que os direitos têm limites e são, nesse sentido, anuláveis e não absolutos. Suponha ainda que concordemos que, em alguns casos, seria errado que ignorássemos as necessidades dos outros. Será que, com essas suposições, estaremos nós em cima de uma "corda bamba" que nos leva a um conseqüencialismo dos atos de proporções godwinianas? Lembre-se de que Godwin rejeitou a idéia mesma de um "direito de fazer o que é errado" (que ele qualificou, idiossincraticamente, como um direito "ativo"). Para Godwin, não pode existir nenhuma permissão de se praticar um ato diferente daquele que resultaria no maior bem para o mundo, impessoalmente considerado. Sabe-se que ele não acreditava na existência de opções morais, mas não está claro se ele acreditava na existência de genuínas *restrições* morais – isto é, obrigações de não realizar ações, obrigações essas que teriam como resultado o bem geral. Segundo Godwin, se o juízo que um indivíduo faz de algo, embora equivocado, for sincero, é proibido obrigá-lo a fazer o que é melhor. Porém, Godwin também se recusava a restringir a imposição de uma pressão social implacável (chegando até o ostracismo) sobre os indivíduos que incorressem em erro. Para ele, então, a concepção dos direitos morais fundada na permissão protegida é vã, pela simples razão de que não existem verdadeiras opções morais – a moralidade exige de nós, em caráter permanente, que atuemos no sentido de promover o bem geral. No caso da concepção da escolha protegida, a teoria godwiniana aceita-a com relutância (a despeito da aprovação implícita, porém limitada, do direito de fazer o que é errado). Para Godwin, os outros têm o dever de não "interferir" em nossos atos que se fundem em julgamentos equivocados, porém sinceros, acerca daquilo que trará as melhores conseqüências possíveis (mas interferência, neste caso, resume-se ao uso, ou à ameaça de uso, da força física). Na visão de Godwin, o único direito que temos é o de incorrer sinceramente em erro quando tentamos promover o bem geral, e mesmo esse direito é anulável, devendo ser posto de lado em situações de emergência.

Se concordarmos com Godwin (concebendo que os direitos são anuláveis e que temos a obrigação de ajudar os indivíduos muito necessitados, se somos capazes de fazê-lo sem grandes dificuldades), será possível que sejamos levados a uma série de concessões adicionais que nos conduzirão a um universo godwiniano onde não existem opções morais e onde haja apenas leves restrições à manipulação das pessoas – e de nós mesmos – em prol do bem geral? Existem influentes linhas de raciocínio neogodwinianas que levam justamente a essa conclusão. Suponha que eu tenha o direito de "fazer o que me aprouver" (para usar a frase de Godwin), sujeitando-me apenas a minhas obrigações correlativas aos direitos dos outros (inclusive ao direito deles de fazerem como lhes aprouver). No entanto, esse suposto direito está submetido a um limite, o que se evidencia nos casos de fácil socorro. Se eu puder, sem maiores sacrifícios, salvar uma pessoa que corre risco de morte, será moralmente errado que eu não o faça. Não precisamos dizer que a pessoa em perigo tem o direito de ser salva. Não precisamos dizer nem mesmo que os direitos de outras pessoas, de não serem prejudicadas, podem ser infringidos para que se realize o salvamento. A única concessão aqui exigida é a de que seria moralmente errado não prestar o fácil socorro – e esta é uma concessão muito difícil de ser evitada. Note-se, ainda, que o fato de termos feito tal concessão não nos obriga, necessariamente, a apoiar a imposição de sanções civis ou penais àqueles que se recusarem a prestar o fácil socorro. A pertinência desse tipo de lei do "bom samaritano" é outra questão a ser abordada.

De acordo com um dos princípios do raciocínio moral, se a prática (ou omissão) de certa ação for errada em determinadas circunstâncias, então também o será em todas as outras, a não ser que alguma destas se diferencie das demais em algum aspecto moralmente relevante. Costuma-se dar a ele o nome de "princípio das diferenças moralmente relevantes". Este princípio também é conhecido por outros nomes, mas este, em particular, fixa nossa atenção naquilo que é importante para nossos propósitos: quem quer que admita o erro de um ato φ em circunstâncias C e, ao mesmo tempo, queira negar que este mesmo ato seja errado em circunstâncias C' está obrigado pela lógica a apresentar alguma diferença moralmente relevante entre C e C'. De nada adiantará, por exemplo, que uma pessoa diga que dirigir em alta velocidade é errado em zonas residenciais, mas não em auto-estradas, a menos que esta pessoa saiba dizer qual é a diferença moralmente relevante entre as vias das zonas residenciais e as auto-estradas. Nem todas as diferenças entre as ruas das zonas residenciais e as auto-estradas serão moralmente relevantes. O fato de que o acesso de pedestres é proibido nas auto-estradas e permitido nas ruas das zonas residenciais caracteriza uma diferença moralmente relevante. Mas o fato de as auto-estradas, ao contrário das ruas residenciais, contarem com grandes placas verdes não caracteriza nenhuma diferença moralmente significativa (ao menos não de maneira óbvia).

É fato que há milhões de pessoas no mundo – muitas das quais crianças – que estão correndo risco de morte neste momento. A morte delas poderia ser facilmente evitada, mas não será, pois as medidas necessárias para que sejam salvas não serão tomadas. Seria muito errado não prestar fácil socorro a uma criança que estivesse se afogando em água rasa na minha frente, e assim, segundo o princípio das diferenças moralmente relevantes, também seria muito errado não prestar fácil socorro a uma criança africana que esteja morrendo de inanição, a não ser que haja alguma diferença moralmente relevante entre os dois casos. *Há*, de fato, diferenças óbvias: a piscina rasa hipotética onde a criança se afoga está na minha frente, enquanto a África está distante; a criança hipotética não pode ser salva por mais ninguém, exceto por mim, enquanto a criança africana pode ser salva por muitas outras pessoas; podemos conhecer concretamente a identidade da criança hipotética, enquanto a da criança africana necessitada não é conhecida por mim; seria possível salvar facilmente a criança hipotética, mediante uma simples ação física, mas, para salvar a criança africana, eu precisaria fazer uma longa viagem, ou então dependeria de toda uma cadeia de intermediários; meu êxito em salvar a criança hipotética é praticamente garantido, enquanto a salvação da criança africana é incerta – e assim por diante.

Dadas as inúmeras diferenças entre o caso da criança que se afoga diante de mim e o da criança africana com inanição, pode parecer inegável que haja algumas (e provavelmente muitas) diferenças moralmente relevantes entre os dois. Mas quais são elas exatamente? É claro que a diferença entre afogar-se e morrer de fome não é importante. A criança que se afoga, contudo, está hipoteticamente próxima e presente na mente do salvador hipotético. Além disso, nenhuma outra pessoa será capaz de salvá-la, e seu salvamento se dará por meio da ação direta do salvador em potencial. Ao menos à primeira vista, todas essas diferenças parecem moralmente relevantes (seja individualmente, seja de forma conjunta). Mas serão mesmo?

O que dizer da ação direta? Suponha que você fique preso a uma cadeira de rodas e dependa de uma enfermeira para transportá-lo de um lugar a outro. Essa enfermeira – que é uma excelente nadadora, mas não enxerga muito bem – empurra-o ao longo da beirada da piscina, e então você vê a criança se afogando. Diretamente, você nada pode fazer para salvar a criança, mas certamente seria errado não chamar a atenção da enfermeira para o acontecimento, providenciando assim o fácil resgate da criança por parte dela. O fato de que você, neste caso, não pode salvar diretamente a criança é moralmente irrelevante. Suponha, porém, que a enfermeira não seja uma boa nadadora, mas que haja alguém nas imediações que o seja. Seria certamente errado, de sua parte, não alertar a enfermeira para que ela peça ajuda a essa outra pessoa. O fato de você realizar o resgate por meio de duas etapas é moralmente irrelevante, assim como o número de intermediários entre você e a criança – seja quantos forem. O caráter direto do socorro é uma diferença, mas não uma diferença moralmente relevante.

Agora que já imaginamos o envolvimento de outras pessoas, suponha que você não esteja preso a uma cadeira de rodas e que a piscina esteja rodeada por uma multidão de bons nadadores. Todos os indivíduos presentes são perfeitamente capazes de salvar a criança e todos eles estão cientes da situação dela. É claro que, neste caso, não cabe a você salvá-la, não é mesmo? Certamente que não, no caso de alguém já estar salvando a criança. Mas suponha que ninguém esteja fazendo isso e que todos, ao contrário, pareçam estar totalmente indiferentes ao apuro da criança. Será admissível, então, que você diga que não é errado de sua parte também ignorar a criança, já que os outros a estão ignorando? Claro que não. O fato de os outros estarem agindo erradamente ao se omitirem não serve de desculpa para que você não faça o que está ao seu alcance. O fato de os outros não estarem ajudando, quando poderiam fazê-lo, não representa uma diferença moralmente relevante entre os dois casos iniciais. E se alguns dos transeuntes, também perfeitamente capazes de salvar a criança, fossem parentes próximos dela? Suponha que o pai dela estivesse ali do lado, sem fazer nada. A omissão do pai seria terrivelmente errada, mas como ela afeta a situação moral em que você se encontra? Independentemente de o pai estar ausente ou presente, o dever que você tem continua o mesmo. A omissão dele seria pior que a sua, mas a sua também seria muito errada.

Será que é realmente importante o fato de que o apuro da hipotética criança que se afoga é diretamente evidente a você, enquanto o da criança africana só é conhecido por meio de notícias de jornal ou na televisão? Modifique o exemplo da criança que se afoga: você está sentado à mesa, do lado da piscina, navegando na Internet por meio de seu *laptop*, que tem uma placa de conexão remota. Na tela do computador, aparece então o *e-mail* de um amigo que estava testando um telescópio em uma loja nas redondezas. A mensagem informa que há uma criança se afogando na piscina. Ainda que você não esteja vendo diretamente a criança em apuros, certamente seria errado, de sua parte, não tentar salvá-la. Tampouco importaria se você tivesse recebido a notícia através do *e-mail* de seu amigo ou por meio de uma notícia ouvida no seu rádio portátil. Você tomou conhecimento da situação da criança. A maneira como isso aconteceu é moralmente irrelevante.

O que dizer da distância? Esta pode afetar a confiabilidade de nossa percepção de que haja, de fato, alguém em apuros. Além disso, pode influir no grau do sacrifício, maior ou menor, que teremos de fazer para realizar a ajuda, bem como nas chances de essa ajuda dar certo. Mas não há dúvida de que há milhões de crianças que morrerão ao longo de nossa vida, e de que essas mortes poderiam ser facilmente evitadas. É fato, ainda, que algumas dessas mortes poderiam ser evitadas pela parcela de nosso salário que excede aquela que usamos para suprir nossas necessidades básicas. As probabilidades nos dois casos iniciais – o da criança que se afoga e o da criança africana – não diferem significativamente. Mas será que, mesmo depois de computada no cálculo dos custos e probabilidades, a distância ainda importa? Embora alguns tenham insistido que sim, é difícil entender por que ela deveria importar. Suponha que você seja capaz de andar cinco vezes mais depressa do que eu e possa ver cinco vezes mais longe. Estamos em lados opostos da piscina e não sabemos da presença um do outro. Estou mais perto da piscina e digamos que você esteja cinco vezes mais longe. Relativamente ao que acontece na piscina, você é capaz de ver e fazer, desde onde você está, o mesmo que eu, de onde estou. Presuma então que as circunstâncias sejam tais que seria errado que eu não salvasse uma criança que estivesse se afogando na piscina, o mesmo acontecendo em relação a você. Seria admissível que você dissesse que não tem a obrigação de fazer alguma coisa *só porque* está mais longe? Que eu saiba, não há por que afirmar isso. A distância, por si só, não tem relevância moral.

Talvez a discussão do parágrafo anterior tenha negligenciado um aspecto importante. Foi pressuposto que você tem mais poderes que eu, mas não foi declarado em que condição você e eu, respectivamente, nos encontramos, com relação às capacidades normais de visão e locomoção. Expliquemos isso melhor. Suponhamos que, em relação à média, eu seja fraco e você normal. Em outras palavras, minha capacidade de visão, bem como minha velocidade de locomoção, é de apenas um quinto do que deveria ser para uma pessoa da minha idade. Neste caso, parece óbvio que, se eu, mesmo sendo deficiente, tenho o dever de prestar socorro, então você, que é normal, também tem esse dever. A distância não importa. Mas suponhamos que eu seja normal e você seja dotado de uma capacidade extraordinária de visão e de uma velocidade fantástica de locomoção. Talvez fique menos claro, neste exemplo, que o fato de eu ter um dever implica que você também o deva ter, não obstante a distância. Você poderia perguntar por que sua habilidade de ver melhor e andar mais depressa deveria submetê-lo a pesadas obrigações, que você não teria se fosse apenas normal. Da distância em que você se encontra, estaria presumivelmente longe demais (se você fosse normal) para tomar conhecimento do evento e, mesmo que tomasse, seria incapaz de fazer algo a respeito. Por que você deveria ser penalizado, por assim dizer, pelo fato de ter habilidades acima do normal? Positivamente falando, você poderia afirmar que a distância é importante porque as capacidades humanas normais são importantes. Impor-nos o dever de ajudar pessoas distantes é ignorar as capacidades humanas normais, e é por isso que a distância importa.

Mas este tipo de defesa da importância moral da distância é falho. Suponhamos que você seja uma pessoa normal que, no entanto, trabalhou muito, ganhou dinheiro suficiente para comprar um binóculo e, mais ainda, juntou dinheiro suficiente para construir um robô multitarefa, resistente a qualquer tipo de intempérie e capaz de ir a qualquer lugar, o qual você pode operar por meio de um controle remoto. Você está sentado na mesa de um café, cinco vezes mais longe da piscina do que eu. Você está testando seu robô na piscina, operando-o pelo controle remoto enquanto o acompanha através do binóculo, quando de repente vê a criança se afogando. Você pode, com facilidade, fazer seu robô salvar a criança. Certamente seria errado de sua parte não fazer isso. Sua distância em relação à piscina é irrelevante, assim como também o é o fato de que você terá de se valer de poderes de visão e de locomoção muito maiores que o normal. Suponha que o robô ainda não esteja na piscina. Faria alguma diferença? Claro que não, pois podemos supor que o robô é capaz de chegar até a criança tão depressa quanto eu, que estou na beira da piscina e sou dotado de poderes humanos normais. Mas se você, neste caso, admitir que tem o dever de salvar a criança (mesmo estando distante da piscina), como poderá negar que teria o dever de fazer o mesmo caso possuísse extraordinários poderes inatos de visão e locomoção? Afinal, parece que o fato de você ter trabalhado muito para comprar o binóculo e construir o robô faz com que você tenha *mais* direito a receber as recompensas e livrar-se das obrigações do que se tivesse sido naturalmente dotado de poderes extraordinários. Por que razão o fato de você ter se esforçado menos para ganhar poderes especiais lhe autorizaria a ajudar menos os outros mediante o uso desses poderes? As capacidades humanas normais têm importância, mas não um tipo de importância que torne a distância, em si, moralmente relevante.

Se considerarmos essa linha de raciocínio neogodwiniana como vitoriosa e passível de ser generalizada, teremos de admitir que (dadas as necessidades não supridas no mundo e os meios à nossa disposição), a cada momento determinado, poucas opções morais genuínas se nos apresentam, se é que alguma o faz. Será que essa constatação também implica que não estejamos sujeitos a restrições morais? Uma restrição moral é uma exigência moral que nos proíbe de praticar certa ação (como, por exemplo, matar um homem rico), mesmo que essa ação, dentre todas as que se nos apresentam em um dado momento, seja a que teria como resultado o maior bem (tornaria possível distribuirmos a fortuna dele entre os necessitados). As restrições morais são o avesso das opções morais. Estas existem quando nos é moralmente permitido praticar uma ação diferente daquela que promoveria o bem maior. As restrições morais, ao contrário, nos proíbem de praticar uma ação, a despeito do fato de que ela seria, dentre todas as demais ações, a que resultaria nas melhores conseqüências. No âmbito do modelo da permissão protegida, os direitos dependem da possibilidade de existência das opções morais, o que não ocorre no caso do modelo da escolha protegida.

O modelo da permissão protegida nos dá direitos que se compõem de uma permissão moral de se fazer algo – e de outra de não se fazer algo – e de um direito de exigir a não-interferência de outros no exercício dessa opção moral. O argumento neogodwiniano rejeita esse modelo, mas parece deixar intacto o direito de exigir. De qualquer modo, ainda podemos interpretar os direitos morais como direitos morais de exigir a não-interferência – como "direitos de fazer o que é errado" – e, portanto, eles ainda podem desempenhar uma função anti-reativa: ainda que os outros não concordem com a maneira como exercemos nossos direitos, eles estão proibidos de interferir. Como vimos, os direitos – entendidos como restrições contra a interferência – têm limites. Se esses limites, porém, forem posicionados numa altura suficiente, os direitos geralmente nos protegerão contra a interferência dos outros no modo como vivemos nossa vida, mesmo que este modo esteja longe de ser o melhor possível.

A função recognitiva dos direitos também sobrevive ao ataque neogodwiniano, mas apenas parcialmente. Para um conseqüencialista dos atos, uma ação como a de abortar ou praticar a sodomia jamais será optativa: ou ela será proibida ou será obrigatória, e isso se deve apenas ao fato de que ela resulta ou não resulta nas melhores conseqüências. Nenhum outro aspecto da ação tem importância. Assim, nesse sentido, o conseqüencialismo dos atos consegue dar aos direitos aquilo que o modelo da permissão protegida busca – ele fornece uma justificativa para a visão de que nada existe de particularmente errado na homossexualidade, no aborto, em não vestir a burka e assim por diante. Mas isso só acontece porque, para o conseqüencialista dos atos, nada existe de particularmente errado em coisa alguma, exceto na que deixa de promover o bem maior. A partir da perspectiva neogodwiniana, a única coisa que determina um tipo de ação ou modo de vida é a ponderação a respeito de suas conseqüências. Quando a discussão passa a girar em torno desse tema, haverá, é claro, controvérsias a respeito de quais conseqüências entram em jogo e como elas entram em jogo. A esta altura do debate, contudo, já se terá descartado a idéia de que qualquer ação ou "estilo de vida" em particular seja inerentemente errado.

Realmente, como já vimos, há razões para se adotar a perspectiva do conseqüencialismo das regras, em detrimento de uma perspectiva estritamente fundada no conseqüencialismo dos atos. Pode-se dizer, por exemplo, que o conseqüencialismo dos atos não consegue atingir seu próprio objetivo, do mesmo modo que a estratégia indireta utilizada pelo conseqüencialismo das regras. É fácil entender como esta estratégia poderia causar a restrição das ações em busca das melhores conseqüências. É interessante fazer aqui uma analogia com aquilo que foi chamado de "tragédia dos comuns". Quando certo pedaço de terra não é de propriedade de ninguém, as pessoas que moram nas vizinhanças tendem a superutilizá-lo. Se, por exemplo, houver nesse terreno árvores frutíferas, cujas frutas serão de propriedade do primeiro que aparecer, então todos se sentirão estimulados a colher o maior número de frutas que puderem, o mais rapidamente possível, e ninguém se sentirá incentivado a deixar as frutas amadurecerem ou a cultivar as árvores. Todas as frutas são então colhidas, o que prejudica todas as pessoas. Seria melhor para todos se houvesse algum tipo de restrição à colheita das frutas, seja por meio da coletivização da terra, seja por meio de sua divisão entre os indivíduos, como propriedade privada. A não ser que o uso seja restringido, a tragédia – na forma de superutilização ou deterioração – é inevitável. Porém, note-se que, se os indivíduos – em vez de se preocuparem em maximizar seu próprio consumo – tentarem maximizar o abastecimento de frutas para todos, o resultado também será a tragédia. A menos que os esforços individuais sejam coordenados de alguma maneira, eles estarão sujeitos a se frustrar mutuamente. Se, por exemplo, você insistir em fertilizar o solo que eu já fertilizei, o resultado será a superfertilização, o ressecamento das raízes e, por fim, a morte das árvores. O mesmo se aplica à conduta humana em geral. A menos que se imponham algumas restrições que limitem nossa suposta permissão de perseguir o bem (seja ele individual *ou* comum), todos nós poderemos terminar pior do que começamos. O que é necessário é um conjunto de regras que impeçam a interferência (*interferência* no sentido de interação indesejada).

É bem fácil, então, perceber por que devemos abrir mão de um mundo em que a busca do bem seja permitida de forma irrestrita, em prol de um mundo em que essa busca encontre restrições. Mas o que não é fácil perceber é por que deveríamos abandonar este segundo tipo de mundo em prol de outro que inclua a permissão de *não* buscar o bem, dentro dos limites estabelecidos pelas restrições necessárias. Em outras palavras, o argumento a favor das restrições não serve para as opções. Será que existe, então, outro argumento que possa ser sugerido em favor das opções? Se não existir, então parece que não haverá lugar para as opções na perspectiva conseqüencialista (dos atos ou das regras). Uma perspectiva dos direitos fundada no conseqüencialismo das regras garantirá restrições e limites, mas – ao que parece – não garantirá opções. A função recognitiva dos direitos seria apoiada pelo conseqüencialismo das regras no seguinte sentido: a proibição tradicional de certos tipos de atos não encontraria apoio em nenhuma regra sustentável em bases conseqüencialistas. Por sua vez, a função anti-reativa dos direitos seria apoiada pelo conseqüencialismo das regras no sentido mais direto de que as regras conseqüencialistas proibiriam certos tipos de interferência na vida das pessoas, mesmo que para promover o bem maior (pelo menos até que certo limite seja atingido, como nos exemplos do bonde). Mas as opções não cabem dentro do conseqüencialismo – a não ser que haja alguma base conseqüencialista para a criação de uma regra que permita aos agentes ignorar, dentro do leque de restrições do conseqüencialismo das regras, a ação que trará as melhores conseqüências. Que base poderia haver?

Uma das respostas possíveis seria a de que os agentes se comportam melhor quando se lhes concede algum tipo de "trégua" moral. Pode-se constatar empiricamente que exigências morais muito rígidas levam a crises morais. Mas neste caso, como observamos à luz de Godwin, o que parece emergir é uma regra *exigindo* que aceitemos uma trégua, e não uma regra que nos permita, ao sabor de nossos próprios caprichos, escolher entre pedir uma trégua ou não. Mais uma vez, percebe-se que não é fácil conceber as opções morais de forma a encaixá-las no conseqüencialismo, mesmo que este conseqüencialismo seja o das regras.

Vidas distintas e razões "associadas ao agente"

A abordagem conseqüencialista dos direitos parece hostil à idéia de que os direitos não servem apenas para nos proteger contra a interferência alheia, mas também contra as exigências da moral. Não somos, porém, obrigados a aceitar essa abordagem, mesmo porque, como vimos, o conseqüencialismo já foi criticado por uma série de outras falhas. Uma delas, segundo se alega, é a de não respeitar a distinção entre os indivíduos. Essa crítica é direcionada ao método de agregação de conseqüências utilizado pelo conseqüencialismo, método este que tende a ter dois diferentes efeitos indesejáveis na maneira como se avalia a situação moral de um indivíduo. Em primeiro lugar, exige-se que o sujeito agente individual leve em consideração efeitos que, do ponto de vista de sua própria vida e de como ele deseja conduzi-la, não lhe interessam em particular. Em segundo lugar, o indivíduo fica exposto a um tipo de tratamento, por parte dos outros, que também ignora o papel especial que ele dá a seus próprios interesses, valores e projetos. Outro defeito do conseqüencialismo é sua incapacidade para reconhecer uma distinção entre dois tipos diferentes de razão. Uma delas é chamada de "razão dissociada do agente". Uma razão de agir dissociada do agente é uma razão universal – uma razão que todo agente racional, antes de decidir como agir, tem motivos para levar em consideração. A outra costuma ser chamada de "razão associada ao agente", assim conhecida por se revelar como uma razão apenas para o sujeito da ação, não precisando se caracterizar como tal para mais ninguém.

Ignorando as razões associadas ao agente e recusando a elas qualquer papel no edifício da moral, o conseqüencialismo nos faria pensar que todas as razões são dissociadas do agente. Mas, em nossas considerações morais cotidianas, as razões associadas ao agente desempenham um papel bastante importante. Se (relembrando o exemplo de Godwin) meu pai e o Arcebispo Fénelon estiverem ambos se afogando em minha frente, eu terei uma forte razão para salvar meu pai, razão essa que talvez nenhuma outra pessoa (fora de minha família) tenha – a saber, que ele é meu pai e o Arcebispo Fénelon não é.

Essas duas falhas apontadas (não levar a sério a diferença entre os indivíduos e não reconhecer dois diferentes e importantes tipos de razão) estão relacionadas. A diferença entre pessoas, desprezada pelo método agregativo do conseqüencialismo, vai além do fato de as pessoas geralmente darem maior importância, ou peso, a seus próprios desejos, desamores, amigos, parentes, projetos e objetivos. A diferença não é apenas quantitativa, mas qualitativa, e esta se reflete na diferença entre os dois tipos de razão: dissociada do agente e associada ao agente. Levar a sério as diferenças entre os indivíduos vai além de simplesmente permitir que estes – em um processo de ponderação e balanceamento de tudo em relação a tudo – adicionem alguns pontos a mais aos valores de sua própria vida e de seus próprios interesses, bem como aos valores da vida e dos interesses das pessoas mais próximas a eles. Ao atribuir um papel primordial às razões associadas ao agente na explicação da moralidade, o contratualista tenta levar em consideração essa diferença entre os sujeitos. Pode ser que o contratualista fracasse, mas o esforço sugere a possibilidade de uma abordagem alternativa da maneira como os direitos se encaixam na moralidade, uma abordagem que dê às opções um lugar mais garantido.

Mas de que forma uma distinção qualitativa entre as razões dissociadas do agente e as razões a ele associadas pode preparar o terreno para as opções morais? Uma resposta completa a essa pergunta nos levaria além dos propósitos deste livro. No entanto, podem-se sugerir duas maneiras possíveis de descrever as opções. Uma delas consiste em afirmar que as duas razões supracitadas são mutuamente incomensuráveis. As razões dissociadas do agente podem ser comparadas, classificadas e até mesmo pesadas entre si. Do mesmo modo, as razões associadas ao agente podem ser comparadas uma à outra, classificadas e pesadas. Mas não se podem fazer comparações entre as duas categorias, pelo menos não de forma confiável. Nesse contexto, a origem das opções está em que, para um dado agente, nem sempre é possível comparar o peso cumulativo das razões dele dissociadas com o das razões a ele associadas. Às vezes isso é possível (como, por exemplo, no caso do fácil socorro), mas não de modo geral. Sob o abrigo dessa incomensurabilidade é que as opções morais existem. Onde as razões dissociadas do agente e as razões associadas ao agente puderem ser comparadas, as opções deixam de existir, pois neste caso podemos presumir que o agente está moralmente obrigado a praticar o ato que ele tem mais razões morais para praticar. Mas, quando há incomensurabilidade, não há nenhum ato desse tipo e, portanto, nenhuma exigência moral de que se o pratique ou omita – existe, neste caso, uma opção.

Razões "supressórias"

Outra maneira de explicar as opções é recorrer à idéia de *razões supressórias*, que constituem um tipo de razão de "segunda ordem", cuja característica essencial é a seguinte: são razões que nos chamam a não agir em conformidade com o balanceamento das razões de primeira ordem referentes a uma determinada situação. Por exemplo, se eu criar uma regra contra a comercialização de ações depois das 17h, esta regra passa a funcionar como uma razão supressória em relação às razões de primeira ordem favoráveis e contrárias à comercialização de um determinado lote de ações depois das 17h. Minha conduta não deverá se guiar pelo balanço das razões favoráveis e contrárias à realização do negócio: estas razões estão suprimidas pela regra concreta que eu criei. Essa abordagem das "razões supressórias" dá substância própria à idéia intuitiva de incomensurabilidade, mas sem sugerir que haja algo de particularmente misterioso que torna incomensuráveis duas razões determinadas. Duas razões de primeira ordem podem ser medidas, uma em relação à outra, mas, quando uma delas entra no raio de alcance de uma razão supressória, o agente não deve passar a agir segundo o balanceamento dessas razões. Uma opção moral, então, pode ser entendida como uma permissão para praticar ou deixar de praticar um determinado ato que se manifesta onde e quando houver uma razão moral supressória que convoque o sujeito a não agir de acordo com o balanço das razões morais. Podem-se entender as razões associadas ao agente com base nessas razões supressórias que criam opções. Suponha, por exemplo, que eu esteja em posição de socorrer tanto Fénelon como o meu primo, mas que seja impossível socorrer ambos. O fato de um dos dois ser meu primo representa uma razão associada ao agente, a qual funciona como um motivo para socorrer meu primo e também como uma razão supressória que me chama a agir em detrimento do balanço de todas as razões, balanço este que me chamaria a socorrer Fénelon.

Estas duas idéias (incomensurabilidade e razões supressórias) sugerem, na melhor das hipóteses, o esboço de um possível método de inclusão das opções morais numa abordagem mais abrangente da moralidade, como o conseqüencialismo. Mas as perguntas difíceis permanecem. Como a moral pode tolerar razões *contrárias* à conduta guiada pelo resultado do balanço das razões morais? Como se podem conceber motivos que sejam exclusivamente pertencentes a um único indivíduo? Que motivo nos levaria a dizer que, dentre duas razões relevantes para a tomada de uma mesma decisão de ação, elas não têm igual peso nem pesos diferentes, mas sim que são "incomensuráveis"? Pode ser que haja respostas perfeitamente satisfatórias, mas, até que estas sejam elaboradas, a crença na existência de opções morais continuará carente de justificação.

Capítulo 10
O *que é* interferência?

Nosso conceito de direitos, propriamente dito, só apareceu na história quando as pessoas começaram a distinguir entre o que é certo em geral e o que é certo com respeito a um determinado indivíduo. Nós estabelecemos esta distinção por meio das expressões "direito objetivo" e "direito subjetivo", lamentavelmente enganosas. Há controvérsia a respeito do momento histórico em que essa distinção teria começado a ser feita, além do que se põe em questão, na verdade, até mesmo se esse momento já terá chegado, ao menos em algumas culturas não-ocidentais. Essa possível variabilidade histórica e cultural alimenta o problema do relativismo – isto é, a possibilidade de que os direitos não sejam universais, a menos, é claro, que sejam impostos a todo o planeta (solução esta que levanta outro problema, o do imperialismo).

Mas a concepção de direito subjetivo, embora necessária, não esgota, para muitos, a natureza e a contribuição essencial do conceito de direitos. Quase todos admitem que a força e a importância dos direitos residem nos deveres correlativos que eles implicam. Como vimos no capítulo 5, a análise que Hohfeld faz dos direitos e de suas relações lógicas desconsidera a distinção entre *deveres de não-interferência* e *deveres de que as coisas aconteçam de uma determinada forma*. A teoria hohfeldiana não inclui, em sua estrutura, o que muitos vêem como *a* função essencial dos direitos – isto é, dar à esfera da liberdade individual uma proteção contra a *interferência*, particularmente por parte do Estado e seus agentes. Se tudo se reduzisse a um dever de que as coisas aconteçam de uma determinada forma, então a contribuição característica do conceito de direitos se perderia (pelo menos segundo essa opinião).

A idéia de que os correlatos dos direitos morais são deveres de que as coisas aconteçam de uma determinada forma – e não deveres de não-interferência – causa outra insatisfação, que pode ser descrita como uma preocupação com o *problema do expansionismo*. A preocupação é que, a menos que se insista no conteúdo conceitual preciso dos direitos, a freqüência com que a linguagem dos direitos expressa assertivas morais de todos os tipos pode produzir a tendência de se fazerem reivindicações exageradas, injustificáveis e até disparatadas. O direito de não-interferência (que Sidgwick também chamou de direito à liberdade e Brandeis denominou "direito de ser deixado em paz") parece bem menos passível de gerar abusos, confusão, decepção e indignação injustificada do que o direito de que as coisas aconteçam de uma determinada forma.

Os direitos de não-interferência prevalecem sobre os demais? Direitos gerais e especiais

É possível mostrar que os direitos de não-interferência prevalecem sobre os direitos de que as coisas aconteçam de uma determinada forma? Uma das maneiras de se fundamentar essa prevalência é recorrer à distinção entre *direitos gerais* e *direitos especiais*. Direitos gerais são aqueles que os indivíduos possuem simplesmente em virtude de serem indivíduos ou por terem certas características. Por exemplo, meu direito à liberdade de expressão é um direito geral, pois eu o possuo apenas em virtude de ser uma pessoa – eu nada preciso fazer para ganhar esse direito e para contar com o dever correlativo de não-interferência por parte dos outros. Por outro lado, o direito de um credor ao reembolso é um direito especial: ele nasce da ação praticada pelo credor, de emprestar dinheiro ao devedor. Na verdade, o direito especial do credor deriva, conjuntamente, do direito geral de reembolso de dívidas e do fato de que este credor e este devedor, em particular, comportaram-se dessa maneira. Um direito é considerado especial não apenas por se dissociar do conjunto dos direitos gerais, mas também por não poder derivar apenas destes. Do fato de eu ter o direito à liberdade de expressão, segue-se que eu tenho o direito de cantar no chuveiro – mas isso não faz deste meu direito um direito especial no sentido aqui discutido. Um direito especial não é meramente a descrição de uma ação mais específica dentro do conjunto das ações previstas pelos direitos gerais. Ao contrário, ele depende de que seja praticado algum tipo de ação da parte do detentor do direito, ou de quem possui um dever correlativo ao direito deste.

Dada a diferença entre direitos gerais e especiais, pode-se formular a seguinte tese: direitos gerais de exigir são direitos contra interferência; seus correlativos jamais são deveres de que as coisas aconteçam de uma determinada forma, mas sempre são deveres de não-interferência. Além disso, certos direitos especiais são os únicos direitos morais de exigir que se correlacionam a deveres de que as coisas aconteçam de uma determinada forma. Esta é a tese de que *os deveres positivos são voluntários*. Ela nos diz que todos os deveres são (a) deveres de não-interferência, ou então (b) deveres em que incorremos em virtude de algum ato voluntário. Esta tese pode agradar aos defensores da idéia de que o mundo dos direitos inclui tanto o direito geral de vivermos nossa vida livremente, sem interferência dos outros, quanto os direitos especiais que surgem em virtude de nossa conduta voluntária – sem incluir, contudo, nenhum direito geral de que algo aconteça de uma determinada forma.

A tese de que os deveres positivos são voluntários elimina a possibilidade de qualquer direito geral ao bem-estar, à subsistência e a qualquer outro tipo de assistência. Elimina também a possibilidade dos deveres associados ao estado civil (tais como os deveres dos pais e dos filhos), a menos que possam ser associados, de algum modo, à conduta voluntária. Aos direitos gerais de exigir correspondem deveres correlativos de não-interferência – mas a omissão de assistência aos necessitados não pode ser entendida como interferência. A omissão de assistência poderia ser interpretada como o não-cumprimento de um dever correlativo a algum direito especial. Os direitos especiais, contudo, pressupõem alguma ação voluntária por parte do detentor do direito ou do portador do dever. Se, por exemplo, eu não tiver prometido a você que o salvaria em caso de afogamento, você não terá nenhum direito de que eu o faça, a despeito de quão seguro e fácil isso seja para mim. Obviamente, eu tenho o dever de não interferir em seu salvamento, mas este é um dever geral a que estou submetido, independentemente de qualquer ação voluntária a que eu me dedique. Mais uma vez, a omissão de uma ação e a interferência são coisas diferentes.

Mas que tipos de ação geram direitos especiais? Os três candidatos mais fortes são: ações praticadas pelo portador do dever, ações praticadas pelo detentor do direito e combinações das duas primeiras. As ações que geram direitos especiais, praticadas pelo portador do dever, são bem mais fáceis de entender. Digamos que eu tenha prometido a você que colocaria na secadora a sua roupa recém-lavada. Minha promessa é um ato voluntário que cria um direito especial, cujo correlativo é um dever de que as coisas aconteçam desta forma – ou seja, que sua roupa seja colocada na secadora. Para que o direito se exerça, você, o beneficiário do dever, não precisa fazer nada. Mas eu, o portador do dever, tenho de fazer mais do que apenas deixar de interferir no transporte da roupa da lavadora até a secadora; eu preciso fazer com que as coisas aconteçam de tal forma que a roupa seja transportada para lá.

O segundo tipo de conduta – a que envolve uma ação voluntária apenas por parte do detentor do direito – é mais problemático. Como pode um ato voluntário unilateral do detentor do direito lançar um pesado dever sobre outrem? Mesmo no caso de o portador do dever beneficiar-se da ação do detentor do direito (supondo-se que o peso do dever seja menor que o benefício), há algo que nos faz duvidar. Se eu, sem lhe pedir, lavar o seu pára-brisa, terei com isso adquirido o direito de que você faça algo em meu benefício? Ainda que, para algumas culturas (Mauss, 1990), a resposta seja sim, a maioria de nós (que não somos nativos das ilhas Trobriand, nem membros da tribo dos Tlingit ou dos Kwakiutl) diria que não. O que queremos é um exemplo contundente de conduta unilateral, por parte do detentor do direito, que submeta outras pessoas a pesados deveres.

O tipo de explicação que buscamos pode ser encontrado na teoria lockiana dos direitos de propriedade. A teoria de John Locke apóia-se na idéia de que, "misturando" meu trabalho a um pedaço qualquer do mundo, que não seja de propriedade de ninguém, eu estarei, por meio disso, adquirindo direitos de propriedade sobre ele. Assim, o mundo inteiro passa a ter o dever de não interferir no meu domínio da coisa assim adquirida. O direito de propriedade é especial, e não geral, pois, quaisquer que sejam as características necessárias para se fazer de alguém um detentor de direito geral, estas não são suficientes para criar *meu* direito a *essa* coisa. Se o simples fato de ser uma pessoa, por exemplo, fosse suficiente para que se criassem direitos de propriedade, estes precisariam ser compartilhados entre todas as pessoas. O que Locke procurava, contudo, era uma justificação para a propriedade *privada* – isto é, direitos de propriedade que dessem, a uma pessoa, a posse sobre uma *coisa, excluindo dessa posse* todas as outras pessoas.

O fato de eu adquirir direitos de propriedade privada impõe, a todas as outras pessoas, deveres correlativos de não-interferência. E o que eles fizeram para ficar sujeitos a tais deveres? Nada. Aqui está um caso de um direito especial que nasce apenas da ação do detentor do direito ou, se você preferir, da atividade do detentor do direito combinada com a inatividade ou com a atividade ineficaz daqueles que não conseguiram, antes de mim, misturar seu trabalho a essa coisa. Mas, para aqueles que se prendem à idéia de que os direitos especiais pressupõem alguma ação voluntária *por parte do portador do dever*, a justificação que Locke faz da propriedade privada se mostra insatisfatória. O que, exatamente, os "misturadores" tardios *fizeram* para que merecessem sofrer interferência em seu uso da coisa, cujo direito exclusivo de propriedade é reclamado por aquele que chegou primeiro? E este direito, por sua vez, desconsidera a possibilidade de que a sorte tenha favorecido aquele que chegou primeiro, bem como a de que o misturador tardio tenha maior necessidade e capacidade de cultivar a coisa a ele vetada. A teoria de Locke está condicionada a duas famosas pressuposições: que aqueles que chegaram primeiro deixarão "mais que o suficiente" para ser adquirido pelos que vierem depois, e que os que chegaram primeiro não destruirão aquilo de que se apropriarem. Porém, mesmo com essas pressuposições, a teoria de Locke negligencia um ponto crucial: por que deve recair sobre alguém o peso de uma obrigação que não é um dever geral de não-interferência (de fato, o direito de propriedade privada não é um direito desse tipo, pois o proprietário, no que se refere à coisa possuída, tem a permissão de interferir em minha condição, mas não eu na dele) nem um dever nascido de um ato voluntário do portador do dever? Em outras palavras, se o seu ato espontâneo de me beneficiar é geralmente insuficiente para impor a mim um dever, como pode o seu ato espontâneo de *beneficiar a si mesmo às minhas custas* ser suficiente?

Parece que, se os direitos são, em algum sentido, fundamentalmente "negativos" (isto é, direitos de exigir a não-interferência ou coerção), este fato precisa ser exposto de outra maneira, sem se recorrer à distinção entre direitos gerais e especiais. Da mesma forma que o apelo a Hohfeld não é capaz de estabelecer que os deveres correlacionados aos direitos de exigir são, fundamentalmente, deveres de não-interferência (em vez de deveres de que as coisas aconteçam de uma determinada forma), assim também o apelo à distinção entre direitos gerais e especiais é incapaz de estabelecer a primazia dos deveres de não-interferência.

A primazia da autonomia garante a primazia dos direitos de não-interferência?

Há outras justificações possíveis para a visão de que os deveres de não-interferência têm primazia sobre os demais. Essas justificações podem ser encontradas se voltarmos nossa atenção para os direitos e para aquilo que eles acrescentam à idéia correlativa de dever. Muitos argumentam em defesa do valor da autonomia individual, alegando que ela está no cerne do conceito de direitos. Segundo essa visão, a centralidade da autonomia para o conceito de direitos determina que, no âmago de um direito moral, deve haver um direito de exigir a não-interferência, e não um direito de exigir que as coisas aconteçam de uma determinada forma. Vamos pressupor que esse argumento seja válido e vejamos aonde ele nos conduz. A partir dessa pressuposição, podemos explicar, do seguinte modo, o que são os direitos morais de forma geral. Os direitos restringem o que as outras pessoas têm permissão de fazer em relação àquele que os possui: mesmo que os mais benéficos resultados pudessem ser obtidos por meio de um determinado tipo de interferência nos assuntos do detentor do direito, a existência deste direito implica que esse tipo de interferência é moralmente proibido – a menos que um determinado limite seja ultrapassado e, mesmo neste caso, o direito não deixa de existir, mas apenas gera deveres residuais de reparação pelo dano causado por sua infração. Esse potencial restritivo dos direitos protege os indivíduos contra a interferência alheia em suas escolhas relativas à maneira de viver, proteção essa que não depende da correção ou virtude do plano de ação escolhido pelo detentor do direito. A base da proteção que os direitos fornecem é, em vez disso, a própria importância da escolha autônoma, cujo valor independe dos méritos ou deméritos dos fins para os quais essa autonomia está dirigida. Este esboço da fundamentação dos direitos é coerente tanto com a teoria da escolha como com a do interesse enquanto teorias justificatórias, além de apresentar uma óbvia afinidade com a concepção dos direitos morais fundada na escolha protegida.

Devido ao fato de a escolha autônoma geralmente pressupor a capacidade de agir de acordo com a escolha que se fez, o respeito à autonomia significa a proibição de se interferir na ação. Os casos mais claros de interferência são aqueles em que o agente é tornado fisicamente incapaz de agir do modo como agiria se tal não tivesse ocorrido. Pessoas que foram mortas, mutiladas, presas, exiladas ou confinadas pela ação de outras são exemplos óbvios de indivíduos que sofreram interferência. Mas pessoas que foram maltratadas, intimidadas ou ameaçadas também sofreram interferência. Precisamos considerar, no entanto, dois tipos de situação-limite. Num deles, as ações dos outros tornam certa escolha mais custosa para o detentor do direito do que ele gostaria que fosse, tendo em vista os fins a que almeja. No outro, o detentor do direito carece dos meios necessários para agir conforme a escolha que ele faria. Ambas as situações envolvem custos. Na primeira, porém, os outros impõem – ou ameaçam impor – esses custos ao detentor do direito, enquanto, na segunda, os custos normalmente não são impostos pelos outros, mas já estão vinculados à escolha do detentor do direito, de tal forma que esta fica impossibilitada. As duas situações apresentam, respectivamente, a questão da imposição adequada de custos ao plano de ação do detentor de um direito, e a questão de saber se uma abordagem completa dos direitos deve permitir que cada indivíduo arque com seus próprios custos. A primeira dessas questões será analisada na parte restante deste capítulo e a segunda, no próximo capítulo.

A imposição de custos sempre caracteriza interferência?

Estamos partindo, então, da hipótese de que um direito moral de praticar uma ação φ implique um dever, da parte dos outros, de não interferir na escolha do detentor do direito, de praticar ou não praticar φ. Mas, como vimos, um direito moral de praticar φ, tomado isoladamente, não implica que o detentor do direito tenha uma opção moral com relação ao ato φ. Como solução, o modelo dos direitos morais baseado na permissão protegida acrescentaria essa opção, formando assim uma nova molécula de elementos hohfeldianos. Mas, no capítulo 9, vimos que há razões para duvidar da existência de opções morais. Portanto, surge a seguinte questão: se o detentor do direito tem um direito de exigir a não-interferência em sua escolha de praticar ou não praticar φ, isto o protege contra a imposição de custos – por parte de outros – sobre a escolha dele, caso faça a escolha errada? Expondo o argumento sem rodeios: admitindo-se que existam direitos de se fazer o que é errado, podem-se impor custos ao detentor do direito, caso este proceda de forma errada mas dentro de seus direitos? Considere-se o exemplo dos óculos de proteção usados pelos motoqueiros.

Suponha que, em um estado de natureza, onde não existem leis de trânsito, pilotar uma motocicleta sem usar os óculos de proteção seja suficientemente perigoso (tanto para o piloto como para os outros) para que se considere errado não usá-los. Suponha, ainda, que a importância da autonomia individual seja grande a ponto de os motoqueiros terem um direito moral de optar por usar os óculos ou não. Por uma série de razões, os motoqueiros poderiam preferir não usar os óculos de proteção: estes poderiam diminuir ou distorcer um pouco a visão, poderiam ser caros ou incômodos e prejudicar o próprio sentimento de liberdade que torna agradável pilotar uma motocicleta. Poderia acontecer, até mesmo, de alguns motoqueiros chegarem ao ponto de protestar, dizendo que é mais seguro pilotar sem os óculos (mas estamos supondo que eles estejam errados a este respeito).

Os óculos de proteção impedem que os olhos sejam atingidos por pequenos objetos, prevenindo assim a incapacitação repentina da visão, que pode causar batidas e outros acidentes. Estamos supondo que é errado não usar os óculos, mas os motoqueiros têm o direito de não usá-los.

O que poderia ser considerado como interferência no direito de não usar óculos de proteção? Esconder, roubar ou destruir a motocicleta de quem não usa os óculos certamente constitui uma forma de interferência, assim como esvaziar os pneus de suas motos, fixar os óculos na cabeça deles por meio de cirurgia, apedrejá-los, bem como fazer ameaças reais de praticar qualquer um destes atos. Godwin certamente concordaria com isso, pelo menos no caso do motoqueiro consciencioso: mesmo que, de forma geral e em todas as situações particulares, seja melhor usar os óculos, o respeito à autonomia do indivíduo – de fazer seu próprio julgamento referente àquilo que é melhor e agir de acordo com este – exige que o restante de nós não interfira. Mas lembremo-nos de que Godwin permitiria que exortássemos os motoqueiros a mudar de atitude, e até que os intimidássemos pedindo-lhes para que se mudassem para outro lugar caso não estivessem dispostos a usar os óculos. O fato de ser errado não usar óculos de proteção ao pilotar uma moto dá às outras pessoas a permissão moral de fazer comentários indesejáveis e até ofensivos sobre tal conduta, quando praticada por alguém. Isto não é interferência nem infração. A infração ocorre quando aquilo que, de outro modo, seria considerado violação de um direito passa a ser permitido devido ao fato de ter-se chegado a um limite estabelecido por razões compensatórias – mas não é isso que estamos imaginando aqui. Pode-se dizer que a admissão desse tipo de pressão social significa levar os erros muito a sério.

Entre os dois extremos (o da crítica permissível e o da coação violenta), pode-se discernir uma série de outros tipos de reação ou antecipação relativos à conduta em questão, muitos dos quais vinculam custos à conduta errônea do detentor do direito. Um deles consiste em atribuir a este a responsabilidade pelos resultados negativos que possam advir de sua escolha errada. Se entrasse algum cisco num olho do motoqueiro, impedindo-o de ver um pedestre a tempo de evitar atropelá-lo, então poderíamos considerar o motoqueiro como responsável pelo acidente, atribuindo a ele o dever de compensar o pedestre por quaisquer lesões sofridas. A justificativa de sua responsabilização seria a de que o acidente foi causado pela sua conduta errada de não usar os óculos de proteção. Se ele tivesse usado os óculos e, mesmo assim, de alguma forma, o cisco tivesse entrado em seu olho, não o consideraríamos culpado, nem esperaríamos que ele compensasse o pedestre.

Outro tipo de reação – no sentido antecipatório – a tal conduta consiste em fomentar uma cultura de uso dos óculos de proteção por meio de medidas que influenciem os motociclistas a usá-los. Isto poderia envolver incentivos e doutrinação. Seria admissível exigir dos motociclistas uma contribuição – financeira ou de qualquer outro tipo – a essas medidas? O direito de não usar óculos de proteção não implica, de nenhuma maneira óbvia, um direito de recusar-se a contribuir com a educação a favor do uso de tais óculos. Em outras palavras, ser obrigado a contribuir para a erradicação da conduta φ não representa uma interferência automática no direito de praticar φ detido por um indivíduo (políticas governamentais de desestímulo ao tabagismo, por exemplo, não interferem no direito de fumar, muito embora medidas que limitem o ato de fumar apenas a recintos privados cheguem bem perto dessa interferência).

Se deixarmos de lado o estado de natureza e imaginarmos um sistema legal em funcionamento, surgem outras reações possíveis. O respeito ao direito de praticar φ é compatível com a proibição de que se pratique o ato φ sem licença? E é compatível com a cobrança de uma taxa de licença junto aos que praticam o ato φ? Se o licenciamento e as taxas de licença são admissíveis, por que não o seria a cobrança de pequenas multas para cada ato φ? No limite, a distinção entre interferência e não-interferência se torna obscura. Quando não há nada de errado em praticar φ, sentimo-nos inclinados a dizer que até mesmo a crítica (ou chacota) àqueles que escolhem praticar φ é errada. Mas, uma vez suposto que seja errado praticar φ, parece que experimentamos uma inclinação contrária, ainda que também supusermos que haja um direito de praticar φ. A existência de um direito a praticar φ exige, logicamente, que certas reações ao ato φ sejam proibidas. Mas, analogamente, o erro de praticar φ exige que certas reações ao ato φ sejam moralmente permitidas. O panorama moral que se desenha nas vizinhanças de qualquer direito de fazer o que é errado será moldado por essas duas forças morais opostas.

O que pode ser dito, então, a respeito da natureza da interferência? Compare o caso dos óculos de proteção com um caso de erro ao qual não corresponda *nenhum* direito – o roubo, por exemplo. As reações moralmente permitidas, no caso do roubo, têm limites. Com certeza, não é moralmente proibido impor custos àqueles que roubam, mas também é certo que, do ponto de vista moral, não existe uma "temporada de caça" aos ladrões. Existem normas morais que definem imprecisamente o que é e o que não é interferência no ato de não usar óculos de proteção. Da mesma forma, há normas morais que definem o que é e o que não é "interferência" no caso do roubo. O que pode parecer estranho é a sugestão de que haja algo de errado – ainda que *prima facie* – em qualquer medida retaliativa que se tome em relação a uma "conduta errada desprovida de direito", como o roubo. Mas esta é justamente a sugestão que a idéia da "interferência em caso de roubo" parece implicar!

Um pensamento temerário pode nos ocorrer: a discussão sobre o direito de exigir a não-interferência no ato φ reduz-se à discussão sobre o leque e os contornos das reações morais admissíveis contra o envolvimento em atos desse tipo. Esse leque está sujeito a limitações, que dependem de φ ser ou não um tipo de ação que o agente tem o direito de fazer. Quando colocamos lado a lado os dois tipos de conduta errada, uma que corresponde a um direito e outra que não corresponde a um direito (por exemplo, não usar óculos de proteção, por um lado, e roubar, por outro lado), descobrimos que, aos dois tipos, correspondem punições moralmente admissíveis que podem ser impostas aos agentes em virtude do caráter reprovável das ações. Ao mesmo tempo, descobrimos que há limitações morais relativas ao leque de punições que é permitido impor sobre ações de ambos os tipos. Da mesma forma que não nos é mais permitido jogar ladrões em caldeirões de óleo quente, também não podemos fazer isso com motoqueiros sem óculos. O que vem a ser então um direito, para o modelo da escolha protegida, senão talvez um leque mais limitado e clemente de sanções morais admissíveis, ao qual o detentor do direito está sujeito? Somos então levados a concluir que, no âmbito da concepção da escolha protegida, esta variação de amplitude e severidade das sanções morais admissíveis é a *única* diferença entre ter e não ter um direito de praticar φ. Godwin ficaria contente.

Direitos de não-interferência como normas de posição e proporcionalidade

Portanto, a reflexão nos mostra que a proteção que os direitos nos oferecem é limitada de duas formas diferentes. Em primeiro lugar, nossos direitos não nos livram das pressões sociais e das conseqüências que não se caracterizem como interferência. Em segundo lugar, nem sempre (talvez nunca) nossos direitos nos eximem de sofrer interferência nas ocasiões em que houver uma série de razões extraordinárias em favor desta. Não obstante essas limitações, os direitos têm suas características e seus valores. Se os direitos são mais bem entendidos à luz da concepção da escolha protegida, a proteção que eles oferecem, por sua vez, pode ser mais bem entendida à luz do que eu chamarei de normas de *posição* e *proporcionalidade*. As normas de proporcionalidade caracterizam-se simplesmente como deveres que definem, dentro de determinados limites, o grau admissível de pressão que pode ser exercida sobre um indivíduo, para garantir a conformação de sua conduta às exigências da moralidade. Nem todos os erros morais são admissivelmente puníveis pelos mesmos expedientes (a prisão pode ser um corretivo admissível para o ladrão, mas não para o estacionamento em local proibido, por exemplo). De forma análoga, nem todos estão na posição adequada para aplicar pressões a fim de corrigir erros morais – por exemplo, é perfeitamente adequado que o mau comportamento de uma criança seja corrigido por seu pai, mas totalmente errado que isto seja feito por um estranho. A *interferência*, então, pode ser entendida como tudo aquilo que viole normas competentes de posição e proporcionalidade. Isso quer dizer que a interferência é um conceito moral, e não meramente físico, mas esta implicação está corretíssima. Tanto a ária da soprano como os sussurros dos senhores sentados perto de mim no teatro são vibrações acústicas, mas apenas uma das duas se caracteriza como uma interferência em meu direito de apreciar a performance da orquestra.

Uma vez entendidos os direitos à luz da concepção da escolha protegida, é possível apreender melhor o valor destes à luz das normas de posição e proporcionalidade. No âmbito da concepção da escolha protegida, pelo menos alguns de nossos direitos são "direitos de fazer o que é errado". O caráter reprovável de nossa escolha pode nos expor a pressões sociais permissíveis, mas não a pressões desproporcionais ou oficiosas. Por outro lado, quando um direito é concebido na linha do modelo da permissão protegida, eu não incorro em erro (seja qual for minha escolha), não havendo razão, portanto, para sanções sociais – muito menos para interferência – em minha escolha. A função anti-reativa dos direitos morais, tal como incorporada no modelo da escolha protegida, pode ser entendida como algo que nos protege contra pressões sociais *indevidas* e interferências *injustificadas* – e devemos reconhecer que permanecemos vulneráveis a pressões sociais (aplicadas em grau apropriado, por meio de agentes adequados), bem como a interferências justificadas por circunstâncias extraordinárias.

Esta compreensão da proteção fornecida pelos direitos também se aplica aos direitos positivos. O direito de X à assistência de Y, por exemplo, traduz-se no dever de Y de prestar assistência a X. Em outras palavras, a pungência do direito positivo de X reside na correspondente suspensão do direito negativo de não-interferência detido por Y. Neste caso – assim como no caso de Y roubar X – aplicam-se normas de posição e proporcionalidade que limitam o que pode ser admissivelmente feito a Y para garantir a assistência, ou para punir Y por ter-se recusado a prestá-la. Estas normas se aplicam a todas as ações, sejam estas proibidas, permissíveis ou obrigatórias. As ações permissíveis e as moralmente obrigatórias não justificam reações hostis por parte dos outros – portanto, o agente não carece de proteções morais ulteriores contra tais reações (dado o dever geral de não reagir injustificadamente às ações alheias). As condutas proibidas, por sua vez, demandam proteção contra as reações dos outros, uma vez que algum tipo de reação *é* permitido. Mas os direitos do malfeitor o protegem contra reações desproporcionalmente severas ou oficiosas – este é o valor dos direitos como restrições às reações, e é isto o que se deve entender por direito contra interferência.

Capítulo 11
O futuro dos direitos

A sondagem que fizemos dos esforços empreendidos, durante o século XX, em prol do entendimento da natureza dos direitos e do estabelecimento de suas bases morais é uma tarefa intelectual importante, mas representa apenas parte do problema. Como vimos no capítulo 6, a Declaração Universal dos Direitos Humanos, redigida em 1948, inaugurou o segundo período de expansão do discurso dos direitos. No entanto, pelo menos durante quinze anos, a tendência expansionista da retórica dos direitos foi contida pela polarização entre o Ocidente e o bloco soviético – a Guerra Fria. Devido, em parte, à expansão dos direitos estabelecidos com a Declaração Universal de 1948, ambos os lados valeram-se dela para fins de propaganda. Enquanto o Ocidente enfatizava o desrespeito aos direitos políticos no mundo comunista, os comunistas apontavam a insegurança e a desigualdade econômica toleradas no Ocidente, bem como as injustiças residuais do colonialismo – incluindo-se o *apartheid* na África e a segregação racial no sul dos Estados Unidos. Dadas a tensão e a hostilidade entre as partes, generalizava-se o incentivo à propaganda. No entanto, o aparente empate entre propaganda e contrapropaganda foi rompido por uma série de eventos, entre os quais a descolonização conduzida pelas potências ocidentais, o desmantelamento da segregação racial oficial nos Estados Unidos e o isolamento diplomático da África do Sul. O ponto crucial pode ter sido a Ata

Final de Helsinque, em 1975, que ratificou uma série de acordos entre o Ocidente e o bloco soviético, cujo efeito foi a criação de organizações não-governamentais (ONGs) sediadas no Ocidente e dedicadas à fiscalização do cumprimento, por parte dos soviéticos e do Leste europeu, dos tratados relativos aos direitos políticos de seus cidadãos. Com a dissolução do bloco soviético, em 1989, e da própria União Soviética, em 1991, a Guerra Fria chegou ao fim. Em ambos os lados da "cortina de ferro" que dividia o Oriente do Ocidente, o movimento pelos direitos humanos poderia certamente alegar-se catalisador de todos esses acontecimentos, os quais, além disso, pareciam assinalar a proximidade, se não a chegada, de um consenso global acerca do caráter prioritário e universal de um determinado conjunto de direitos políticos e civis.

Mas o fim da Guerra Fria não marcou o fim da história dos direitos, nem o fim do segundo período de expansão. Para começar, a maioria das nações do mundo – e de seus povos – ainda não desfruta da proteção efetiva dos chamados direitos humanos "de primeira geração" – os direitos civis e políticos com os quais os cidadãos das democracias ocidentais economicamente desenvolvidas geralmente contam. Em grande parte do mundo, a oposição política não é tolerada, a participação política é nula ou insignificante, prisão e detenção arbitrárias são lugar-comum e a discriminação por classe e por sexo é institucionalizada. O desrespeito aos direitos humanos de primeira geração, por parte desses governos e dessas sociedades, ocorre de uma maneira diferente daquela que se verificava no ex-bloco soviético. Os governos comunistas da era soviética não repudiavam, mas sim compartilhavam, uma herança intelectual comum do Iluminismo a respeito da importância do bem-estar individual. As divergências em relação às democracias ocidentais centravam-se nas questões prioritárias e políticas de implementação. Ademais, as constituições dos Estados soviéticos honravam – pelo menos em aparência – os direitos de primeira geração, além do que as mulheres soviéticas já desfrutavam de certas possibilidades de ascensão, embora limitadas, um pouco antes das mulheres ocidentais.

No limiar do século XXI, a resistência aos direitos de primeira geração passou a ser expressa e defendida mediante o apelo aos chamados *direitos de segunda geração*: um mosaico de direitos econômicos, sociais e culturais. Podem-se identificar duas linhas principais de argumentação. A primeira delas – bastante comum também durante a Guerra Fria – funda-se na priorização dos direitos econômicos e opõe-se à priorização ocidental dos direitos políticos e civis de primeira geração. A segunda – contrária ao internacionalismo do ideal comunista – consiste no apelo aos direitos das coletividades – e não dos indivíduos – de determinar e buscar realizar seus próprios valores culturais. Essas duas linhas de argumentação, diferentes entre si, merecem ser discutidas mais profundamente.

Direitos de segunda geração, e de terceira...?

Há, entre as nações, enormes disparidades no desenvolvimento econômico e, conseqüentemente, no bem-estar individual. De acordo com as estatísticas do Banco Mundial para o ano 2000, a nação com a maior renda *per capita* média do mundo é Luxemburgo (45.100 dólares); e a nação com a menor é a Etiópia (100 dólares). A diferença é gigantesca. A despeito da existência dos mercados globais, níveis de pobreza quase tão extremos como o da Etiópia continuam a existir em grande parte do mundo. Na ausência de um padrão de vida decente, quaisquer tipos de direito têm pouco valor. Além disso, o direito – de segunda geração – a um padrão de vida decente é reconhecido nos artigos XXII e XXV da Declaração Universal de 1948. Conforme observou Lee, ex-Primeiro-Ministro de Singapura, não há somente um caminho para o desenvolvimento econômico bem-sucedido (o PIB *per capita* de Singapura está entre os maiores do mundo). O sucesso econômico de diferentes países é alcançado por diferentes meios e, para alguns deles, um sistema de governo mais autoritário pode ser necessário para estabelecer um padrão de vida decente. Aceitar a autonomia e o bem-estar dos indivíduos como a finalidade adequada das políticas estatais não implica, necessariamente, priorizar os direitos civis e políticos de primeira geração. O contrário também pode ser verdadeiro, conforme sugere o sucesso econômico de Singapura e dos demais "Tigres Asiáticos". Portanto, conforme reza o argumento, honrar o direito humano a um padrão de vida decente exige que este tenha prioridade sobre alguns dos direitos civis e políticos de primeira geração.

Em resposta a este argumento, Amartya Sen (1999), entre outros, respondeu que a experiência demonstra que os países que violam os direitos de primeira geração atraem o desastre econômico. Em seu trabalho, Sen mostra que freqüentemente a tragédia da fome não ocorre por escassez de alimentos, mas pela má distribuição de recursos, causada pela proibição da liberdade de expressão e de imprensa por parte de um governo autoritário. Além disso, de acordo com a chamada hipótese da *"paz democrática"*, os governos autoritários são mais propensos a entrar em estado de guerra do que as democracias. Portanto, é mais provável que um governo autoritário conduza seu país para os desastres da fome e da guerra do que para uma situação de paz e prosperidade. Quer os direitos de primeira geração mereçam prioridade, quer não, eles são meios necessários – e não obstáculos – ao cumprimento dos direitos econômicos de segunda geração.

Podem-se dar dois tipos de resposta a estes argumentos. Um deles enfatizará a natureza empírica da questão acerca da melhor forma, para um determinado país, de alcançar o desenvolvimento econômico e cultural, bem como a insuficiência da análise das tragédias da fome no mundo moderno – feita por Sen – e da hipótese da paz democrática. Os subdesenvolvimentos não são todos iguais e nem todos eles são resultado da guerra ou da fome. Além disso, nem todos os regimes autoritários levaram seu país à fome ou à guerra. Devido à diversidade das condições locais e ao fato de as autoridades locais terem mais conhecimento das necessidades e dos remédios, conclui-se – segundo este tipo de resposta – que cabe a cada nação decidir, por conta própria, como estabelecerá as prioridades quanto ao cumprimento dos direitos de primeira e segunda geração.

O segundo tipo de resposta também recorre à autodeterminação, mas como um direito humano pertencente aos povos, e não mera regra prática de prudência. Cada povo não apenas tem a consciência do que é melhor para si, mas tem também um direito moral coletivo de determinar suas próprias prioridades. Qualquer tentativa, por parte de governos ocidentais ou de ONGs, no sentido de forçar os países em desenvolvimento a dar prioridade absoluta aos direitos de primeira geração – ou pior, aos direitos de primeira geração *tal como são concebidos no Ocidente* – representa um tipo de imperialismo neocolonialista. Esta construção argumentativa é uma expressão do problema do imperialismo mencionado no capítulo 1, mas aqui ele se delineia de forma mais sutil. Não há razão para que essa resposta expresse ceticismo diante da própria idéia de direitos humanos ou para que ponha em questão a aplicabilidade universal desta. Em vez disso, ela apresenta o apelo a um direito de autodeterminação atribuído a povos inteiros (e não a indivíduos), que se opõe aos esforços internacionais de garantir um regime de vigência universal dos direitos de primeira geração. Embora certos direitos de segunda geração – como o direito a mínimas condições de subsistência, por exemplo – possam ser considerados estritamente individuais, outros – como o direito à integridade cultural e à autodeterminação nacional – não o podem. Só é possível conceber estes últimos exemplos como direitos *de grupo* – isto é, como direitos que não se atribuem a indivíduos tomados separadamente, mas a grupos, coletivamente.

A concepção dos direitos de segunda geração como direitos de grupo foi defendida pela chamada perspectiva *comunitarista*. Os comunitaristas destacam a importância de pertencer a uma determinada comunidade como um componente essencial do bem-estar individual (além de um meio para alcançá-lo), ou do "florescimento", termo freqüentemente utilizado por eles (com conotações apropriadamente gestuais). Os comunitaristas defendem (não raro com ressalvas) a importância do patriotismo e do nacionalismo, que tendem a ser desacreditados pelo cosmopolitismo implícito na idéia de direitos humanos e pela perspectiva individualista supostamente fomentada pela "cultura" dos direitos.

Uma elaboração dos chamados direitos "de terceira geração" como direitos de grupo parece ainda mais pertinente. Os *direitos de terceira geração* são direitos de que o meio ambiente tenha certa qualidade ou de que a economia desenvolva-se até um grau suficiente. Os direitos das gerações futuras encaixam-se de maneira mais natural na categoria dos direitos de terceira geração. Estes direitos não são comunitaristas, mas tampouco são individuais. Deve-se entendê-los como pertencentes, de algum modo, à humanidade, sem se atribuírem a nenhum indivíduo ou grupo em particular. Embora, para alguns, direitos desse tipo possam parecer, na melhor das hipóteses, direitos "de manifesto", o simples fato de essa classificação existir serve para demonstrar a que ponto o "discurso dos direitos" se transformou em uma linguagem internacional que engloba, atualmente, todos os tipos de argumentos e reivindicações morais. (Partindo de uma perspectiva radical, Roberto Unger [1987] defende que aos incapacitados e aos desprivilegiados devem-se atribuir "direitos de desestabilização" para dissolver concentrações de poder econômico e político.)

Como vimos, o conceito de direitos é suficientemente elástico para admitir muitas dessas amplas concepções – senão todas elas. Quando falamos de um direito detido pelas gerações futuras, ou de um direito de que o meio ambiente não seja poluído, parece que estamos falando sobre *o que é certo*, e não sobre *um direito que se atribui* a qualquer indivíduo ou grupo específico. Em outras palavras, parecemos estar falando de direito objetivo, e não subjetivo. Mas, em vez de tentar legislar contra certos direitos de terceira geração, sob a alegação de que eles confundem o que chamamos de direito subjetivo e objetivo, pode ser melhor observar a ambigüidade e dar a interpretação mais benigna possível a toda reivindicação moral.

Embora, como vimos no capítulo 5, não seja absurdo atribuir um direito ("subjetivo") a um grupo, é fácil tornar ainda mais confusa a disputa em torno da prioridade relativa dos direitos de primeira e segunda gerações, se a interpretarmos, equivocadamente, como uma disputa entre a prioridade relativa dos direitos individuais e grupais. Esta confusão é manifestamente descabida no caso do direito – de segunda geração – a mínimas condições de subsistência. Se existe tal direito, cada sudanês o possui, independentemente do sentido que possa haver na idéia de que todo indivíduo sudanês tenha, digamos, o direito de que haja um Estado sudanês. É de se admitir que a estrada das reivindicações de direitos humanos anda congestionada. Mas, com o devido cuidado, é possível isolarmos as questões morais viáveis e inteligíveis que por ela transitam.

O minimalismo em matéria de direitos humanos

Há contudo outra abordagem que, diferentemente, lida com o problema da divergência que cerca as questões da definição e da prioridade dos direitos humanos, insistindo que as reivindicações por direitos humanos devem ser restringidas a um mínimo. Esse tipo de abordagem – conhecida como "minimalista" – pode-se explicar talvez como resultado do receio de que o discurso dos direitos humanos esteja em via de se transformar em um cassetete pesado demais para ser manejado. À medida que as reivindicações por direitos proliferam, a linguagem dos direitos humanos passa a carregar uma bagagem desnecessária e pesada de tipo normativo e metaético. O acúmulo de bagagem normativa consiste no fato de que cada geração adicional de direitos nos afasta mais de um consenso. Compare, por exemplo, um direito paradigmático de primeira geração – o de não ser torturado – com o direito (de segunda geração) a um padrão de vida decente (um exemplo mais razoável que o do direito a duas semanas de férias remuneradas, enunciado no artigo XXIV da Declaração Universal).

Ainda que a tortura seja muito praticada, sua condenação é praticamente universal. Mas falar do direito a um padrão de vida decente parecerá, a muitos, uma confusão entre uma meta válida e uma reivindicação discutível, abstrata e não-obrigatória de direito individual. Caso existisse um direito como este, a quem caberia o dever correlativo? Aos vizinhos? Aos vizinhos ricos? Ao Estado? À comunidade internacional? A você e a mim? Caso existisse tal direito, por que meios deveria ele ser imposto? De maneira direta? Pedindo-se ao governo? Apelando-se à consciência dos que forem capazes de ajudar? Caso existisse tal direito, poderia ele ser abolido por negligência ou imprudência? Muitas das preocupações céticas (senão todas elas) levantadas por Bentham contra a Declaração Francesa voltam à tona aqui: afinal, "fome não é pão", e muitas pessoas – não necessariamente insensíveis – acrescentarão que a necessidade de pão não é um direito a ele. O que ocorre quando as reivindicações de direitos humanos se expandem para além do consenso? Além de ser improvável que essa expansão traga algum tipo de vantagem efetiva para os detentores de direitos em potencial, a própria linguagem dos direitos se deteriora de tal maneira que até mesmo as proteções aos direitos consensuais de primeira geração ficam enfraquecidas.

A temida debilitação do discurso dos direitos pode surgir como resultado do fato de que as incontornáveis dificuldades de harmonização de reivindicações polêmicas por direitos lançam dúvidas sobre as bases metafísicas de todo o discurso dos direitos, seja ele controverso ou não. A abordagem minimalista adota o que Rawls chamou de "método de evitação" das questões metaéticas e metafísicas. O receio do minimalismo é o de que a revolução dos direitos superestime suas próprias possibilidades. O progresso moral que a adoção universal do discurso dos direitos humanos representa não deve ofuscar o fato de que ela não foi acompanhada por nenhum progresso metaético. As bases intelectuais para as asserções morais de todo tipo são muito mais duvidosas hoje do que durante o primeiro período de expansão do discurso dos direitos. Ignorar este fato é encorajar o dogmatismo em matéria de direitos e desprezar a dura lição do primeiro período de expansão: o dogmatismo em matéria de direitos (humanos, morais ou naturais) pode ser tão destrutivo quanto qualquer outro tipo de dogmatismo moral. A abordagem mais adequada deve respeitar a dificuldade das questões morais e a irredutível variedade de valores de que os indivíduos lançam mão para responder a elas. O consenso deve ser nutrido e resguardado, nem que para isso seja necessário reduzir os direitos humanos válidos e internacionalmente obrigatórios a uma lista mínima, em que faltem até mesmo alguns direitos de primeira geração. A opção alternativa equivale à declaração de uma guerra (quase) religiosa.

Embora o minimalismo não exija, do ponto de vista lógico, a rejeição do direito humano obrigatório a uma renda mínima decente (seja como reivindicação de um indivíduo junto ao Estado sob o qual reside, seja como uma reivindicação mais abrangente em relação a outros países ou mesmo a outros indivíduos por toda a parte), seu espírito é decididamente relutante quanto a essa questão. Como problema tático, desprezar o direito (de segunda geração) a uma renda mínima decente – sob a alegação de que ele não passa, na melhor das hipóteses, de um direito "de manifesto" – pode parecer um preço razoável e necessário a se pagar para manter coeso um consenso internacional contra as violações mais flagrantes dos direitos de primeira geração. Minimalistas como John Rawls não apenas se negam a aplicar, no plano internacional, os princípios distributivos que a justiça exige no plano doméstico, mas também se mostram transigentes em relação à imposição de certos direitos de primeira geração, particularmente os relacionados à não-discriminação e à participação política (2001).

O minimalismo em matéria de direitos humanos tem fundamento?

A esta altura, vale a pena recapitular resumidamente o que está em jogo quando se afirma a existência de um direito humano. Uma reivindicação de direitos humanos representa, no mínimo, a alegação de que certos interesses humanos são suficientemente importantes para que dêem origem a um dever, por parte dos outros, de realizar ou não realizar certo tipo de ação que, se levada a cabo, teria o efeito de prejudicar os interesses do detentor do direito – "interferindo" nestes interesses ou em atos relacionados a eles. O direito à liberdade de expressão, por exemplo, funda-se no interesse universal dos homens de expressar seus pensamentos e sentimentos, o qual é suficientemente importante para impor aos outros o dever – ao menos *prima facie* – de não silenciar alguém à força ou por meio de ameaças e de não praticar certos atos que prejudiquem os interesses de expressão de alguém. Meu direito à liberdade de expressão deixa os outros livres para me contradizer, criticar, ridicularizar ou ignorar, mas não para me amordaçar e fustigar, ou acionar sirenes para que o som de minha voz não seja ouvido. Meu direito à liberdade de expressão está sujeito a uma série de condições e é anulável, caso possa resultar em catástrofe. Esta é a noção-chave a que chegamos ao fundamentar um direito de exigir hohfeldiano com uma justificação nos moldes gerais das teorias justificatórias da escolha ou do interesse. Esta molécula mais simples desempenha uma função "anti-reativa" no sentido mais literal possível. Meu direito à liberdade de expressão significa que os outros são obrigados – de determinadas formas – ao dever de não reagir (ou de não se antecipar) ao que eu possa dizer.

A preferência de alguém pela parcimônia, ou "minimalismo", na abordagem dos direitos pode significar uma série de coisas. Pode significar, por exemplo, uma preferência pela concepção enxuta da escolha protegida (descrita no parágrafo anterior), em vez do modelo da permissão protegida, que construiria uma opção moral a partir desse próprio direito. Por outro lado, poderia também significar a relutância em se conceber como um direito humano o poder bilateral (do detentor do direito) de imposição e renúncia, característico da teoria conceitual da escolha. Poderia ainda significar uma disposição para defender que o leque de interesses humanos suficientes para que se criem um direito de exigir e o dever correlativo a este é bem menos amplo do que se poderia supor. E poderia, finalmente, significar a preferência por uma combinação de algumas dessas restrições ou até mesmo de outras (algumas pessoas, por exemplo, não gostam da idéia de direitos de grupo).

Mas aqueles que recomendam uma postura minimalista em relação aos direitos humanos parecem motivar-se não tanto por escrúpulos conceituais, mas pelas preocupações práticas anteriormente mencionadas: de que a própria escassez de fronteiras conceituais logicamente obrigatórias alimente a tentação de conceber à luz dos direitos todo e qualquer tipo de asserção normativa, e de que esta suscetibilidade inerentemente inflacionária do discurso dos direitos seja capaz de anular, em grande parte, o progresso moral alcançado no plano internacional desde a Segunda Guerra Mundial. O panorama das demandas por intervenções militares humanitárias para proteger os direitos humanos, em lugares como Kosovo e Ruanda, reforça ainda mais esse tipo de preocupação. Se os direitos humanos são – para usar a frase de Michael Ignatieff – "um credo de combate" (1999), então seria perfeitamente prudente defender sua moderação e seu minimalismo.

Pelo menos em um aspecto, contudo, a postura minimalista vai bem além da simples recomendação de prudência na imposição dos direitos: na já mencionada questão da existência de um direito humano a uma renda mínima digna. Pode-se dizer que a idéia implícita aqui é a de que um direito assim é tão inerentemente desestabilizador que o mero reconhecimento dele – e até mesmo sua simples reivindicação como direito "de manifesto" – tenderia a trazer conseqüências desastrosas. Há dois sentidos diferentes em que um direito humano pode representar uma exigência de justiça: pode ser uma exigência de justiça junto ao Estado (se houver) sob o qual reside o detentor do direito, mas pode também ser uma exigência junto a outros Estados, ao sistema internacional dos Estados ou a todos os indivíduos em todos os lugares. Uma vez que o respeito aos direitos humanos, conforme se tem insistido, é uma condição necessária para se pertencer à comunidade internacional, o reconhecimento de um direito humano a uma renda mínima decente – no primeiro dos sentidos listados – pode exigir dos Estados a adoção de medidas redistributivas, sob pena de sofrerem sanções internacionais. O segundo sentido em que um direito humano expressa uma demanda por justiça tem um alcance ainda maior. Se há, de fato, um direito humano a um padrão mínimo de vida decente, então todos os Estados da comunidade internacional e todas as pessoas, em todos os lugares, estão dentro do raio de alcance dele; e aqui há uma linha de falha preocupante, não tanto entre o Ocidente e o resto do mundo, mas principalmente entre o Sul e o Norte, entre os ricos e os pobres.

Neste último caso, o minimalismo, ironicamente, alinha-se a certas correntes – fundadas nos direitos de segunda geração – de resistência às garantias internacionais aos direitos humanos de primeira geração. Este tipo de corrente dá ênfase não aos direitos econômicos, mas aos de autodeterminação nacional ou cultural. O direito grupal de um povo a organizar-se politicamente de uma maneira que reflita e perpetue suas próprias tradições culturais também está presente nos documentos básicos sobre os direitos humanos, particularmente no Pacto Internacional dos Direitos Econômicos, Sociais e Culturais, de 1966 (Brownlie, 1992). Um minimalista cuja preocupação fosse apenas a de minimizar o número de pressupostos normativos e metaéticos talvez não veja com bons olhos esse tipo de direito de grupo. Mas um minimalista preocupado sobretudo em promover o consenso demonstraria apreensão diante da grande devoção que as ideologias nacionalistas despertam em nossos dias. Na verdade, o direito internacional – em seu sentido "positivo" ou descritivo – repousa sobre o pressuposto de que os Estados tenham direitos à integridade de seu território e a fechar as portas aos imigrantes. Como direitos morais, é de esperar que direitos de grupo tão abrangentes sejam problemáticos para um minimalista – pois como se pode conciliá-los com o "individualismo metodológico" das ciências sociais empíricas? Como fazer para defendê-los segundo o modelo justificatório da teoria do interesse? Mas, por outro lado, um tipo de minimalismo que seja sensato suspenderá questões corrosivas como estas, na esperança de manter um amplo consenso a respeito dos direitos humanos em um mundo que permanece apegado a ideologias nacionalistas.

Será interferência deixar que cada qual arque com os custos das próprias opções?

A imprecisão e a dificuldade das questões de justiça distributiva, bem como seu potencial explosivo, são razões freqüentemente citadas em prol da priorização dos direitos civis e políticos de primeira geração (em detrimento dos direitos econômicos de segunda geração) por parte de uma teoria da justiça no âmbito nacional. Esses fatores se combinam quando a questão da justiça distributiva é transposta para um contexto internacional, sobretudo quando se tem em vista a história aborrecida e as desigualdades dramáticas que caracterizam as relações entre as nações em desenvolvimento e as industrializadas, localizadas respectivamente ao sul e ao norte do equador. Seria preferível, talvez, que as questões de justiça distributiva fossem excluídas da agenda internacional dos direitos humanos. Mas é importante distinguir entre a questão da prudência de se insistir em um direito e a da própria existência desse direito. Uma postura minimalista em relação aos direitos humanos de justiça distributiva não deveria tirar partido desse tipo de confusão. Há alguma razão especial para ser cético a respeito da própria existência de um direito à justiça distributiva (incluindo-se o direito a uma renda mínima decente)?

No capítulo 10, distinguimos dois tipos de caso em que faltam ao indivíduo os meios necessários para agir em conformidade com sua escolha, devendo então arcar com os custos da aquisição desses meios. No primeiro tipo de caso, os outros impõem esses custos ou ameaçam fazê-lo, enquanto, no segundo tipo, esses custos não são impostos pelas outras pessoas, pois já se vinculam, de uma maneira determinada, à própria escolha do detentor do direito, impedindo-a de se efetivar. A questão agora é se é possível sustentar que um indivíduo tenha o direito de que se não lhe imponham custos (isto é, um direito de não sofrer interferência) e, ao mesmo tempo, não tenha o direito de que outros o ajudem a arcar com eles. Se analisarmos essa questão no quadro da teoria do interesse, chegaremos à conclusão de que há – por parte do detentor do direito – um interesse suficientemente importante para que se justifique a imposição, aos outros, de um dever de não impor custos à ação desse sujeito, interesse este que, não obstante, revela-se insuficiente para justificar a imposição, aos outros, de um dever de ajudar nos custos da ação desse mesmo sujeito. E que interesse seria esse? Pode-se alegar um interesse de autonomia como resposta a esta pergunta – em outras palavras, que o interesse de um indivíduo pela autodeterminação *é* importante o suficiente para que se negue aos outros a permissão de interferir nas ações dele, dentro de determinados limites. Porém, esse interesse não tem relação alguma com o fato de eles terem ou não a permissão moral de não ajudá-lo, ou de não facilitar suas ações, dentro desses limites. Por quê? Porque, neste último caso, a ajuda dos outros faria com que a ação dele não fosse mais de *auto*determinação? Se *ajudar a fazer* equivalesse a *fazer para*, o argumento da autonomia, contra o reconhecimento do direito à assistência, funcionaria. Mas, de modo geral, simplesmente não é verdade que, quando uma pessoa é ajudada por outras, possa ser dito que ela não praticou a ação por conta própria. Às vezes se pode dizer isso, mas em geral não. Prestar ajuda financeira a um estudante não é o mesmo que fazer as provas para ele. Se nos considerássemos autores apenas daqueles atos que praticamos de maneira totalmente autônoma, então descobriríamos que, na verdade, são muito poucos os atos que deveras praticamos.

O apelo à autonomia não consegue responder ao seguinte desafio: se a autonomia é um interesse tão importante assim, por que ela não seria capaz de gerar tanto deveres de assistência quanto de não-interferência e, correlativamente, direitos de assistência e de não-interferência? Ou, exposta no linguajar dos direitos, a questão fica assim: se a autonomia é um interesse tão importante assim, por que os seres humanos não possuem o direito aos mínimos meios necessários ao exercício de sua autonomia? Não vale aqui responder que é permissível *deixar* que faltem aos outros os meios suficientes ao exercício de sua autonomia, embora não seja permissível *fazer* com que faltem a eles esses meios. Esta resposta é apenas um apelo vago à idéia de que os direitos "negativos" tenham algum tipo de prioridade sobre os "positivos". Como vimos no capítulo 10, não há bases conceituais sólidas para essa alegação de prioridade. As bases para qualquer alegação de prioridade desse tipo devem, em vez disso, ser normativas, isto é, devem consistir em razões morais. E é exatamente este tipo de razão que não encontramos quando nos lançamos à procura de bases para negar que os seres humanos tenham o direito a um nível de subsistência minimamente suficiente para permitir que eles ajam com autonomia.

Em um mundo de franca desigualdade, não é fácil reconciliar o minimalismo em matéria de direitos econômicos individuais com o "*supra*minimalismo" relativo a direitos grupais de exclusão de indivíduos de territórios nacionais. Milhões de indivíduos produtivos, por exemplo, estão atualmente presentes de forma ilegal nos Estados Unidos, e a maioria deles são refugiados econômicos e não políticos. Eles estão presentes nesse país porque é nele que encontram empregadores dispostos a pagar-lhes os melhores salários. Que direito se pode invocar para expulsá-los desse território, se a presença deles não viola o direito de ninguém (como de fato não viola)? Há uma flagrante má distribuição de riqueza no mundo e imigrantes como esses estão agindo pacífica e construtivamente para corrigi-la. Eles não precisam reclamar nenhum direito de assistência positiva, pois tudo o que exigem é a liberdade "negativa" de não sofrer interferência enquanto residem e trabalham onde o mercado lhes oferece moradia e trabalho voluntariamente. Para eles, não há dúvida ou complicação alguma sobre aquilo a que têm direito, pois o próprio mercado se incumbe de determiná-lo: eles têm direito à quantia que recebem de seus empregadores, estabelecida livremente mediante contrato de trabalho. Aqueles que alegam que os imigrantes roubam os empregos dos cidadãos nativos ignoram o simples fato de que tais empregos não são de propriedade de ninguém. É verdade que, na medida em que as fronteiras se abrem, os cidadãos nativos são privados do direito de determinar as características de seu território por meios supressórios. Mas as credenciais deste suposto direito (de grupo) estão à altura das do direito individual de livre locomoção e de ingresso no trabalho produtivo? (Se a teoria da propriedade, de Locke, for invocada para sustentar a reivindicação de um grupo relativamente a seu território, como se poderá satisfazer à condição de "não-deterioração", onde a falta de mão-de-obra faz com que sobrem ofertas de emprego?) Não pretendo, com isso, sugerir que simplesmente não haja meios de se defender a prática da restrição à imigração, mas sim enfatizar que a combinação de individualismo e cosmopolitismo inerente à idéia de direitos humanos destrói o credo do nacionalismo. De certo modo, isso não surpreende, uma vez que foi como reação aos terríveis excessos dos nacionalismos germânico e japonês que o segundo período de expansão dos direitos começou, assim como o primeiro período de expansão começou como reação à destrutiva controvérsia religiosa que fomentara guerras na Inglaterra e na Europa.

O que há de tão especial nos seres humanos?

O segundo período de expansão também testemunha outra dimensão expansionista. Uma das maneiras de se entender o progresso moral recorre à metáfora do "círculo em expansão". No século XVIII, os direitos se restringiam aos indivíduos brancos, do sexo masculino e com posses. Gradualmente, eles se estenderam para todas as pessoas, independentemente de raça, sexo ou recursos. Poucas pessoas duvidam seriamente de que essa expansão do círculo de proteção aos direitos represente um progresso moral. Mas a metáfora do "círculo em expansão" é ambígua, por não conseguir definir se a expansão está intrinsecamente limitada ao círculo humano (ou ao círculo da humanidade sã, adulta e não-criminosa) ou se, em vez disso, deve-se pensar que essa expansão seja capaz de ir além do círculo da humanidade e abarcar, digamos, os animais superiores ou todos os animais, ou até mesmo toda a vida, ou toda a biosfera do planeta. Trata-se de uma "expansão *do* círculo" ou meramente de uma "expansão *até o limite do* círculo"?

A análise do conceito de direitos humanos não desfaz a ambigüidade. Poderíamos pensar que os direitos humanos são direitos que se atribuem a todos os seres humanos (e apenas a eles), que possuem esses direitos apenas em virtude de sua humanidade, isto é, em virtude de serem humanos. Embora a questão possa parecer trivial, ela não é, pois na verdade ela é controversa e aparentemente continuará sendo. A controvérsia é possível – e inevitável – devido ao fato de que a expressão "direitos humanos" é tão ambígua quanto a metáfora do círculo em expansão. Os "direitos humanos" podem significar "os direitos que pertencem aos seres humanos enquanto tais", ou "os direitos paradigmaticamente atribuídos aos seres humanos em virtude de possuírem características e capacidades importantes". No primeiro sentido, é evidente que os animais não-humanos não podem ter direitos humanos (e óbvio também que se podem atribuir direitos humanos a fetos humanos e a seres humanos em estado de coma permanente). Mas, no segundo sentido, não fica evidente que os fetos humanos e os seres humanos em coma permanente possam ter direitos humanos (e tampouco fica evidente que os animais não-humanos necessariamente não tenham esses direitos). Obviamente, soaria estranho atribuir um direito humano a um detentor de direito que não fosse um ser humano nem um grupo de seres humanos. Mas não será essa estranheza um mero artifício de padrões de pensamento anacrônicos e "discriminativos para com espécies não-humanas"? Temos de enfrentar a questão com honestidade: que informação significativa se acrescenta quando falamos de "direitos humanos", em vez de – mais simplesmente – direitos? (Se um termo conota uma restrição ilegítima, talvez ele deva ser evitado, o que explica por que não se ouve mais a frase "os direitos do homem", que pode conotar a exclusão jurídica das mulheres.)

Um pensamento possível é que, ao se falar de direitos *humanos*, se está simplesmente enfatizando a universalidade e não-contingência de certos direitos que são distribuídos com igualdade entre os seres humanos, por oposição aos direitos que são contingentes em algum aspecto qualificativo ou pela necessidade de satisfação de alguma condição. Neste sentido, o direito de um jovem guerreiro de fazer parte do conselho da tribo não seria um direito *humano*, pois o conselho da tribo é uma instituição local, e a participação nela pode depender do fato de o indivíduo possuir ou não certas qualificações exigidas pelo conselho. Comparemos isto ao direito do jovem guerreiro de não ser torturado pelo conselho da tribo. Este é um direito humano, porque ele se estende pelo menos a todos os seres humanos e o faz incondicionalmente. Indagar se um bode tem o direito humano de não ser torturado pelo conselho da tribo é uma pergunta que faz sentido? Não, caso apenas os seres humanos tenham direitos humanos. Sim, se pudermos conceber que o bode tenha as características que dão a todos os seres humanos o direito de não serem torturados.

Outra interpretação da expressão "direitos humanos" enfatizaria o *status* dos direitos humanos como direitos legais. Poder-se-ia alegar que os direitos humanos não podem ser concebidos como direitos legais positivos, pois não há nenhum sistema legal internacional no qual eles estejam promulgados. Esta objeção, porém, é fruto de uma falta de informação. O sistema mundial de Estados territoriais independentes e soberanos (às vezes chamado de "sistema vestefaliano", devido ao Tratado de Vestefália, que pôs fim à Guerra dos Trinta Anos) passa por um processo de transformação. Instituições internacionais como a União Européia, o Tribunal Penal Internacional e o Fundo Monetário Internacional já começam a exercer algumas das prerrogativas que antes se pensava pertencerem exclusivamente aos Estados soberanos. A própria Declaração Universal dos Direitos Humanos é considerada como fonte de direito – ou até mesmo como o próprio direito, como querem alguns. Mesmo aqueles que guardam uma visão restrita do que seja o direito são capazes de perceber que há uma tendência entre as nações, as organizações transnacionais e as ONGs de considerar os direitos humanos como direitos legais.

Não obstante essa tendência para o reconhecimento legal geral, os direitos humanos são eminentemente morais e sua existência e validade independem de serem reconhecidos ou instituídos. É tentador dizer que os direitos humanos são simplesmente o que o século XVIII chamava de direitos naturais e parar por aí. A combinação dos dois fenômenos enfatizaria a continuidade, ao longo dos séculos, de preocupações essenciais acerca do relacionamento de cada povo com o seu governo e dos povos entre si. A expressão "direitos humanos" chama a atenção para o fato de que esses importantes direitos morais são hoje vistos quase universalmente como pertencentes às pessoas, sem discriminação de raça, cor de pele, religião, nacionalidade, propriedade, estado civil ou sexo. Além do que a orientação sexual também está em via de entrar nesse terreno das discriminações proibidas. Por outro lado, o termo "direitos naturais" parece abrir caminho para a defesa de que certas diferenças naturais entre os seres humanos são boas justificativas para uma distribuição seletiva dos direitos. É inegável que, durante o primeiro período de expansão do discurso dos direitos, a existência de tais diferenças naturais entre os seres humanos foi pressuposta – e tida como relevante para a distribuição dos direitos – por diversos pensadores, muitos dos quais foram pioneiros em outros aspectos. Recusar-se a tratar as expressões "direitos naturais" e "direitos humanos" como equivalentes é uma forma de reconhecimento dessa profunda diferença.

Os adjetivos "natural" e "humano" sublinham uma diferença que é ainda mais profunda, uma vez que indicam diferentes bases para a atribuição de direitos. É tentador pensar que a "natureza" a que se refere a expressão "direitos naturais", utilizada no século XVIII, é a mesmíssima natureza humana que invocamos por meio da palavra "humanos" quando proferimos a expressão "direitos humanos". Mas isso seria ignorar o fato de que o século XVIII em geral via a natureza como uma criação intencionalmente ordenada segundo uma hierarquia ascendente que culminava no próprio Criador. Embora um grande número de pessoas ainda tenha essa visão (ou outras similares), a palavra "natureza" não a transmite mais de forma evidente. Em vez disso, a natureza é cada vez mais vista como tema de ciência laica, e qualquer tipo de hierarquia descoberta na natureza tende a ser visto como resultado involuntário de forças cegas. No século XVIII, a idéia de que os homens foram "dotados pelo Criador" com determinados direitos era central à noção de que tais direitos eram naturais, e não artificiais. Mas a idéia contemporânea de direitos humanos desenvolve-se em um mundo mais vasto, em que um maior número de concepções do "Criador" precisa ser considerado e no qual as respostas às perguntas sobre a natureza humana são buscadas na ciência e não na religião.

A alegação de que a idéia de direitos humanos é "inelutavelmente religiosa" – como argumenta Michael Perry (1998, 11) – é correta no sentido de que a descrição ideal e completa da natureza, tal como feita por um físico, não incluirá nenhum direito. No entanto, essa descrição também não empregará nenhuma outra categoria moralmente relevante, tais como pessoas, danos, deveres ou valores. Os direitos não são melhores nem piores que as demais noções morais: todas elas podem ser qualificadas de "inelutavelmente religiosas" se a palavra "religiosas" estiver operando como uma categoria residual que abarque tudo aquilo que for importante para nós mas não para o cientista natural *enquanto tal*. Por outro lado, não encontramos nenhuma razão para pensar que a idéia de direitos humanos não possa ser depreendida à luz de outras noções morais. Se isto significa a concretização do problema do reducionismo, talvez devamos concluir que a preocupação com esse problema era, desde o início, infundada: dizer que *A* é mais bem entendido em função de *B*, *C* ou *D* não implica que *A* possa ser jogado fora. No entanto, a maneira mais perturbadora de interpretar a alegação de que os direitos humanos são "inelutavelmente religiosos" é ver nesta a implicação de que as doutrinas religiosas devem ser consultadas para que se determine quais são os direitos humanos.

Uma vez que os direitos naturais, como eram entendidos no século XVIII, pressupunham uma ordem moral no mundo e uma hierarquia natural que devia ser levada em conta pela moral, era relativamente fácil entender por que os "atributos naturais", tais como raça, sexo e espécie, teriam importância moral, podendo até mesmo ser considerados como bases adequadas para a distribuição discriminatória dos direitos naturais. Embora houvesse controvérsia sobre a concessão de uma importância tal a esses "atributos naturais", o ônus da prova parecia cair mais facilmente sobre aqueles que negassem a importância moral de qualquer diferença natural. Por que Deus se ocuparia de criar as ovelhas e os bodes se não tivesse a intenção de separá-los? Quase dois séculos de esforços e de discussão foram necessários para subjugar a idéia de que a raça e o sexo eram bases naturais válidas para a atribuição seletiva dos direitos. Durante esse intervalo, a noção de raça e sexo como atributos naturais passou por uma transformação radical. De categorias ordenadas por Deus (cuja importância moral reside, em última análise, em propósitos divinos insondáveis), os direitos naturais, depois de Darwin, transformaram-se em elementos de um processo natural cego de mutação e seleção. (A continuidade da disputa em torno das concepções de raça e sexo como atributos naturais – em vez de meras "construções sociais" – representa o impulso residual ainda presente na idéia de que haja uma ordem moral na natureza, e também na de que, ao se encontrar uma fronteira natural, estar-se-á encontrando, ao menos *prima facie*, uma diferença natural de importância moral.) A Declaração Universal dos Direitos Humanos de 1948, bem como as conquistas que a ela se seguiram em matéria de direitos humanos, poderiam ter resultado na conclusão de que a humanidade como espécie (e não apenas sua parcela formada por indivíduos brancos do sexo masculino e com posses) ocupa uma posição especial em um cosmos regido por uma ordem moral, e também na de que, portanto, as fronteiras entre as espécies não têm importância moral, a menos que se prove o contrário. Mas isso seria ignorar o fato de que, entre 1789 e 1948, a suposição de que os atributos naturais – mesmo o de espécie – reflitam uma ordem moral subjacente perdeu seu prestígio junto às mentes letradas.

A Declaração de 1948 foi marcada pela percepção de que o conhecimento dos processos naturais alcançado pela humanidade trouxe consigo a aquisição de um poder de destruição tão terrível que, em prol de sua própria sobrevivência, a humanidade não tem outra escolha senão aceitar duras restrições de conduta às nações, eminentes exercedoras desse poder, controlando-o e dele abusando. Os representantes das nações passaram a reconhecer que a humanidade não mais desfruta de uma posição segura na natureza, e que, movida por sua própria insensatez, pode inclusive extinguir a si mesma. Seria no mínimo irônico se os representantes da humanidade tivessem feito uma declaração universal de direitos *naturais*, uma vez que o impulso que os moveu foi muito mais o de remediar a ausência de uma ordem moral natural que o de reafirmar a existência de tal ordem. A força que une os átomos pareceu a eles, com toda a evidência, insuficiente para unir a humanidade.

Direitos humanos de quem?

Quando examinadas a partir da perspectiva dos direitos humanos (em oposição aos direitos naturais), as reivindicações dos direitos dos fetos, das crianças, dos animais, dos andróides, das futuras gerações e dos ecossistemas apresentam um aspecto diferente. Para os direitos humanos, o valor está localizado na condição humana. No sentido biológico, esse fato parece fortalecer as reivindicações em prol dos fetos, das crianças e das futuras gerações de seres humanos, mas parece enfraquecer as demandas em favor dos animais, andróides e ecossistemas. Por outro lado, a condição de humanidade não precisa ser tomada em um sentido biológico. "Ser humano" poderia ser uma maneira concisa de se referir a certas capacidades efetivas de percepção, previsão e autonomia de ação. (Na perspectiva da teoria do interesse, a questão seria: "O que significa ser capaz de ter interesses?") Esta maneira de interpretar a condição de "ser humano" enfraquece as reivindicações em favor dos fetos e das futuras gerações de seres humanos, bem como aquelas em favor dos animais, das crianças muito novas e dos seres humanos gravemente deficientes. Retirando-se a exigência de que as capacidades sejam efetivas, tender-se-ia a favorecer as reivindicações em prol dos fetos, das crianças muito novas, das futuras gerações e (talvez) dos andróides e dos gravemente deficientes – deixando-se de lado os animais e os ecossistemas.

Uma vez que os direitos destacam a importância especial de certos interesses, poderíamos concluir nossa busca pela questão – "O que há de tão especial nos seres humanos?" – perguntando quais interesses os seres humanos, enquanto espécie, possuem, que os separam dos candidatos não-humanos à posse de direitos, tais como os animais, andróides e ecossistemas. No que se refere aos seres humanos, o desenvolvimento psicológico como meio de se estabelecer a aptidão para a posse de direitos é aplicado de forma incontroversa a direitos como os de participação política e ingresso em atividade rentável. As crianças não podem votar nem assinar contratos de emprego. Não obstante, têm o direito de não ser torturadas ou submetidas a experimentos – o mesmo acontecendo com os indivíduos gravemente deficientes ou em estado de coma. Mas, então, um bode não tem o direito de não ser torturado? Se dissermos que todas as pessoas têm o dever de não torturá-lo, mas que ele não tem o direito de não ser torturado, será que estaremos sendo completamente justos com o bode? (Deve-se ter em mente que a intensidade das sensações de um bode pode ser maior que a de um ser humano gravemente retardado ou em coma.) Estaremos sendo justos com um indivíduo gravemente deficiente se afirmarmos que todas as pessoas têm o dever de não submetê-lo a experimentos, mas que ele não tem nenhum direito de não ser submetido a experimentos?

O discurso dos direitos, como vimos, muitas vezes tem a simples função de fazer com que eles sejam reconhecidos. Às vezes, a afirmação do direito a um determinado estilo de vida é simplesmente uma maneira de dizer que não há nada de errado com esse estilo de vida. Esta função recognitiva também pode ser desempenhada pelos direitos quando estes indicam que certos interesses do detentor do direito têm importância especial, suficientemente grande para que se imponham deveres de não-interferência aos outros, mesmo quando um resultado melhor – ou mais satisfatório para os outros – seria obtido através da admissão de interferência. Talvez a melhor maneira de entender a ênfase dada à condição de ser humano na expressão "direitos humanos" seja a seguinte: os direitos humanos reconhecem interesses básicos *extraordinariamente* especiais, e isto os diferencia dos direitos em geral – mesmo os morais. Nós temos o direito moral de esperar que os outros cumpram suas promessas, e temos esse direito porque temos um grande interesse em poder planejar e estruturar nossa vida. Podemos hesitar, contudo, em chamar este direito de humano, ou em caracterizar a quebra de uma promessa, por si só, como violação de um direito humano. Isso acontece porque falar de direitos humanos não raro tem a função recognitiva de sublinhar interesses extraordinariamente importantes. Se parecer que algum desses interesses particularmente importantes – tal como o de não ser submetido a sofrimento gratuito – também se aplica a criaturas não-humanas, atribuir este direito a elas não tira o mérito da função recognitiva. A afirmação de que "até um bode tem o direito de não ser torturado" pode ser uma maneira tão enfática de condenar a tortura quanto a alegação de que esta "viola um direito humano".

Desde que sejamos claros a respeito dos interesses em jogo e dos deveres em questão, não parece haver razão para impedir que se fale sobre os direitos de qualquer detentor de direito em potencial – do ecossistema ao zigoto. Na medida em que a expressão "direitos *humanos*" tenda a ofuscar a realidade, em vez de revelá-la, talvez a utilidade dela tenha-se esgotado – assim como se esgotou, juntamente com a crença numa ordem moral estabelecida pela divindade, a utilidade da expressão "direitos *naturais*". E, na medida em que a expressão "direitos *humanos*" sugira a existência de alguma conexão conceitual profunda entre o fato de se pertencer à espécie humana e a posse de direitos, talvez ela deva ser aposentada – assim como aconteceu com a frase "os direitos do *homem*", que cedeu lugar a equivalentes sexualmente neutros.

O século XVIII estava tão atento quanto estamos hoje à possibilidade da existência de seres racionais não-humanos (na França, balonistas extraviados eram às vezes tomados por extraterrestres). Immanuel Kant, o maior filósofo daquele século, cuidou de estabelecer sua ética exclusivamente sobre os pilares da razão, não levando em consideração aquelas qualidades dos seres humanos que poderiam isolá-los de outros seres racionais existentes no cosmos. Nossa era, contudo, tem uma razão a mais para não restringir a ética ao círculo da humanidade: o conhecimento que temos dos processos moleculares básicos da biologia – bem como nossa capacidade para manipulá-los, alterá-los e aumentá-los – está crescendo tanto que a própria idéia de que exista uma natureza humana biologicamente determinada é agora posta em questão. A intensificação crescente das mudanças tecnológicas aumenta ainda mais nossos poderes – a ponto de não ser mais possível dizer em que medida nossa prole se parecerá conosco (ou em que aspecto). Estes fatos são perturbadores. Uma das reações possíveis é insistir no controle da aplicação de técnicas que poderiam alterar o que consideramos como natureza humana: os interesses humanos que geram os direitos são suficientemente importantes para exigir que nos certifiquemos de que nossa humanidade básica não se transforme em outra coisa qualquer. Outra resposta é a da não-intervenção: nós não temos (poder-se-ia dizer) direito algum de insistir na perpetuação de nossa natureza, tampouco as técnicas de eugenia e cibernética escolhidas por nossos contemporâneos representam, necessariamente, a violação de quaisquer direitos individuais; portanto, deixemos que venha o que (ou quem) vier. É pouco provável que o conceito de direitos seja capaz de resolver essa questão. Na verdade, não parece haver nenhuma ferramenta de análise moral capaz de abordá-la com facilidade.

Capítulo 12
Conclusão

Conforme argumentei, os direitos morais podem ser mais bem entendidos como escolhas protegidas. A proteção pode ser contra a interferência dos outros ou do Estado, mas também pode ser contra a privação resultante de circunstâncias naturais, da má sorte ou das próprias decisões equivocadas do detentor do direito. A proteção proporcionada pelos direitos morais ocorre em diversos graus. Para explicar como alguém pode ter o direito de fazer o que é errado, eu apresentei a idéia de normas de proporcionalidade e posição. Ninguém, argumentei, tem o direito de fazer o que é errado impunemente. A questão é: que tipo de punição fica autorizada pelo simples fato de o detentor do direito ter feito uma escolha moralmente errônea? A resposta, por mais lacônica que possa parecer, é: algum tipo. Algum tipo de sanção social, administrada por algum agente autorizado. Pode ser uma punição terrível, como a pena de morte, ou leve (será mesmo leve?), como o escárnio, a ridicularização e o ostracismo. Mas o erro moral, assim como a posse de um direito moral, tem sua força.

Aqueles que pensam que os direitos multiplicaram-se desproporcionalmente em relação às responsabilidades estão tentando, de maneira obscura, chamar a atenção para este fato. A posse de um direito (entendido segundo o modelo da escolha protegida) não implica a posse de uma permissão moral de se fazer aquilo a que se tem direito, tampouco implica que as outras pessoas encontrem-se obrigadas por um dever de não aplicar sanções (que não se caracterizem como interferência) em resposta ao exercício de um direito por parte de alguém. Mas a posse de um direito, por si só, não implica, de forma alguma, um dever por parte do detentor do direito. Este geralmente terá deveres, mas esses deveres não são deriváveis logicamente dos direitos que ele tem. Embora muitos de seus deveres *sejam* deriváveis de direitos recíprocos de outras pessoas, o conceito de direito, tomado isoladamente, não implica – do ponto de vista lógico – essa reciprocidade.

Entendidos dessa forma, os direitos têm propósitos tanto anti-reativos como recognitivos. Por meio da proteção dos interesses que os indivíduos têm em fazer certas escolhas (e não por meio da concessão de permissões) é que os direitos desempenham sua função recognitiva – e o fazem restringindo as reações das outras pessoas a essas escolhas. Como vimos, um direito moral pode envolver ou não um poder de recusar e um poder de impor o dever correlativo, que é o cerne do direito. A versão conceitual da teoria da escolha defende fortemente a inclusão de tais poderes no caso dos direitos legais em um sistema jurídico desenvolvido. Mas, no reino dos direitos morais, há alguns deveres correlativos que protegem interesses tão centrais à noção comum de decência que a proteção que eles oferecem não pode ser recusada. Este é o reino dos direitos inalienáveis. Nem todos os direitos morais são inalienáveis, mas apenas alguns, particularmente aqueles cuja importância especial foi sublinhada devido ao seu reconhecimento como direitos humanos. Alguns direitos morais, além de ser alienáveis, podem ser objeto de renúncia, enquanto outros não têm nenhuma dessas duas características.

Se isso é tudo o que se pode dizer dos direitos morais, será que eles têm como resultado algum tipo de revolução conceitual ou de progresso moral significativo que não teria sido possível em fases anteriores do desenvolvimento humano? A resposta é não. Mas tampouco é verdade que os direitos representem uma forma de degradação do pensamento moral ou um reduto onde o vício do egoísmo tenha-se refugiado e instalado seu centro de operações. Como vimos, os direitos, tomados isoladamente, não nos afastam das exigências da moralidade. Se houver tal afastamento, este não é derivável do mero conceito de direitos. Além disso, este conceito tampouco fornece, necessariamente, fundamentação para qualquer alegação moral substantiva de que os direitos negativos desfrutem de algum tipo de primazia sobre os positivos. Esta primazia pode ocorrer, mas, para que ela se estabeleça, são necessárias discussões morais substanciais. Uma das reações que os direitos podem reprimir é a de indiferença diante das necessidades dos outros.

O caminho percorrido pela idéia de direitos ao longo da história é complicado. A descrição que ofereci – que mostra dois períodos de expansão – é no máximo esquemática e aproximada. O que dizer desse aparecimento tardio (pode-se argumentar) dos direitos no palco da história do mundo, bem como de seus altos e baixos? Os direitos não são uma ilustração confirmatória da tese do relativismo moral, mas tampouco anunciam uma Revolução Copernicana no pensamento moral. A descontinuidade ao longo do tempo tem uma dupla face: em certos aspectos, revela incoerência, mas em outros pode revelar progresso. Por um lado, é retrato de uma diversidade inconciliável; mas, por outro, se aproxima progressivamente da realidade. A Revolução Copernicana, na ciência, ensinou-nos que poderíamos descobrir erros crassos em nossos antigos modos de pensar, mas também trouxe a certeza de que não estávamos totalmente enganados, nem condenados eternamente a trocar uma ilusão por outra. Esses ensinamentos não surgiram todos de uma vez, mas sim como resultado de valiosas descobertas posteriores.

De modo semelhante, a Revolução dos Direitos ainda precisa provar seu valor. Os direitos – como as idéias morais em geral, e diferentemente das idéias científicas – são de pouco valor para a previsão de acontecimentos. A probabilidade de ocorrência dos erros é igual à dos acertos – e, triste fato, talvez até maior. As idéias científicas "cumprem o prometido" porque nos tornam capazes de prever e controlar aquilo que as experiências nos revelam. As idéias morais, por sua vez, têm de se mostrar capazes de "cumprir o prometido" de alguma outra maneira, que não por intermédio de sua confirmação experimental. Ainda assim, em um sentido menos rigoroso, as idéias morais são passíveis de experimentação. Mill não estava sendo totalmente metafórico quando falava de "experimentos de vivência" (1859, 68)*. Mesmo que nem sempre sejamos capazes de concordar a respeito de quais sejam os melhores e os piores modos de viver, sabemos que eles existem. Na medida em que são capazes de dar às pessoas a capacidade de fazer experiências com sua própria vida (sem tratar os outros como meros experimentos), os direitos devem ser valorizados.

---

* A liberdade/Utilitarismo, op. cit., p. 86.

NOTAS BIBLIOGRÁFICAS

Estas notas cobrem apenas uma parte da vasta e crescente literatura sobre o assunto. Indico aqui as leituras que mais influenciaram a elaboração deste livro, bem como outras fontes que o leitor interessado poderá consultar posteriormente.

Capítulo 1 – A pré-história dos direitos

Embora MacIntyre (1981) e Dover (1974) considerem que a Grécia antiga não foi receptiva a nossas noções acerca dos direitos, Fred D. Miller (1995) argumenta em contrário. Minha discussão sobre as disputas medievais deve muito à análise de Tuck (1979). Schneewind (1998) e Skinner (1978) são também de grande auxílio. Sobre a "instituição peculiar" da escravidão, Davis (1966) é indispensável. As diferenças entre Lee Kuan Yew e Amartya Sen são expostas por Sen (1999). Glendon (1991) chama a atenção para a obsessão contemporânea com os direitos, e Wellman (1998), entre outros, alerta para a tendência expansionista da retórica descompromissada dos direitos. O "efeito de dotação" foi confirmado experimentalmente por Thaler (1990).

Capítulo 2 – Os direitos do homem: O Iluminismo

As obras de Kant, Hobbes e Locke são amplamente difundidas; as de Paley e Pufendorf, um pouco menos; e as de Grócio são difíceis de encontrar. A obra "A Dissertation on the Nature of Virtue", do bispo Butler, está incluída em *Five Sermons* (1950). A teoria das sanções do dever é tema de um excelente ensaio de Peter Hacker

(1973). Rossiter (1999) é o responsável pela reedição da Declaração de Independência dos Estados Unidos e Waldron (1987), pela reedição da Declaração Francesa dos Direitos do Homem e do Cidadão. O livro de Schama (1990) é uma abordagem mais recente e de mais fácil leitura – mas um tanto desdenhosa – da Revolução Francesa.

Capítulo 3 – "Disparate pernicioso"?

Mark Philp (1986) contesta a classificação usual de Godwin como um utilitarista dos atos. O livro *Enquiry Concerning Political Justice*, de Godwin, está esgotado, mas diversas edições das *Reflections* de Burke estão disponíveis. Em seu livro maravilhoso, mas esgotado (1987), Waldron transcreve trechos de Bentham (1843), Burke e Marx, e acrescenta comentários sutis e excelentes ensaios bibliográficos.

Capítulo 4 – O século XIX: Consolidação e estabilização

Ryan (1974) e Hamburger (1999) traçam perfis de Mill radicalmente divergentes, mas limitações de espaço tornaram impossível a exploração das muitas controvérsias em torno da interpretação dessa figura fundamental, particularmente as que nascem da relação entre *A liberdade* e *Utilitarismo*. Com respeito ao direito constitucional norte-americano, um bom compêndio de jurisprudência é o de Stone et al. (2002), que inclui – a exemplo do livro de Rossiter (1999) – o texto da Constituição e o da Declaração de Direitos. Lacey e Haakonssen (1991) reúnem ensaios valiosos sobre os fundamentos filosóficos da Declaração de Direitos norte-americana e White (1978) destaca, particularmente, a influência de Jean-Jacques Burlamaqui, figura que não pude apresentar neste pequeno livro.

Capítulo 5 – A vizinhança conceitual dos direitos: Wesley Newcomb Hohfeld

Os comentadores de Hohfeld são em geral mais acessíveis que ele. Particularmente interessantes são as introduções a Hohfeld feitas por Arthur Corbin (1964), Feinberg (1973), e a de Thomson (1990), mais aprofundada. H. L. A. Hart (1982) mostra, em detalhes, que Bentham antecipou muitos dos elementos e relações de Hohfeld. A interpretação e aplicação da análise de Hohfeld foi aprofundada por Martin e Nickel (1980), Lyons (1970), Rainbolt (1993) e por Kramer, Simmonds e Steiner (1998).

Capítulo 6 – A Declaração Universal e a revolta contra o utilitarismo

O texto integral da Declaração Universal dos Direitos Humanos está incluído na compilação de documentos sobre os direitos humanos feita por Brownlie (1992). Nickel (1987) explora as questões filosóficas que estão por trás da atual ênfase dada aos direitos humanos. As discussões entre utilitaristas e seus opositores são expostas nas compilações de Smart e Williams (1973) e de Sen e Williams (1982). Rawls (1971), Scanlon (1982, 1998) e Gauthier (1986) são três dos maiores expoentes do esforço contratualista de fornecer uma interpretação dos direitos. Alguns escritos importantes de Harsanyi (1977) e de Scanlon (1982) podem ser encontrados no compêndio organizado por Sen e Williams (1982), juntamente com vários outros escritos (por vezes técnicos). A obra "Are There Any Natural Rights", de H. L. A. Hart (1955) está presente em várias antologias, inclusive na de Waldron, sobre as teorias dos direitos (1984).

Capítulo 7 – A natureza dos direitos: Teoria da "escolha" e teoria do "interesse"

Wellman (1995) e Steiner (1994) realizam defesas vigorosas e propõem aplicações radicais da teoria da escolha. No início da década de 1970, Joseph Raz introduziu o conceito de "razão supressória" (1999). Raz também elaborou uma influente versão da teoria do interesse (1986). Kramer (2001) e MacCormick (1977) lançam versões conceituais da teoria do interesse, dos direitos legais. O intercâmbio entre Kramer, Simmonds e Steiner (1998) é a mais completa e atualizada exposição da disputa entre a teoria da escolha e a teoria do interesse. Outras notáveis exposições sistemáticas do tema dos direitos são as de Finnis (1980), Ingram (1994), Jacobs (1993), Martin (1993), Rainbolt (1993), Sumner (1989) e Spector (1992).

Capítulo 8 – Direito de fazer o que é errado? Duas concepções de direitos morais

O ensaio "A Right to Do Wrong", de Jeremy Waldron (1981) está incluído, juntamente com outros escritos seus, em outro livro (Waldron, 1993). É também pertinente a contribuição de Kramer para um diálogo um tanto técnico sobre os direitos (Kramer, Simmonds e Steiner, 1998), bem como a parte de Waldron em um intercâmbio com o neogodwiniano Shelly Kagan (Waldron, 1994). Sandel (1989) examina a idéia de direitos como meio de "suspender" certas disputas morais.

Capítulo 9 – A pressão do conseqüencialismo

Este capítulo se debruça sobre os argumentos dos principais conseqüencialistas neogodwinianos: Singer (1972), Kagan (1989) e Unger (1996). Ronald Dworkin (1981) caracteriza os direitos como "trunfos" sobre a busca de metas, e Nozick (1974) cunha o termo "restrição indireta". O texto de 1967, em que Phillipa Foot apresentou o problema do bonde, está presente, juntamente com outros escritos dela, numa antologia (1978). Frances Kamm (1992-94) elaborou uma crítica rigorosa do conseqüencialismo, centrada em estudos de caso. Schmidtz (1991) faz uma ligação entre a tese de "The Tragedy of the Commons" – influente texto de Garrett Hardin (1968) – e a necessidade geral de restrições.

Capítulo 10 – O que é *interferência*?

Hart (1955) distingue entre direitos gerais e especiais, e Waldron (1988, capítulo 4) explora minuciosamente esta diferença no contexto da teoria dos direitos de propriedade. Berlin (1969) destacou a distinção entre liberdade positiva e liberdade negativa, a qual foi criticada por Oppenheim (1961), MacCallum (1972) e Shue (1996), entre outros. Mauss (1990) descreveu os hábitos dos nativos das ilhas Trobriand, dos Tlingit e dos Kwakiutl. Waldron (1994) e Kagan (1994) apresentam visões opostas da relação entre dever e sanção. Alhures, eu discuto, mais pormenorizadamente, as normas de posição e proporcionalidade (Edmundson, 1998).

Capítulo 11 – O futuro dos direitos

Martin Golding (1984) defende a primazia dos direitos de bem-estar, e os direitos de imigração são tema dos ensaios escolhidos por Schwartz (1995). Para diferentes visões do futuro da humanidade, comparem-se Moravec (1990) e Kurzweil (1999) com Kass (2002), Fukuyama (2002) e João Paulo II (1995). Ronald Dworkin adverte que os avanços da biotecnologia ameaçam lançar-nos em um "estado de queda livre moral" (2000, 448). Dois dos defensores filosóficos pioneiros dos interesses dos animais divergem quanto à centralidade dos direitos: compare-se Singer (1975) com Regan (1983). Kramer (2001) defende o potencial dos animais como detentores de direitos legais a partir da perspectiva de uma teoria do interesse. A justiça distributiva como direito humano é defendida por Shue (1996), Beitz (1999) e Buchanan (2003), enquanto uma abordagem oposta – minimalista – dos direitos humanos internacionais é apresentada por Rawls (2001) e Ignatieff (2001). Ignatieff também discorda de Perry (1998) na questão de se os direitos morais só se podem sustentar em bases religiosas. Raymond Geuss (2001) sugere que os direitos são um conceito inerentemente conservador, mas, em última análise, sem sentido, enquanto Derek Parfit (1984) expressa a esperança de que a teoria moral laica seja capaz de conciliar o conseqüencialismo com nosso pensamento moral, cada vez mais centrado nos direitos.

REFERÊNCIAS BIBLIOGRÁFICAS

AUSTIN, John. Wilfred E. Rumble (org.). *The Province of Jurisprudence Determined*. Cambridge: Cambridge University Press, 1995 [1832].

BEITZ, Charles R. *Political Theory and International Relations*. Princeton: Princeton University Press, 1999. (Ed. rev.).

BENTHAM, Jeremy. John Bowring (org.). *Anarchical Fallacies*. In: *The Works of Jeremy Bentham*. Vol. II. Edimburgo: William Tait, 1843.

———. H. L. A. Hart (org.). *Of Laws in General*. Londres: Athlone Press, 1970.

———. J. H. Burns e H. L. A. Hart (orgs.). *An Introduction to the Principles of Morals and Legislation*. Oxford: Clarendon Press, 1996 [1789].

BERLIN, Isaiah. *Four Essays on Liberty*. Oxford: Oxford University Press, 1969.

BROWNLIE, Ian (org.). *Basic Documents of Human Rights*. Oxford: Clarendon Press, 1992. (3.ª ed.).

BUCHANAN, Allen. *Justice, Legitimacy, and Self-Determination: Moral Foundations for International Law*. Oxford: Oxford University Press, 2003.

BURKE, Edmund. *Reflections on the Revolution in France*. Londres: Dent, 1971 [1790].

BUTLER, Joseph. *Five Sermons*. Nova York: Liberal Arts Press, 1950 [1736].

CLARKE, Samuel. *A Discourse Concerning the Unchangeable Obligations of Natural Religion*, 1705. Trechos em: D. D. Raphael (org.). *British Moralists 1650-1800*. Vol. 1. Indianápolis: Hackett, 1991.

CONSTANT, Benjamin. "The Liberty of the Ancients Compared with that of the Moderns", 1820. *In*: Benjamin Constant, *Political Writings*.

Trad. bras. de Bianamaria Fontana. Cambridge: Cambridge University Press, 1988. Trad. bras. *Escritos de política*, São Paulo, Martins Fontes, 2005]

DAVIS, David Brion. *The Problem of Slavery in Western Culture*. Nova York: Oxford University Press, 1966.

DEWEY, John. *The Public and Its Problems*. Denver: Swallow, 1927.

DOVER, Kenneth. *Greek Popular Morality in the Time of Plato and Aristotle*. Berkeley: University of California Press, 1974.

DWORKIN, Ronald. "Is There a Right to Pornography?" *In*: *Oxford Journal of Legal Studies* 1: 177-212 (adaptado e reunido em Waldron, 1984), 1981.

———. *Sovereign Virtue*. Cambridge, MA: Harvard University Press, 2000. [Trad. bras. *A virtude soberana*, São Paulo, Martins Fontes, 2005]

EDMUNDSON, William A. *Three Anarchical Fallacies*. Cambridge: Cambridge University Press, 1998.

FEINBERG, Joel. *Social Philosophy*. Englewood Cliffs, N.J.: Prentice Hall, 1973.

FINNIS, John. *Natural Law and Natural Rights*. Oxford: Oxford University Press, 1980.

FOOT, Phillipa. "The Problem of Abortion and the Doctrine of Double Effect". *In*: Phillipa Foot, *Virtues and Vices*. Oxford: Basil Blackwell, 1978.

FUKUYAMA, Francis. *Our Posthuman Future: Consequences of the Biotechnology Revolution*. Nova York: Farrar, Straus & Giroux, 2002.

GAUTHIER, David. *Morals By Agreement*. Nova York: Oxford University Press, 1986.

GEUSS, Raymond. *History and Illusion in Politics*. Cambridge: Cambridge University Press, 2001.

GLENDON, Mary Ann. *Rights Talk: The Impoverishment of Political Discourse*. Nova York: Free Press, 1991.

GODWIN, William. Isaac Kranmick (org.). *Enquiry Concerning Political Justice*. Harmondsworth, Reino Unido: Penguin, 1976 [1793].

GOLDING, Martin. "The Primacy of Welfare Rights". *In*: *Social Philosophy & Policy* 1: 119-36, 1984.

GRÓCIO, Hugo. *De Jure Belli ac Pacis Libri Tres*. Vol. 2. Tradução de Francis W. Kelsey. Oxford: Clarendon Press, 1925 [1646]. (Vol. 2: Tradução inglesa. Vol. 1: Original em latim).

HACKER, P. M. S. "Sanction Theories of Duty". *In*: *Oxford Essays in Jurisprudence (Second Series)*, A. W. B. Simpson (org.). 131-70. Oxford: Clarendon Press, 1973.

HAMBURGER, Joseph. *John Stuart Mill on Liberty and Control*. Princeton: Princeton University Press, 1999.

HARDIN, Russell. "The Tragedy of the Commons". *In*: *Science* 162: 1243-48, 1968.
HARSANYI, John. "Morality and the Theory of Rational Behaviour", 1977. Reimpresso em Sen e William, 1982.
HART, H. L. A. "Are There any Natural Rights?" *In*: *Philosophical Review* 44: 175-91, 1955.
———. *Essays on Bentham: Studies in Jurisprudence and Political Theory*. Oxford: Clarendon Press, 1982.
HAZLITT, William. *The Spirit of the Age*. Londres: Everyman, 1964 [1825].
HOBBES, Thomas. Richard Tuck (org.). *Leviathan*. Cambridge: Cambridge University Press, 1996 [1651].
HOHFELD, Wesley Newcomb. Walter Wheeler Cook (org.). *Fundamental Legal Conceptions as Applied in Judicial Reasoning*. Westport, CT: Greenwood Press, 1964 [1919].
HUME, David. L. A. Selby-Bigge (org.). *A Treatise of Human Nature*. Oxford: Clarendon Press, 1967 [1789].
IGNATIEFF, Michael. "Human Rights: The Midlife Crisis". *In*: *The New York Review of Books*, 20 de maio de 1999.
———. *Human Rights as Politics and Idolatry*. Princeton: Princeton University Press, 2001.
INGRAM, Attracta. *A Political Theory of Rights*. Oxford: Clarendon Press, 1994.
JACOBS, Lesley A. *Rights and Deprivation*. Oxford: Clarendon Press, 1993.
JOÃO PAULO II, Papa. *Crossing the Threshold of Hope*. Nova York: Knopf, 1995.
KAGAN, Shelly. *The Limits of Morality*. Oxford: Clarendon Press, 1989.
———. "Defending Options". *In*: *Ethics* 104: 333-51, 1994.
KAMM, Frances M. *Morality, Morality*. 2 vols. Oxford: Oxford University Press, 1992-94.
KANT, Immanuel. *Groundwork for the Metaphysics of Morals* [*Grundlegung zur Metaphysik der Sitten*]. Trad. ingl. Allen W. Wood. New Haven: Yale University Press, 2002 [1785]. As citações no texto são de *Immanuel Kants Schriften. Ausgabe der königlichen preussichen Akademie der Wissenschaften* [AK]. Berlim: de Gruyter, 1902-. As traduções são minhas.
KASS, Leon R. *Life, Liberty, and the Defense of Dignity*. Nova York: Encounter, 2002.
KRAMER, Matthew H. (org.). *Rights, Wrongs and Responsibilities*. Basingstoke, Hampshire, Reino Unido: Palgrave Macmillan, 2001.
———, SIMMONDS, N. E. e STEINER, Hillel. *A Debate Over Rights*. Oxford: Clarendon Press, 1998.
KUEHN, Manfred. *Kant: A Biography*. Cambridge: Cambridge University Press, 2001.

KURZWEIL, Ray. *The Age of Spiritual Machines*. Nova York: Penguin, 1999.

LACEY, Michael J. e HAAKONSSEN, Knud (orgs.). *A Culture of Rights*. Washington, DC: Woodrow Wilson Center e Cambridge University Press, 1991.

LOCKE, John. Thomas P. Peardon (org.). *The Second Treatise of Government*. Indianápolis: Bobbs-Merrill, 1952 [1690].

LYONS, David. "The Correlativity of Rights and Duties". *In*: *Nôus* 4: 45-57, 1970.

MACCALLUM, Gerald, Jr. "Negative and Positive Freedom". *In*: Peter Laslett W., G. Runciman e Quentin Skinner (orgs.). *Philosophy, Politics, and Society: Fourth Series*. Oxford: Basil Blackwell, 1972. pp. 174-93.

MACCORMICK, D. N. "Rights in Legislation". *In*: P. M. S. Hacker e J. Raz (orgs.). *Law, Morality, and Society: Essays in Honor of H. L. A. Hart*. Oxford: Clarendon Press, 1977.

MACINTYRE, Alasdair. *After Virtue*. Notre Dame, IN: Notre Dame University Press, 1981.

MARTIN, Rex. *A System of Rights*. Oxford: Clarendon Press, 1993.

——— e NICKEL, James W. "Recent Work on the Concept of Rights". *In*: *American Philosophical Quarterly* 17: 165-80, 1980.

MARX, Karl. "On the Jewish Question", 1844. Citado por Waldron, 1987.

MAUSS, Marcel. *The Gift: The Form and Reason for Exchange in Archaic Societies*. Trad. ingl. de W. D. Hall. Nova York: W. W. Norton, 1990.

MILL, John Stuart. *Essay on Bentham*. *In*: Mary Warnock (org.). *John Stuart Mill: Utilitarianism*. Glasgow: William Collins, 1962 [1838].

———. Currin V. Shields (org.). *On Liberty*. Nova York: Liberal Arts, 1956 [1859].

———. Oskar Piest (org.). *Utilitarianism*. Indianápolis: Bobbs-Merrill, 1957 [1861].

MILLER, Fred D., Jr. *Nature, Justice, and Rights in Aristotle's Politics*. Oxford: Clarendon Press, 1995.

MORAVEC, Hans. *Mind Children: The Future of Robot and Human Intelligence*. Nova York: Oxford University Press, 1990.

NICKEL, James W. *Making Sense of Human Rights: Philosophical Reflections on the Universal Declaration of Human Rights*. Berkeley: University of California Press, 1987.

NOZICK, Robert. *Anarchy, State and Utopia*. Nova York: Basic Books, 1974.

OPPENHEIM, Felix. *Dimensions of Freedom*. Nova York: St. Martin's Press, 1961.

PAINE, Thomas. *The Rights of Man*. Nova York: Random House, 1994 [1791].

PALEY, William. *The Principles of Moral and Political Philosophy*. Vol. 1. Londres: J. Faulder *et al.*, 1811 [1786].
PARFIT, Derek. *Reasons and Persons*. Oxford: Clarendon Press, 1984.
PERRY, Michael J. *The Idea of Human Rights: Four Inquiries*. Nova York: Oxford University Press, 1998.
PHILP, Mark. *Godwin's Political Justice*. Ithaca: Cornell University Press, 1986.
PUFENDORF, Samuel. James Tully (org.). *On the Duty of Man and Citizen*. [*De Officio Hominis et Civis*]. Tradução de Michael Silverthorne. Cambridge: Cambridge University Press, 1991 [1673].
———. *De Jure Naturae et Gentium*. Tradução de C. H. Oldfather e W. A. Oldfather. Oxford: Clarendon Press, 1934 [1672].
RAINBOLT, George. "Rights as Normative Constraints on Others". *Philosophy and Phenomenological Research* 53: 93-112, 1993.
RAWLS, John. *A Theory of Justice*. Cambridge, MA: Harvard University Press, 1971.
———. *Political Liberalism*. Nova York: Columbia University Press, 1993.
———. *The Law of Peoples*. Cambridge, MA: Harvard University Press, 2001.
RAZ, Joseph. *The Morality of Freedom*. Oxford: Oxford University Press, 1986.
———. *Practical Reason and Norms*. Oxford: Oxford University Press, 1999. (2ª ed.)
REGAN, Tom. *The Case for Animal Rights*. Berkeley: University of California Press, 1983.
ROSSITER, Clinton (org.). *The Federalist Papers*. Nova York: Mentor, 1999 [1788].
RYAN, Alan. *J. S. Mill*. Londres: Routledge & Kegan Paul, 1974.
SANDEL, Michael. "Moral Argument and Liberal Toleration: Abortion and Homosexuality". *In*: *California Law Review* 77: 521, 1989.
SCANLON, T. M. "Contractualism and Utilitarianism". *In*: Sen e Williams, 1982.
———. *What We Owe to Each Other*. Cambridge, MA: Harvard University Press, 1998.
SCHAMA, Simon. *Citizens*. Nova York: Random House, 1990.
SCHMIDTZ, David. *The Limits of Government: An Essay on the Public Goods Argument*. Boulder, CO: Westview Press, 1991.
SCHNEEWIND, J. B. *The Invention of Autonomy: A History of Modern Moral Philosophy*. Cambridge: Cambridge University Press, 1998.
SCHWARTZ, Warren F. (org.). *Justice in Immigration*. Cambridge: Cambridge University Press, 1995.
SEN, Amartya. *Development as Freedom*. Nova York: Knopf, 1999.

―――― e WILLIAMS, Bernard (orgs.). *Utilitarianism and Beyond*. Cambridge: Cambridge University Press e Éditions de la Maison des Sciences de l'Homme, 1982.

SHUE, Henry. *Basic Rights: Subsistence, Affluence, and U.S. Foreign Policy*. Princeton: Princeton University Press, 1996. (2ª ed.)

SIDGWICK, Henry. *The Methods of Ethics*. Indianápolis: Hackett, 1981 [1874].

SINGER, Peter. "Famine, Affluence and Morality". *In: Philosophy and Public Affairs* 1: 229-43, 1972.

―――――. *Animal Liberation*. Nova York: Random House, 1975.

SKINNER, Quentin. *The Foundations of Modern Political Thought*. 2 vols. Cambridge: Cambridge University Press, 1978.

SMART, J. J. C. e WILLIAMS, Bernard. *Utilitarianism: For and Against*. Cambridge: Cambridge University Press, 1973.

SPECTOR, Horatio. *Autonomy and Rights: The Moral Foundations of Liberalism*. Oxford: Clarendon Press, 1992.

STEINER, Hillel. *An Essay on Rights*. Oxford: Basil Blackwell, 1994.

STONE, Geoffrey R., SEIDMAN, Louis M., SUNSTEIN, Cass R. e TUSHNET, Mark V. (orgs.). *Constitutional Law*. Gaithersburg, MD: Aspen, 2002.

SUMNER, L. W. *The Moral Foundation of Rights*. Oxford: Clarendon Press, 1989.

THALER, Richard H., KAHNEMAN, Daniel e KNETSCH, Jack L. "Experimental Tests of the Endowment Effect and the Coase Theorem". *In: Journal of Political Economy*, 1.325-48. Dezembro de 1990.

THOMSON, Judith Jarvis. *The Realm of Rights*. Cambridge, MA: Harvard University Press, 1990.

TUCK, Richard. *Natural Rights Theories: Their Origin and Development*. Cambridge: Cambridge University Press, 1979.

UNGER, Peter. *Living High and Letting Die: Our Illusion of Innocence*. Nova York: Oxford University Press, 1996.

UNGER, Roberto. *False Necessity: Anti-Necessitarian Social Theory in the Service of Radical Democracy*. Cambridge: Cambridge University Press, 1987.

WALDRON, Jeremy. "A Right to Do Wrong". *In: Ethics* 92: 21-39, 1981.

―――――. *Nonsense Upon Stilts: Bentham, Burke, and Marx on the Rights of Man*. Londres: Methuen, 1987.

―――――. *The Right to Private Property*. Oxford: Clarendon Press, 1988.

―――――. *Liberal Rights: Collected Papers 1981-91*. Cambridge: Cambridge University Press, 1993.

―――――. "Kagan on Requirements: Mill on Sanctions". *In: Ethics* 104: 310-24, 1994.

―――― (org.). *Theories of Rights*. Nova York: Oxford University Press, 1984.

WELLMAN, Carl. *Real Rights*. Oxford: Oxford University Press, 1995.

―――― . *The Proliferation of Rights: Moral Progress or Empty Rhetoric?* Boulder, CO: Westview Press, 1998 (com ensaio bibliográfico).

WHITE, Morton. *The Philosophy of the American Revolution*. Nova York: Oxford University Press, 1978.

WOLLSTONECRAFT, Mary. *A Vindication of the Rights of Men*. Amherst, N.Y.: Prometheus Books, 1996 [1790].

―――― . *A Vindication of the Rights of Women*. Amherst, N.Y.: Prometheus Books, 1992 [1792].

ÍNDICE REMISSIVO

Agostinho, Santo, 29
alcance dos direitos morais, 175-6, 250-1
alienabilidade
   do domínio sobre o próprio corpo, na apologia da escravidão, 24
   em Grócio, 28
   em Hobbes, 33-4
   em Paley, 52
Amistad, The, 104-5, 107
"amor, lei natural do", *ver* Grócio, *ver também* beneficência, princípio da
análise conceitual
   como obstáculo contra a tendência expansionista, 113-4
   método benthamiano da, 74
Anscombe, Elizabeth, 142
Aquino, Tomás de, 14
Aristóteles
   como apologista da escravidão, 49
   exposição de sua teoria como meio de refutar o relativismo, 18, 257

Ashoka, Imperador, 17-8
assistência, direito à
   como direito "positivo", 128-9
   direito de imigrar não se qualifica como, 241-2
   em Bentham, 79-81
   em Godwin, direito "passivo" à, 68-72
   em Grócio, 30
   em Paley, 53-4
   em Pufendorf, 37
   reconstrução contratualista do, 145-6
   ver também beneficência, princípio da; direitos positivos
atos, conseqüencialismo dos
   e função recognitiva dos direitos morais, 204-5
   ver também conseqüencialismo
atos, utilitarismo dos
   incoerência com os direitos "ativos", 99-100
   na visão de Godwin, 65-6, 258
Austin, John
   e a teoria da escolha, 86

e a teoria jurídica da
  soberania, 84-5
e o "direito divino", 87
e o positivismo jurídico, 85
e o utilitarismo das regras,
  89-90
e os direitos morais, 87
e os direitos naturais, 87
o utilitarismo de, 87-90
autodeterminação, direito
  nacional de, 247-8
  apoio comunitarista ao, 231-2
  e a ascensão das ONGs, 245
autonomia
  e a concepção de direitos
    morais fundada na idéia de
    escolha protegida, 217-8
  e a teoria da escolha dos
    direitos morais, 166-70
  e o primado dos direitos contra
    a interferência, 217, 219
  e seus custos, 240-1
autopreservação, direito de
  em Burke, 62
  em Godwin, 68
  em Hobbes, 32-3
  em Locke, 40
  em Mill, 96-7
autopropriedade
  em Locke, não absoluta, 42
  negada por Godwin, 66
  ver também alienabilidade

Bacon, Francis, 23
beneficência, princípio da
  definição, 51-2
  a "lei natural do amor" de
    Grócio, 29-30
  em Bentham, 79-81
  em Burke, 61
  em Butler, 51-2
  em Godwin, 99-100
  em Mill, 91-2, 99-100
  em Paley, 49-52, 54
  princípio contratualista da
    limitação da, 145-6
benefício, teoria do, *ver*
  interesse, teoria do
Bentham, Jeremy
  metodologia analítica de, 74
  como precursor de Hohfeld,
    116
  e a análise dos direitos legais,
    79-81, 115-6
  e a crítica negativa dos
    direitos naturais, 73, 79
  e a teoria das sanções
    relativas aos deveres, 81-2
  e o contrato social, 77
  e o direito à assistência, 79-81
  e o direito de liberdade, 77-8
  e os animais, 82
  e os direitos "estéreis", 81
  e os direitos legais segundo a
    teoria do interesse, 79-81
  e os direitos naturais em
    sentido objetivo, 75-7
  igualdade e propriedade, 77-8
  sobre os prazeres, 96
bilaterais, permissões, *ver*
  permissões
Bill of Rights, *ver* Declaração de
  Direitos
Bowers vs. Hardwick, 113
Brandeis, juiz, 110
Burke, Edmund
  como precursor da crítica
    comunitarista, 65
  e a crítica de Hume à teoria
    do contrato social, 61
  e a crítica dos direitos
    naturais, 61, 64

e a identificação dos direitos
  por meio da utilidade, 63-4
e a natureza convencional dos
  direitos, 60-1, 64
e o direito de autopreservação,
  62-3
e o princípio da beneficência,
  61
e os "verdadeiros direitos", 60
leitura relativista da moral de,
  64-5
utilitarismo das regras em, 64
Burlamaqui, Jean-Jacques, 258
Butler, bispo
  e a aplicação direta do princípio
    da beneficência, 51-2
  e Mill, 91

caridade, *ver* beneficência,
  princípio da
Cícero, 13
"circunstâncias da moralidade,
  as", *ver* contratualismo
  hobbesiano
Clarke, Samuel, 149
comunismo original, 12-4
comunitarismo
  apoio ao direito nacional de
    autodeterminação, 231-2
  antecipado por Marx e
    Dewey, 107-8
  Burke e o, 64-5
  definição, 231-2
consentimento, teoria do *ver*
  teoria da obrigação política
  fundada no consentimento
  ver teoria da propriedade
    fundada no consentimento,
    em Pufendorf
conseqüencialismo
  definição, 142

dificuldades concernentes ao,
  142-3, 153, 207-9
em contraposição ao
  utilitarismo, 142-3
implicações do, para a idéia
  de permissão protegida,
  195, 204-6
teorias neogodwinianas do,
  260
Constant, Benjamin
  e Godwin, 101-2
  e os direitos do homem
    moderno e do antigo, 9-10,
    101-2
contrato social, *ver* teoria do
  consentimento, *ver também*
  contratualismo
contratualismo
  ambições do, 144-6
  caracterização do, 142-3
  e o princípio da beneficência,
    145-6
  preocupação antiagregativa
    do, 142-3, 145
  hobbesiano, 144, 151
    circunstâncias da
      moralidade no, 146-8
    coerência com o
      utilitarismo, *ver*
      Harsanyi, John
    dificuldades acerca da
      eqüidade, 149, 151
    e a teoria da escolha
      racional, 144-5, 147-8
    e o véu de ignorância,
      149-50
    e sua debilidade como
      teoria geral dos direitos
      morais, 151-4
    o problema da obediência
      no, 148, 151

kantiano, 152-4
  acusação de circularidade
    no, 152
  o razoável e a preocupação
    com o bem, contrapostos,
    152-4
  razoável e racional,
    contrapostos, 152-4
convenções
  e direitos, 21
  em Burke, 61
  na jurisprudência
    constitucional norte-
    americana, 113-4

"dano", princípio do, *ver* Mill,
  John Stuart
Darwin, Charles, 248
Decálogo, 15, 100
Décima Quarta emenda, *ver*
  "devido processo",
  dispositivo do
Declaração de Direitos
  como conjunto de emendas à
    Constituição, 102-3
  e a Nona Emenda, 103
  e o êxito da carta
    constitucional do governo
    dos Estados Unidos, 59
  insistência dos
    antifederalistas acerca da
    necessidade de uma, 102
Declaração de Independência
  decisão acerca de sua
    inaplicabilidade aos
    africanos, 105-6
  marcou o início do primeiro
    período de expansão, 19
  o direito de revolução na, 44-5
  os direitos naturais na, 44-5
Declaração dos Direitos do
  Homem e do Cidadão
    aplicação da, 56-7
    autoria da, 55
    disposições da, 55-7
Declaração Universal dos
  Direitos Humanos
    marcou o início do segundo
      período de expansão, 20
    principais disposições da,
      137-40
    tomadas como fonte de
      direito, 245-6
desestabilização, direitos de,
  232
dever de beneficência, *ver*
  beneficência, princípio da
dever de não-interferência, *ver*
  interferência
dever legal
  em Bentham, 80-1
  em Hohfeld, 117-8, 121, 125-6
  ver também direitos legais,
    teoria da escolha no âmbito
    dos
deveres negativos, *ver* direitos
  negativos
deveres positivos
  como imperfeitos, em Paley, 54
  tese de que "os deveres
    positivos são voluntários"
    enunciação da, 213
    opõe-se ao direito geral à
      assistência, 213-4
    opõe-se aos deveres de
      estado civil, 214
"devido processo", dispositivo
  do, 109; *ver também* direitos
  fundamentais
Dewey, John, 108
d'Herbois, Collot, 57
Diferenças Moralmente
  Relevantes, Princípio das

ÍNDICE REMISSIVO

aplicado ao dever de "fácil socorro", 197-203
enunciação do, 197-8
"direito de fazer o que aprouver", 197; *ver também* direito ativo
"direito de fazer o que é errado"
negado por Godwin, 67-8
adotado pela concepção da escolha protegida, 178-80
comparado ao direito de juízo individual, 69
direito de exigir não implica permissão, 123
não tem função recognitiva, 183-4
rejeitado pela concepção da permissão protegida, 176-7
ver também direito ativo
"direito de ser deixado em paz", 110; *ver também* privacidade, direito à; interferência, direito de não-interferência
direito objetivo
conotações irrelevantes, 16
definição, 14-5
em Bentham, 76, 78
em contraposição ao direito subjetivo, 15, 18
direitos, anulabilidade dos, *ver* limites; *ver também* Godwin, Austin, Mill
direitos, conflitos de
e especificação, 191
em Hobbes, 33-4
direitos, função recognitiva dos
definição, 183
dos direitos humanos, 250-1
em contraposição à função anti-reativa, 184
exemplificada por meio dos direitos dos homossexuais, 183
favorecida pela concepção da permissão protegida, 183
indiretamente favorecida pelo conseqüencialismo dos atos, 204-5
não favorecida pela concepção da escolha protegida, 183-5
não favorecida pelos direitos de fazer o que é errado, 183
direitos, universalidade dos
abalada pela preocupação com o problema do relativismo, 7, 211
história do discurso dos direitos e a, 7-8, 12-6
importância prática da, 8
pressuposto da, 7
ver também relativismo, problema do
direitos absolutos, *ver* limites; trunfos, direitos como
direitos ativos
crítica godwiniana dos, 66-8
definição, 67
ver também permissões; direito de fazer o que é errado; direito de "fazer o que aprouver"
direitos civis
alienabilidade dos, em Paley, 52
estendidos a gosto do soberano, em Hobbes, 34-5
nos EUA, após a Guerra Civil, 108-9
direitos de aborto
função recognitiva ou anti-reativa dos, 185

direitos de exigir
  as permissões não implicam
    os, 123
  como direitos no "sentido
    mais estrito possível"
    hohfeldiano, 119-21
  definição, 118-21
  não implicam permissões,
    123-4
  in personam, 122
  in rem, 121-2
direitos de grupo
  a condescendência minimalista
    para com os, 238-9
  direitos de terceira geração
    como, 232
  em Hohfeld, 133-4
  ver também
    autodeterminação, direito
    nacional de
direitos de maioria, 134
direitos "de manifesto"
  definição, 132
  direitos de segunda geração
    como, 237-8
  direitos de terceira geração
    como, 232
direitos "de primeira geração"
  definição, 138
  prioridade em relação aos de
    segunda geração, 228-33
direitos de propriedade
  as "condições" de Locke, 40-1,
    216
  em Bentham, 77-8
  em Godwin, 70-1
  em Locke, por aquisição
    original, 40
  em Paley, 53
  em Pufendorf, via
    consentimento mútuo, 37
  em Tomás de Aquino, 14
  ver também Locke, teoria da
    propriedade
direitos de "segunda geração"
  definição, 138-9
  prioridade em relação aos de
    primeira geração, 228-33
direitos de terceira geração
  como direitos de grupo, 232
  como direitos de manifesto,
    232
  como direitos objetivos em
    vez de subjetivos, 232-3
  definição, 232
direitos dos animais
  antevistos por Bentham, 82
  importância dos, 261
direitos dos homossexuais, 183,
  185
direitos e deveres,
  correlatividade dos
  e o dever de não-
    interferência, 129-30
  em Austin, 85
  em contraposição à
    implicação mútua, 130-3
  em Godwin, 70
  em Hohfeld, *ver* direitos
    legais, em Hohfeld
  em Paley, 50-1
  em Pufendorf, 36-7
  essencial a uma concepção
    vigorosa dos direitos, 211
direitos especiais
  atos que desencadeiam os,
    213-7
  definição, 212-3
direitos fundamentais; *ver
  também* dispositivo do
  "devido processo"
  como identificar os, 111-2

ÍNDICE REMISSIVO

como obstáculo à vontade da maioria, 110-1
concedem efeito legal aos direitos morais, 110
história, tradição e os, 112, 114
não precisam ser textuais, 110
direitos gerais
  definição, 212
  em contraposição aos direitos especiais, 212-3
direitos humanos
  abandono da expressão por ser discriminativa para com espécies não-humanas, 251
  acusação de imperialismo, 17
  ambigüidade do alcance dos, 243-4
  como direitos morais, 245
  como individualistas e cosmopolitas, em vez de nacionalistas, 242
  conceito de, e restrições à manipulação do genoma, 251-2
  e direitos naturais, 106-7, 245-7
  função recognitiva dos, 250-1
  inalienabilidade geral dos, 254
  na Declaração dos Direitos do Homem e do Cidadão, 55
  na Declaração Universal, 137-40
  pretensa pressuposição religiosa dos, 246-7
  questionamento da restrição a espécimes de *homo sapiens*, 243-4
  suposta invenção moderna dos, 7, 9
direitos imperfeitos

direitos de assistência como, 130-2
  em Godwin, 70-1
  em Grócio, 30-2, 70-1
  em Paley, 54
  em Pufendorf, 37
  ver também direitos perfeitos
direitos legais
  a análise de Bentham, 80-1, 115-6
  a análise de Hohfeld, 117-8, 122
  ver também teoria da escolha; teoria do interesse
direitos morais
  e a jurisprudência dos direitos fundamentais, 110-1
  e a intuição, 114
  e as convenções, 114
  e as escolhas protegidas, 253
  inalienabilidade dos, 254
  natureza hohfeldiana dos, 124, 134
  servem tanto a propósitos anti-reativos como recognitivos, 254
  valor dos, 254-6
direitos morais, força dos, 175, *ver também* limites
direitos negativos
  como perfeitos, em Paley, 54
  função anti-reativa é típica dos, 185-6
  na visão liberal clássica, 128-9
  não são fundamentais, para Hohfeld, 125-6
direitos no "sentido mais estrito", *ver* direitos de exigir
direitos "passivos"
  à assistência, 69-70
  contra a interferência, 68-9
  definição, em Godwin, 67

ver também interferência; assistência, direito à
direitos perfeitos
　em Godwin, 70
　em Grócio, 30-2, 70
　em Pufendorf, 37
　ver também direitos imperfeitos
direitos positivos
　definição, 129
　função recognitiva ou anti-reativa dos, 186-7
　relação com as normas de posição e proporcionalidade, 224-5
direitos subjetivos
　a preocupação com o problema do relativismo se estende além da emergência dos, 18
　caráter ambíguo das provas de sua presença na tradição budista, 17-8
　conceito moderno de direitos vai além dos, 18
　conotações irrelevantes dos, 16
　considerados como sinal do surgimento do conceito moderno de direitos, 16
　definição, 15
　e as teorias da escolha e do interesse, 86
　em Bentham, 78, 80-1
　em contraposição ao direito objetivo, 15
　em Grócio, 26
　envolvimento dos, com a apologia da escravidão, 24
　não são garantia de progresso moral, 23-4
　não se considera que esgotem o conceito moderno de direitos, 18
　referência essencial ao detentor do direito, 15-6
direitos verdadeiros
　em Burke, 60-1
　em Pufendorf, 36-7
direto, utilitarismo, *ver* atos, utilitarismo dos
distância, importância moral da, 199-203
distributiva, justiça, *ver* justiça distributiva
dominicanos, defesa da origem natural da propriedade nos, 14
domínio
　alienabilidade do, apologia da escravidão, 24
　como direito de propriedade, 13
　em contraposição à simples utilização e posse, 13
　humano análogo ao divino, segundo João XXII, 14
　sobre o próprio corpo, 24
"doutrina dos limites", *ver* limites
Dover, Kenneth, 9
Dred Scott vs. Sandford, 105-6, 113
Duns Scot, John
　e a defesa do caráter não-natural da propriedade, 13
　introdutor de conceitos inovadores, 9
Dworkin, Ronald, 260

efeito de dotação, 20, 257
emotivismo, 140
escolha, teoria da
　em contraposição à teoria do interesse, 171-3

ÍNDICE REMISSIVO

no âmbito dos direitos legais, 159-65
no âmbito dos direitos morais, 164-5
origem da, em Austin, 86
escolha protegida, concepção dos direitos morais fundada na
  como melhor sistema explicativo dos direitos morais, 253
  concede o direito de fazer o que é errado, 178-9, 181
  definição, 177-8
  e a "suspensão" das questões morais essenciais, 259-60
  e a explicação da força do erro, 180-1
  em contraposição à concepção da permissão protegida, 178-9, 182-3, 185-6
  implica normas de posição e proporcionalidade, 223-5
  independência das opções morais, 230-4
  precisa tratar da interferência, 181
  restringe o leque de sanções admissíveis, 222
  serve a um propósito anti-reativo, 184-5
escravidão
  em Aristóteles, 49
  em Grócio, 28
  em Paley, 49, 52
  no estado de natureza hobbesiano, 33-4
  nos Estados Unidos, 103-7, 113, 173
  papel dos direitos na apologia da, 24

esfera de discrição
  em Godwin, direito de juízo individual na, 67-70
  em Mill, como um dos aspectos do direito à liberdade, 92
estado de natureza
  em Locke, 39-41
  em Pufendorf, 37
  sociável, em Grócio, 25
  um estado de guerra, em Hobbes, 32-3
  ver também circunstâncias da moralidade
"estéreis", direitos legais
  em Bentham, 81
  em Hohfeld, 123-4
expansão, primeiro período de
  a pressuposição do caráter natural da ordem moral no, 21, 245-8
  consolidação posterior do, 107-8
  definição, 19
  diferenças com relação ao segundo período, 20-1
  dificuldades residuais decorrentes do, 114
  fim do, caracterização geral, 19
  terminou no Reino do Terror, 83
  ver também Revolução Norte-Americana; Revolução Francesa
expansão, segundo período de
  a dúvida quanto ao caráter natural da ordem moral no, 21, 245-9
  as sementes do, 108-9
  contribuições pós-URSS, 228-9

definição, 20
diferenças com relação ao primeiro período de expansão, 20-1
em andamento, e não se sabe quando terminará, 20
expansão refreada pela Guerra Fria, 228
inaugurado pela Declaração Universal dos Direitos Humanos, 140
papel das ONGs no, 228, 244
preponderância dos direitos secundários no, 229, 233-4
semelhanças atuais com o fim do primeiro período de expansão, 20-1
expansionismo, problema do
e dever de não-interferência, 212
e deveres positivos, 211-2
manifestações contemporâneas da preocupação com o, 257
ver também minimalismo

"fácil socorro"
contratualismo e, 145-6
dever de prestar o, 129
direito de receber o, 196-207
função recognitiva do direito ao, 186
no "problema do bonde", 192
ver também assistência, direito à; direitos positivos
Feinberg, Joel, 132
Fénelon, Arcebispo, 66
férias remuneradas, direito humano a
e preocupação minimalista, 233-4
na Declaração Universal, 139
Filmer, Robert, 39
franciscanos, negação do caráter natural da propriedade, 13-4
Francisco de Assis, São, 12

Garrison, William Lloyd, 103
Gerson, Jean, 9
Godwin, William
como utilitarista dos atos, 66, 258
comparado a Burke, 65
correlatividade do dever e direito à assistência em, 70
e a crítica dos direitos ativos, 66-8
e a "esfera de discrição", 68-70
e a interferência, 196
e a negação da autopropriedade, 66
e a propriedade, 70-1
e as opções morais, 195-7
e as restrições morais, 196
e o anarquismo filosófico, 72
e o direito à revolução, 72
e o "direito de fazer o que é errado", 67
e o direito passivo à assistência, 70-1
e o direito passivo à condescendência, 67-9
e os direitos ativos e passivos, 67-8
influência velada de, 72, 92
governos
para Grócio, caracterizados como pactos, 26
para Hobbes, caracterizados como transferência de direitos, 34-5
para Locke, legitimados pelo consentimento, 40-4

para Pufendorf, 38
Grécia antiga
  os direitos na, em contraposição aos direitos do homem moderno, 101-2
  reconhecimento dos direitos na, diferentes visões do, 8-11, 18, 257
Griswold vs. Connecticut, 113
Grócio, Hugo
  autoridade superior do Estado em, 31-2
  direitos imperfeitos e perfeitos em, 30-2
  e a alienabilidade dos direitos como forma de legitimação tanto da escravidão quanto do governo, 28
  e a epistemologia dos direitos, 26-8
  e a inclusão da propriedade e da liberdade natural no campo de domínio dos direitos, 27
  e a justiça como respeito aos direitos, 26
  e a negação do governo ideal, 28-9
  e a origem contratual dos governos, 26, 28
  e a sociabilidade, 25-6
  e o direito internacional, 25
  e o direito natural laico, 25-7
  e o pluralismo dos valores, 29
  "lei natural do amor" em, 29-31
Guerra dos Trinta Anos, 25, 35, 245
Guerra Fria, 141
Guilherme de Ockham
  disputa do papel de introdutor de conceitos inovadores, 9
  réplica a João XXII, 14

Hamilton, Alexander, 102
Hare, R. M., 141
Harsanyi, John, 148
Hart, H. L. A.
  e a antecipação de Hohfeld por Bentham, 258
  e a teoria descritiva do direito, 141
  sobre o direito natural a um tratamento eqüitativo, 150-1
Hazlitt, William, 65
Hobbes, Thomas
  e Grócio, 32
  e a alienabilidade dos direitos, 33-4
  e a injustiça soberana, 35
  e a transição para a sociedade civil, 33-4
  e os direitos conservados, 34-5
  interpretação hohfeldiana de, 151
  o estado de natureza como estado de guerra, para, 32-4
  sobre os direitos civis, 34
Hohfeld, Wesley Newcomb
  comentadores de, 258
  correlativos jurídicos, 118-9
  natureza correlativa das vantagens legais, 122
  opostos jurídicos, 120-1
  pacote de elementos, 123
Hume, David, 61

Ignatieff, Michael, 141, 237
igualdade
  do ponto de vista conseqüencialista, 153-4

econômica, discutida como uma questão de direitos, 20
  em Bentham, 77
  em Pufendorf, 38
  ver também Declaração de Independência; Declaração dos Direitos do Homem e do Cidadão
Iluminismo, 23
imigração, direito à
  ausência de menção à, na Declaração Universal dos Direitos Humanos, 138, 238-9
  bases para o reconhecimento do, 241-2
impedimento legal
  e o Ato de Anti-Sedição, 120
  em Hohfeld, 117-20
imperialismo, problema do
  exposição do fenômeno, 12
império, em contraposição a domínio,
  equivocado onde os direitos têm alicerces conceituais, 17-8
  ligado ao problema do relativismo, 211
  no que diz respeito às culturas orientais, 17-8
imunidade jurídica
  e o Ato de Anti-Sedição, 121
  em Hohfeld, 117-20
incomensurabilidade, *ver* razões, incomensurabilidade das
individualismo
  dos direitos, 108
  não pressuposto por Hohfeld, 133-4
infração
  em contraposição a sanção, 220
  definição, 193
  relação com os limites como critério de anulabilidade, 193-5
interesse, teoria do
  e o problema do reducionismo, 86
  em Bentham, dos direitos legais, 80-1
  fertilidade da, no que diz respeito aos direitos legais, 159, 172-3
  implicações conceituais da, 157-9
  relação complexa com a teoria da escolha na, 172-3
  tendência de expansão na, no que diz respeito aos direitos morais, 173-4
interesses, conjunção de
  os direitos como proteção contra a, 191
  ver também limites; contratualismo
interferência
  a natureza da, 126-30
    primazia sobre, por meio do recurso à distinção entre direitos gerais e especiais, 212, 216-7
  a concepção da escolha protegida precisa explicar a, 180-1
  como conceito moral, 224
  comparada ao dever de fazer com que aconteça um estado de coisas, 125-6
  definido em função de normas de posição e proporcionalidade, 224-5

dever de não-interferência,
correlativo de direito, em
Pufendorf, 36-7
dever de não-interferência,
desconsiderado na
preocupação com o
problema do
expansionismo, 212
dever de não-interferência,
primazia não garantida por
Hohfeld, 211-2
direito de não-interferência,
108
  comparado ao direito de ser
  deixado em paz, 110
  e custos das próprias opções,
  comparados, 239, 241-2
  e imposição de custos,
  comparados, 219-23
  distinção entre a abstenção de
  prestação de assistência e a,
  213-4
  concepção godwiniana de, 69,
  196
  moral e legal, contrapostas,
  126-30
  em casos de conduta errônea
  desprovida de direito, 222
intuição
  e as diferentes categorias da
  utilidade, 96-7
  em Grócio, 27
  na jurisprudência dos direitos
  fundamentais, 114
  rejeição kantiana da, 46
  rejeitada por Bentham, 75
  rejeitada por Paley, 49

Jay, John, 102
Jefferson, Thomas
  a complexidade de, 106
  autor da Declaração de
  Independência, 44
  influência de, na Declaração
  dos Direitos do Homem e
  do Cidadão, 55
João XXII, Papa, e a declaração
  do caráter natural da
  propriedade, 14
juízo individual, direito de, *ver*
  esfera de discrição
justiça
  como respeito aos direitos,
  em Grócio, 26
  como respeito aos direitos,
  em Mill, 95-6
  distributiva, explosividade no
  contexto internacional,
  236-40
  distributiva, cada vez mais
  discutida como uma
  questão de direitos, 20
  o soberano é incapaz de não
  praticar a, para Hobbes, 35
Justiniano, Código de, 18

Kant, Immanuel
  a ética centralizada nos seres
  racionais em, 251
  antecipação das Nações
  Unidas por, 45-6
  a razão como fundamento da
  moralidade em, 46-7
  formação da sociedade civil
  em, 48
  imperativo categórico em, 47
  rejeição da intuição por, 46
  rejeição do direito de
  revolução por, 48
  rejeição do utilitarismo por, 46
  sobre os direitos de
  propriedade, 48

Lafayette, Marquês de
  escapou da guilhotina, 56-7
  ver também Declaração dos
    Direitos do Homem e do
    Cidadão
Lawrence vs. Texas, 113
Lee Kuan Yew, acusação de
  imperialismo dos direitos
  humanos por, 17, 229
"lei natural do amor", *ver*
  beneficência, princípio da
liberdade, direito à (ou de)
  em Bentham, 77
  em Godwin, 68
  em Mill, 92-3, 98-101
  em Sidgwick, 108
  na jurisprudência
    constitucional norte-
    americana, 110-1
  ver também natural, liberdade
limites
  e anulabilidade, 194-5
  e contrabalançados por
    considerações referentes
    aos não-direitos, 191-5
  e o conceito de infração de
    direitos, 194-5
  negação dos, 192-4
  superioridade da "doutrina
    dos limites", 193, 195
Lochner vs. Nova York, 109-10,
  113, 139
Locke, John
  como apropriação original por
    meio da anexação de
    trabalho, 40
  como exemplo de obrigação
    especial criada pela ação do
    beneficiário, 215-6
  dúvidas referentes à, 216
  e Hobbes, 39-40, 42

e o consentimento como
  origem do governo, 39-40
e o direito de revolução, 43
e o "poder executivo natural"
  de punir, 40
e os direitos conservados, 40,
  43
teoria da propriedade, de
  como base para a exclusão
  dos imigrantes, 241-2

MacIntyre, Alasdair, sobre a
  modernidade dos direitos,
  9-10, 18
Marx, Karl, 107
marxismo, 141
Mazzolini, Silvestro, 24
metaética, 2, 140, *ver também*
  expansão, primeiro período
  de, a pressuposição do caráter
  natural da ordem moral no;
  expansão, segundo período
  de, a dúvida quanto ao
  caráter natural da ordem
  moral no; minimalismo,
  preocupações metaéticas do
Mill, John Stuart
  deriva o direito à liberdade do
    princípio do utilitarismo,
    92-4
  dívida não reconhecida para
    com Godwin, 92
  e a anulabilidade dos direitos,
    97
  e a tirania da maioria, 91-3
  e as utilidades superior e
    inferior, 96-7
  e direitos "ativos", 99
  e o direito à liberdade, 92, 98-9
  e o princípio do "dano", 92
  interpretações diversas de, 258

minimalismo
  ambigüidade do, 236-7
  caracterização do, 233
  e "supraminimalismo" para
    justificar o direito de excluir
    os imigrantes, 241-2
  e o direito a uma renda
    mínima decente, 237-8
  e o direito nacional de
    autodeterminação, 238
  preocupações metaéticas do,
    234
  preocupações pragmáticas do,
    234-5, 237
  ver também expansionismo,
    problema do
Molina, Luís de, 24
Moore, G. E., 142
morais, opções
  centralidade das, para a
    concepção dos direitos
    fundada na idéia de
    permissão protegida, 176,
    230
  conseqüencialismo das regras
    não dá suporte às, 205-6
  defendidas por meio do apelo
    a razões associadas ao
    agente, 208-9
  defendidas por meio do apelo
    a razões supressórias,
    209-10
  definição, 176
  devem ser situadas em uma
    abordagem mais ampla da
    moralidade, 210
  e Godwin, 195-7
  e o ataque dos
    neogodwinianos, 195-204
  em contraposição às
    restrições morais, 230
morais, restrições
  apoiadas pelo
    conseqüencialismo das
    regras, 205-6
  definição, 196
  e o ataque neogodwiniano às
    opções morais, 203-7
  em contraposição às opções
    morais, 203
moral, 132
moral, ceticismo
  e a função anti-reativa dos
    direitos, 184
  e o direito internacional, 25
  e o segundo período de
    expansão, 21
  ver também metaética
moral, percepção, ver intuição
moral, progresso
  ambigüidade da metáfora do
    "círculo em expansão", 243
  e direitos, 8
  e direitos subjetivos, 23-4
  não acompanhado de um
    progresso metaético, 235

Nações Unidas
  fundação das, 137
  antecipação kantiana das, 45-6
"não-direito", 118-9, 121
não-interferência, ver
  interferência
naturais, direitos
  como direitos humanos, 55,
    106-7, 245-7
  como invenção moderna, 7, 9
  crítica benthamiana dos, 74-9
  crítica burkiana dos, 61-2
  crítica godwiniana dos, 67,
    70-1
  crítica marxista dos, 107-8

e conflito, no estado de
natureza hobbesiano, 33-4
e diferenças naturais, 246
em Austin, como direitos
morais concedidos pela
divindade, 87-8
em Grócio, 26-7
em Locke, 39-41
na Declaração de
Independência, 44-5
não-determinantes no caso
Dred Scott vs. Sandford,
106-7
posição basilar na história
constitucional norte-
americana, 104-5
natural, direito
e isomorfismo dos direitos
morais e legais, 171
em Grócio, 25-6
em Locke, 40-1
ver também natural, liberdade;
naturais, direitos
natural, liberdade
em Grócio, 27
em Kant, 46
em Locke, 40
em Pufendorf, 38
natureza construída dos direitos
as provas lingüísticas e
culturais são insuficientes
para a afirmação da, 9-10
e a explicação
convencionalista de Burke,
61, 64, 142
e a variabilidade cultural e
histórica, 7-10
e os atributos naturais, 248
Nietzsche, Friedrich, 100, 149
Nona Emenda, *ver* Declaração
de Direitos

obediência, problema da, *ver*
contratualismo hobbesiano
opções, *ver* permissões

Paine, Thomas, 65
Paley, William
e a alienabilidade dos direitos,
52
e a correlatividade de direitos
e deveres, 50-1
e a escravidão como violação
de um dever mais que de
um direito, 53
e a propriedade, 53
e a teoria das sanções relativa
ao dever, 51
e o direito imperfeito à
assistência, 53-4
e os direitos negativos como
perfeitos, 54
e os direitos positivos como
imperfeitos, 54
beneficência de Deus e
princípio utilitarista, 49-50
princípio da beneficência em,
49-52, 54
rejeição da intuição por, 49
sobre os prazeres e a
felicidade, 50, 99
utilitarismo das regras de, 50-2
utilitarismo de, 50
"paz democrática", hipótese da,
230
períodos de expansão da
retórica dos direitos, *ver*
primeiro período de
expansão; segundo período
de expansão
permissão protegida, concepção
dos direitos morais fundada
na definição, 175-7

dependência com relação às opções morais, 203
em contraposição à concepção da escolha protegida, 178-9, 182-3
exemplificada, 176-7, 179-80
incompatível com o "direito de fazer o que é errado", 176-7
permissões,
   como direitos "ativos", em Godwin, 67-8, 156
   como privilégios hohfeldianos, 118-9
   in rem, 121-2
   morais, os "não-direitos" morais não implicam as, 132
   não implicam direitos de exigir, 122-3
   opções como permissões bilaterais, 156
   os direitos como, 2
   os direitos de exigir não implicam as, 123-4
Perry, Michael, 246
Platão, 29
pluralismo dos valores
   em Grócio, 29
   ver também razões, incomensurabilidade das
poderes legais
   e relação de confiança, 119-20
   em Bentham, 81-2
   em Hohfeld, 117-21
posição e proporcionalidade, normas de
   e a concepção dos direitos morais fundada na idéia de escolha protegida, 224
   e a função anti-reativa, 224
   a interferência definida à luz das, 224
   e os direitos positivos, 224-5
   definição, 223-4
positivismo jurídico, e a teoria "da soberania" de Austin, 85
positivismo lógico, 141
privacidade, direito à, *ver* direitos fundamentais
privilégio, *ver* permissões
problema do bonde, 189-90; *ver também* trunfos, direitos como
proibições, os direitos como, 2
proporcionalidade, normas de, *ver* posição e proporcionalidade, normas de
Pufendorf, Samuel
   como arquiteto do welfare state europeu, 38
   direitos de propriedade originariamente fundados no consentimento, 37
   sobre a correlatividade de direitos e deveres, 36-7
   sobre direitos perfeitos e imperfeitos, 37
   sobre o governo, 38
   sobre sociabilidade e igualdade, 38
   sobre os direitos como poderes morais, e não meramente naturais, 36-7
punir, direito de, 40

Rawls, John
   e a abordagem minimalista dos direitos humanos no plano internacional, 235
   e o método de evitação, 234
   o contratualismo e, 142, 150-3
Raz, Joseph, 259
   definição, 184

função anti-reativa dos direitos e normas de posição e proporcionalidade, 224
o ceticismo moral e a, 184
salientada em caso de negação das opções morais, 204
razões
  associadas ao agente
    definição, 207
    fundamentais no contratualismo, 208
    ignoradas pelo conseqüencialismo, 207-8
    importância para a noção de moralidade no senso comum, 207-8
  dissociadas do agente
    definição, 207
    favorecidas pelo conseqüencialismo, 207-8
    em defesa das opções morais, 209-10
  incomensurabilidade das razões associadas ao agente e razões dissociadas do agente, 208-9
  supressórias
    definição, 209
    elucidam as razões associadas ao agente, 210
    em defesa das opções morais, 209-10
  para a ação, e os direitos, 179
  razões supressórias e a, 210
redescritiva, abordagem
  definição, 193-4
  embasa a tese dos "direitos como trunfos", 193-4
  em contraposição à "doutrina dos limites", 193-4
  ver também limites
reducionismo, problema do
  atenuado pelas teorias da escolha e do interesse, 86
  definição, 11
  descartado como preocupação injustificada, 247
  levantado pelo utilitarismo, 89-90
regras, conseqüencialismo das
  e opções morais, 206
  e restrições morais, 205-6
  ver também conseqüencialismo
regras, utilitarismo das
  de Austin, 89-90
  de Burke, 64
  de Mill, 93-4, 100
  de Paley, 50-2
  e a possibilidade dos direitos "ativos", 99-100
  vantagens sobre o utilitarismo dos atos, 93-4
Reino do Terror
  caracterização, 57
  representou o fim do primeiro período de expansão, 19, 83
  ver também Declaração dos Direitos do Homem e do Cidadão
relativismo, preocupação com o
  alimentada pela variabilidade histórica e cultural, 211
  e Bentham, 74-5
  e Burke, 63-4
  e os direitos subjetivos, 18
  reconsiderada, 255-6
responsabilidade legal, em Hohfeld, 117-20
responsabilidades, sua relação com os direitos, 253-4

restrições indiretas, 63, 260
restrições morais, *ver* morais, restrições
revolução, direito de
  e os escravos africanos, 103-4
  em Bentham, 78
  em Burke, 61
  em Godwin, 72
  em Grócio, 29
  em Locke, 43
  na Declaração de Independência, 44-5
  negação kantiana do, 48
Revolução Francesa
  como avaliação experimental do valor dos direitos, 59
  e os direitos dos antigos, 101
  pano de fundo da, 54-5
  reações à, 59, 65, 72, 79
  ver também Declaração dos Direitos do Homem e do Cidadão
Revolução Gloriosa, 39, 43
Revolução Norte-Americana
  como teste experimental do valor dos direitos, 59
  o apoio francês à, 54
  ver também expansão, primeiro período de; Declaração de Independência
Roe vs. Wade, 113
Rousseau, Jean-Jacques
  e os philosophes, 55
  influência na Europa, 48

Segunda Guerra Mundial, 20, 137
"sem limites", doutrina, *ver* limites
Sen, Amartya
  e a importância econômica dos direitos de primeira geração, 229-31
  e os direitos nas tradições orientais, 17
Sidgwick, Henry
  sobre as utilidades, 96-7
  sobre o direito de não sofrer interferência, 108, 110
Singapura
  na visão do Ocidente, 17
  prosperidade econômica de, 229-30
substância dos direitos morais, 175-6
supraminimalismo, *ver* minimalismo
"suspensão", *ver* escolha protegida, concepção da

teoria da obrigação política
  fundada no consentimento desacreditada por Bentham, 76-7
  em Burke, 61, 64
  em Grócio, 26-7
  em Hobbes, 32, 34-5
  em Kant, 47
  em Locke, 39-40
  em Mill, mantido o direito à liberdade, 92
  na Declaração de Independência, 44-5
teoria da propriedade fundada no consentimento, em Pufendorf, 37
teoria das sanções relativas aos deveres
  em Bentham, 81-2
  em Paley, 51
Thomson, Judith, 150
"tragédia dos comuns", 205, 260
tratamento eqüitativo, direito a um, 150-1

trunfos, direitos como
  como idéia tipicamente
    moderna, 18
  e especificação dos direitos,
    189-94
  e o problema do bonde, 189-93
  explicação dos, 189
Tuck, Richard, 24

Unger, Roberto, 232
utilitarismo
  como um tipo de
    conseqüencialismo, 142
  como reconstrução da noção
    de moralidade no senso
    comum, 83-4
  como teoria dominante na
    Inglaterra do século XIX,
    83-4
  de Austin, 87-90
  de Burke, 18, 64
  de Godwin, 65-6, 258
  de Mill, 93, 100
  de Paley, 50-1
  e abordagens dos direitos
    morais, 84, 115
  fundamentos kantianos para
    a rejeição do, 46
  ver também utilitarismo dos
    atos, utilitarismo das regras
utilitarismo indireto, *ver*
  utilitarismo das regras

Vestefália, Tratado de, 35, 245
vontade, teoria da, *ver* teoria da
  escolha

Williams, Bernard, 141
Wollstonecraft, Mary
  e os direitos das mulheres,
    66-7
  réplica a Burke, 65

Cromosete
Gráfica e editora Ltda.

Impressão e acabamento
Rua Uhland, 307 - Vila Ema
03283-000 - São Paulo - SP
Tel/Fax: (011) 6104-1176
Email: adm@cromosete.com.br